互联网+活页式理念新形态教材

# 大学生健康教育

第2版

主审　姚腊初

主编　傅学红

**内容提要**

本书根据大学生身心发展的特点，系统讲解了大学生在学习与生活中应当掌握的健康知识。全书共 9 章，具体内容包括健康与健康管理、生活方式与健康、常见疾病及其防治、传染病及其防治、健康体检与保健医疗、心理健康、性与生殖健康、意外伤害急救、旅行中的健康常识。

本书内容全面，讲解通俗易懂，具有系统性、实用性、可读性等特点。本书既可供职业院校作为健康教育课程的教材使用，也可供从事相关工作的人员作为参考书使用，还可供一般读者作为健康手册使用。

**图书在版编目（CIP）数据**

大学生健康教育 / 傅学红主编. -- 2 版. -- 上海：上海交通大学出版社，2021.11（2023.7 重印）
ISBN 978-7-313-25402-3

Ⅰ. ①大… Ⅱ. ①傅… Ⅲ. ①大学生—健康教育—高等学校—教材 Ⅳ. ①G647.9

中国版本图书馆 CIP 数据核字(2021)第 180748 号

**大学生健康教育（第 2 版）**
DAXUESHENG JIANKANG JIAOYU (DI-ER BAN)

主　　编：傅学红
出版发行：上海交通大学出版社　　地　　址：上海市番禺路 951 号
邮政编码：200030　　电　　话：021-64071208
印　　制：北京同文印刷有限责任公司　　经　　销：全国新华书店
开　　本：787mm×1092mm　1/16　　印　　张：13.25
字　　数：312 千字
版　　次：2021 年 11 月第 2 版　　印　　次：2023 年 7 月第 4 次印刷
书　　号：ISBN　978-7-313-25402-3
定　　价：39.80 元

# 前言 PREFACE

2016 年，中共中央、国务院印发了《“健康中国 2030”规划纲要》，明确提出“加大学校健康教育力度，将健康教育纳入国民教育体系，把健康教育作为所有教育阶段素质教育的重要内容”。健康是大学生全面发展的基础，加强学校健康教育、提升大学生健康素养，是贯彻落实党的教育方针、全面实施素质教育、促进大学生全面发展、加快推进教育现代化的必然要求，是贯彻落实《“健康中国 2030”规划纲要》，建设健康中国、全面提升中华民族健康素质的重要内容。

大学生作为未来的中坚力量，是传播健康理念、引领健康生活的重要群体，其健康意识和健康水平不仅关乎其个人的全面发展，还与整个国家和民族的健康水平及社会发展息息相关。目前，各地各高校均已积极行动，开设大学生健康教育课程，有目的、有计划、有组织地进行健康教育活动。在此背景下，我们结合当前大学生的身心发展特点编写了本书，旨在进一步加强高校的健康教育，促使大学生树立新的健康理念，改变各种不良的生活习惯，提高有效应对健康问题和健康风险的能力，实现身心健康。

此外，为贯彻党的二十大精神，我们还结合健康教育课程的教学内容，进一步修改完善了本书。总体而言，本书主要有以下特点：

**铸魂育人，价值引领：**本书注重将立德树人的教育理念贯穿于知识学习中，将人文精神、爱国情怀与社会责任等有机地融入各部分内容中，以培养学生正确的世界观、人生观和价值观。例如，讲述我国医学界的先进人物事迹及我国的医学成就等，潜移默化地培养学生志存高远、拼搏进取的精神及民族自豪感与自信心。

**全新形态，全新理念：**本书切实融入活页式理念，按照“必需、够用、兼顾发展”的原则组织内容，每章均设有“本章导读”“学习清单”“健康问答”“健康课堂”“健康一起来”“健康中国 • 精彩故事”等模块，重点突出健康行为养成方法、疾病预防方法、心理调适方法等内容，从而真正做到以学生为中心，引导学生自我教育和自我成长，实现了知识传授和行为养成相促进。

**平台支撑，资源丰富：**本书配置了丰富的微课资源，学生只需要拿起智能手机“扫一扫”，就能即刻看到相关的视频资料。这有助于增强学生对知识的感性认识，避免了单纯讲解的枯燥和呆板，从而增加了学习的趣味性。另外，本书与一款集教学管理、教学支撑于一体的文旌综合教育平台“文旌课堂”（www.wenjingketang.com）开展了深度合作，师生可以登录文旌综合教育平台下载相关资源。同时，师生在教与学的过程中有任何疑问，都可以登录该平台寻求帮助。

此外，本书还提供了在线题库，支持“教学作业，一键发布”，教师只需通过微信或“文旌课堂”App 扫描扉页二维码，即可迅速选题、一键发布、智能批改，并查看学生的作业分析报告，提高教学效率、提升教学体验。学生可在线完成作业，巩固所学知识，提高学习效率。

**内容全面，针对性强：**本书系统阐述了大学生应当掌握的健康知识，既包括生理健康和心理健康的内容，又包括应急救助等内容。全书根据大学生身心发展的特点，有针对性地讲解大学生在生活方式、疾病防治、医疗保健、心理适应等方面遇到的问题及解决措施。

**讲解精练，通俗易懂：**本书重点突出，知识讲解力求语言精练、深入浅出、通俗易懂，且配有丰富的图片，以图文并茂的方式讲述健康的相关知识，方便学生理解和学习。

本书由姚腊初担任主审，傅学红担任主编。在编写过程中引用了大量文献资料和案例，其中，部分文献资料和案例来源于互联网，在此，向这些资源的作者表示衷心的感谢。另外，本书在正文中没有注明出处的资料和案例均为编者自编或根据真实事件改编。由于编者水平有限，书中存在的疏漏与不当之处，敬请各位专家和广大读者批评指正。

# 目录 CONTENTS

# CONTENTS 目录

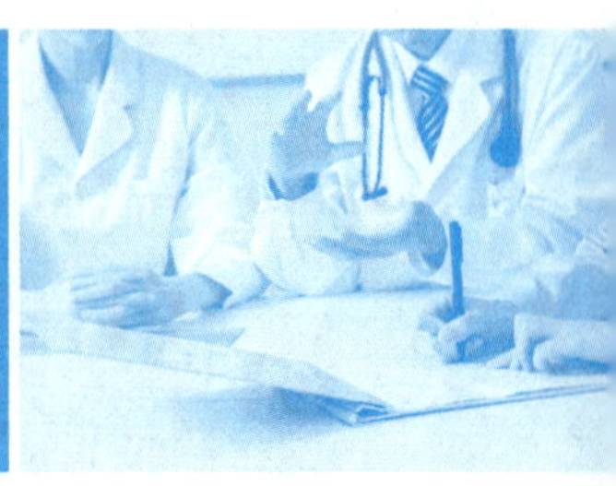

# 目录 CONTENTS

# CONTENTS 目录

# 目录 CONTENTS

# CONTENTS 目录

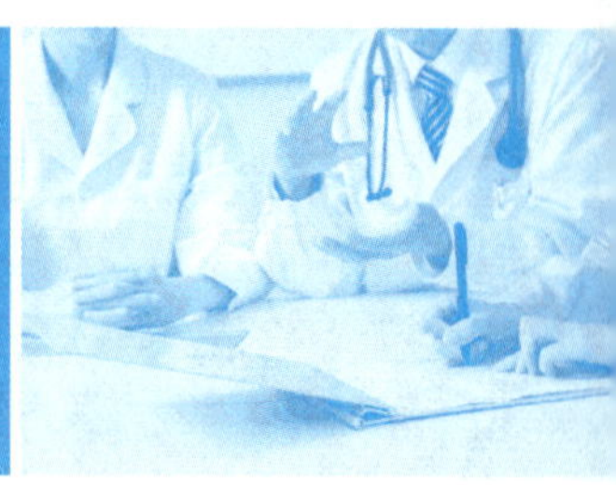

# 目录 CONTENTS

# 第一章

# 健康与健康管理

## 本章导读

健康是人生的第一财富，人人都希望自己拥有健康。随着社会经济的进步和人民生活水平的提高，人们对健康的认识水平也不断提高，同时还越来越重视健康管理。

作为时代的未来和希望，大学生的健康状况不仅关系到自己的学业、理想和前途，也关系到社会的进步、国家的昌盛和民族的振兴。因此，在新时代下大学生应摒弃陋习，树立科学的健康观，养成有益健康的好习惯，以文明、健康、科学的生活方式提高自身的身体素质。

## 学习清单

完成一项学习任务后，请在对应的方框中打勾。

| | | |
|---|---|---|
| 课前预习 | □ | 1．准备学习用品，预习课本知识 |
| | □ | 2．回想自己生活中与健康密切相关的内容 |
| | □ | 3．通过网络搜集大学生的健康问题，思考健康的重要性 |
| | □ | 4．整理自己对“健康管理”的想法，并与课本知识相互印证 |
| 课本学习 | □ | 1．理解健康、亚健康、健康管理的概念，了解亚健康的成因 |
| | □ | 2．了解健康对大学生的重要性 |
| | □ | 3．熟悉大学生面临的健康问题 |
| | □ | 4．明确影响大学生健康的多种因素 |
| | □ | 5．了解健康管理的基本内涵和影响因素 |
| | □ | 6．掌握健康管理的一般方法 |
| 任务训练 | □ | 1．积极、认真地参与实践活动 |
| | □ | 2．在活动中，与同学协调配合，提高人际交往能力 |
| | □ | 3．学会更好、更有效地管理自己的健康状况，以良好的心态对待生活 |

【健康问答】

"人到青年不得已，无糖可乐泡枸杞；天寒地冻穿破洞，然后贴个暖宝宝；孜孜不倦熬着夜，勤勤恳恳来护肤；麻辣火锅怕上火，来根冰棍降降火；深夜烧烤有点撑，吃个健胃消食片；哪里亏了补哪里，养生朋克又安逸。"这种时下流行的生活方式，被当代年轻人称为"朋克养生"。

思考

你是否也参与过"朋克养生"？你认为这种养生方式有利于健康吗？你认为健康是什么？你觉得自己健康吗？

【健康课堂】

# 第一节 现代健康

有这样一个比喻：若健康为"1"，则事业、财富、婚姻、名利等都是后面的"0"，"1"和"0"可以组成10、100等不同大小的数字。对于一个人而言，如果没有健康这个"1"，其他条件再多也只是"0"。这个比喻告诉人们，健康是基础，健康是保障，健康是根本，健康是人类最宝贵的财富。

## 一、健康

什么是健康？不同时期，人们赋予健康的内涵不尽相同。早期，人们认为健康就是单纯的不生病。随着社会的进步，医学知识的不断更新，社会科学、自然科学、医学、心理学及哲学的不断交融与渗透，人们对健康的认识不断深化。

1948年，世界卫生组织（World Health Organization，WHO）提出："健康不仅仅是免于疾病和衰弱，还是保持身体上、精神上和社会适应能力上的安宁状态。"这个定义包括三层含义：一是躯体健康，指躯体的结构完好，功能正常；二是心理健康，又称"精神健康"，指人的心理处于良好状态，包括能正确地认识自我、认识环境以及适应环境等；三是社会适应能力良好，指个体的行为与社会规范和谐一致，个体在社会系统中能够有效地扮演与其身份相适应的角色，并充分发挥自己的能力。

1989年，世界卫生组织对健康的概念进行了重新定义，提出健康的内容应包括躯体健康、心理健康、社会适应良好和道德健康，这就是所谓的四维健康观念（见图 1-1）。也就是说，一个健康的人不但要有健康的躯体，还要有健康的心理，更要有对社会环境的良好适应能力和正确的道德观念，忽视任何一方，其他方面都会受到影响。

图 1-1　四维健康观念

### 拓展阅读

#### 衡量健康的标准

1978 年，世界卫生组织提出了衡量人体健康的 10 条标准。

（1）精力充沛，能从容不迫地担负日常生活和工作压力而不感到过分紧张和疲劳。

（2）处世乐观，态度积极，乐于承担责任，不挑剔。

（3）善于休息，睡眠良好。

（4）应变能力强，能适应外界环境中的各种变化。

（5）能够抵御一般性感冒和传染病。

（6）体重适当，身材匀称，站立时头、肩位置协调。

（7）眼睛明亮，反应敏捷，眼睑不发炎。

（8）牙齿清洁，无龋齿，不疼痛；齿龈颜色正常，无出血现象。

（9）头发有光泽，无头屑。

（10）骨骼健康，肌肉丰满，皮肤有弹性，走路轻松。

资料来源：http://www.39kf.com/focus/ktpd/2006-07-22-221142.shtml

## 二、亚健康

### （一）亚健康概述

亚健康是指人的身心处于疾病与健康之间的一种健康低质状态。处于亚健康状态的人，机体虽无明显疾病，但在躯体上、心理上、人际交往上却出现种种不适的感觉和症状，从而呈现出精神活力、反应能力和对外界适应能力下降的一种生理状态。

亚健康是不断变化发展的，它既可向健康状态转化，也可向疾病状态转化。它的自发过程是向疾病状态转化。若想让其向健康状态转化，则需要自觉防范，注意养成良好的生活习惯，提高自身免疫力水平。

亚健康的表现

### （二）亚健康的成因

亚健康的形成与多种因素相关，一般包括以下几个方面：

（1）人体的自然衰老会造成亚健康。人体在成熟之后，大约从45岁就开始衰老，各器官逐渐开始老化。这时人体虽然没有病变，但已经不完全健康了，这种状态也属于亚健康状态。

（2）过度疲劳。现代社会生活和工作节奏加快，各种竞争日益激烈，使得人们缺乏休息，身心长期处于超负荷紧张状态，造成人体内脏功能过度损耗、机能下降，从而导致亚健康状态。

（3）生活不规律。现代人饮食往往热量过高，营养素不全，导致机体的代谢功能紊乱；同时习惯久坐，缺乏运动；睡眠习惯不良，习惯熬夜；等等。这些都极易导致身体的亚健康。

（4）心理失衡。现代社会中高度激烈的竞争，错综复杂的人际关系，易使人产生压力，思虑过度。这会影响人体的神经调节和内分泌调节，进而影响机体各系统的正常生理功能，使身体处于亚健康状态。

### 课堂互动

你关注过自己的健康吗？下面让我们一起来做一组测试，给自己的健康打打分。（提示：完全不符合时打1分，不太符合时打2分，比较符合时打3分，完全符合时打4分。测试分数仅供参考，不要有任何心理负担。）

（1）我有一两个好朋友。

（2）我的体重在正常范围内。

（3）当我遇到挫折时，我会向我的朋友征求意见或寻求帮助。

（4）我至少可以说出三件自认为做得很好的事情。

（5）我早上起来后感到身体很舒服。

（6）我至少有一种爱好或特长。

（7）我能精力旺盛地投入每天的学习和娱乐活动。

（8）我能够自信地与我不太熟悉的人交谈。

（9）我的身体很灵活。

（10）我与班里男同学和女同学的关系都很好。

（11）我积极参与集体活动。

（12）不管是领导别人时还是被别人领导时，我都感到很自然。

（13）我的牙齿很健康。

（14）我的睡眠状况很好。

（15）我能原谅别人的错误，并理解别人的难处。

（16）我的体育成绩全都达标。

（17）我大多数时候感到心情愉悦。

（18）在压力很大的情况下，我会通过运动来放松自己。

（19）与其他同学合作时，我能听取和接受其他人的意见。

（20）在做事或读书时，我的注意力很集中。

（21）我很少感到疲乏无力。

（22）当朋友让我做我不想做的事时，我会拒绝。

（23）我的食欲很好。

（24）我对自己的外貌感到满意。

（25）我会总结自己失败的教训，并在下一次遇到同样情况时做得更好。

总分为85～100分的为优，70～84分的为良好，50～69分的为一般，低于50分的为较差。

## 第二节 大学生与健康

健康是人类永恒的主题，无论是人类的自身发展与自我实现，还是社会发展及人类对其成果的享受，都需要以健康为前提。随着我国高等教育的大众化，越来越多的青年进入高等院校学习，大学生人数逐渐增加。作为时代的未来和希望，大学生的健康状况不仅关系到自己的学业、理想和前途，也关系到社会的进步、国家的昌盛和民族的振兴。因此，大学生应增强自身的责任感和使命感，培养健康意识，注重健康问题，努力促进自身健康发展，为提高自身的综合素质打下良好基础，为我国社会发展做出应有贡献。

### 一、健康对大学生的重要性

健康是人类生存与发展最基本的条件，没有健康，一切都无从谈起。就大学生而言，健康与其学业成就和职业发展息息相关。

#### （一）健康与学业促进

在大学阶段，学生的主要任务就是学习，而学生要取得学业成就，不仅取决于自身的学习态度和学习动机，还受家庭背景、性格特征、身心健康等一系列因素的影响，其中身

心健康尤为重要。健康状况不佳的学生，要想取得较好学业成就、达到较高学业水平通常比较困难。

不同的健康问题对大学生的学业成就有着不同程度的不良影响。概括来说，主要包括两点：第一，有健康问题的大学生，可能因为受到行为限制或需要长久治疗而缺勤，从而打乱学习节奏或打断学习进程；第二，健康状况不佳的大学生精力必然会被分散，这可能使其不能专心学习，从而影响其学业成就。

**健康案例**

一年前的暑假期间，小林在骑车回家的路上遭遇了一次车祸。由于受伤比较严重，后续经历了六个月的恢复期。在医院休养期间，小林也会拿起书本学习，但身体还处在恢复期，精力不济使得他的学习效率并不高。

身体恢复后，小林就回到了学校继续学业，但他上了几天课发现，自己离开课堂太久了，感到很不适应，没办法全身心投入到学习中去，做实验也不能聚精会神。尽管小林努力调整自己的状态，但收效甚微，他的食欲、睡眠质量都开始变差，对于学习也越来越没有兴趣，每逢考试就紧张焦虑，仿佛大难临头。近几个月来，小林常因头痛而缺课，对此他感到非常不安、自责。尽管考试尚能及格，但他仍然觉得自己很没用，成绩太差。

**点评** 健康是大学生取得学业成就的前提条件。长期健康状况不佳会影响大学生的学习状态，使其无法很好地完成学业，而学业发展不良又可能给大学生带来心理压力，从而形成恶性循环。

此外，大学生还将面临学业、就业、人际交往等方面的压力，因此产生的焦虑、抑郁心理易使大学生采取消极的学习态度，进而影响学业成就。

### （二）健康与职业发展

当大学生走出校门以后，就面临着就业问题，而健康对大学生未来职业发展有着较为重要的影响。首先，在择业方面，有些职业会对健康状况提出较为明确的要求，如飞行员对视力要求较高，翻译对听力要求较高等。如果健康状况不佳，可能无法选择自己心仪的职业。其次，即使部分职业没有明确提出对健康的要求，那些不健康的应聘者也可能在面试的其他环节遭到淘汰。

此外，现代社会竞争激烈，职场人工作负荷较大，同时还面临着巨大的心理压力。要想胜任并在工作中有所建树，良好的身心素质是必不可少的。因此，大学生要想在竞争中脱颖而出，然后在职业生涯中不断进取，就必须从现在开始强健自己的身心，为未来的职业发展打好基础、做好准备。

## 二、大学生面临的健康问题

在走向独立，成为社会成员，投身社会事务，为社会服务的最后准备阶段中，大学生面临的健康问题主要有两个方面。

### （一）生理健康问题

#### 1. 体质健康问题

体质是人体在先天遗传性和后天获得性基础上所表现出来的形态结构、生理功能、心理发展、身体素质、运动能力等方面综合的相对稳定的特征。体质健康问题就是这些特征处于异常状态的情况。

2021年进行的一份针对115万余在校学生体质健康的调查数据显示，截至2020年，全国大学生体质健康不及格率高达30%。尽管近年来我国大学生的身高、体重等形态发育指标水平呈增长趋势，反应速度、力量等素质指标有所提高，营养状况得到较大改善，但学生耐力素质、肺活量指标长期持续下降，肥胖学生的比例明显增多，近视眼发病率也居高不下。

#### 2. 性健康问题

性健康是指生殖器官结构正常并无疾病，性生理功能、性心理功能正常，以及有正确性观念、高尚性道德和健康性行为的一种状态。在校大学生的年龄多在17～23岁之间，性生理发育已经成熟，但性心理的发展并未达到健康成熟的状态。两者之间的矛盾常常使大学生不能很好地适应和主动调节“性”所带来的一系列生理、心理上的变化，从而导致性及性健康问题。近几年，大学生的性健康问题主要体现在以下两方面：

（1）认知方面。伴随着性生理、性心理的变化，大学生普遍对性知识有了强烈的渴求，但由于传统观念的影响，性教育的推广和实施并不深入，导致大学生对性教育的实际内容比较生疏，所获得的科学性知识较少。

（2）行为方面。受中西方多元文化的影响，大学生的性观念呈现越来越开放的趋势，婚前性行为、无保护性行为、性行为低龄化等状况的发生率也逐年增高。这也使得缺乏性传播疾病知识和自我保护能力较差的大学生患病的概率增加，健康风险增大。

**课堂互动**

你认为性健康教育应该从什么阶段开始？

### （二）心理健康问题

第三届国际心理卫生大会指出，心理健康是指在身体、智能和情绪上能保持与他人心理不相矛盾，并将个人心境发展成最佳状态。我国学者普遍认为心理健康是一种持续的积

极发展的心理状况，在这种状况下，主体能做出良好适应，且能充分发挥潜能。

当前，我国大学生心理健康状况总体上是正常的，但随着社会发展和教育改革的深入，在复杂的环境变化面前，相当一部分大学生不能进行良好的心理应激，造成心理平衡失调，产生了多样化的心理问题。一般来说，大学生的心理问题主要发生在五个方面：环境适应方面、人际交往方面、学习方面、就业择业方面及恋爱方面。

## 三、影响大学生健康的因素

影响大学生健康的因素一般可分为内因和外因。内因主要由遗传决定，外因主要包括环境、生活态度和生活习惯、医疗卫生服务等。中国工程院院士钟南山指出，在决定人的健康程度的因素中，遗传因素和环境因素分别占 15%和 17%，医疗卫生服务因素占 8%，而生活态度和生活习惯因素占了 60%。

### （一）遗传因素

遗传是生物界存在的普遍现象，是人体发育的先天条件，对人体形态、肤色、机能、性格、气质、健康等均有影响。遗传对人体健康状况的影响主要表现在人体的体型、疾病抵抗能力、基因疾病、一般精神状态等方面。例如，父母在运动方面的速度和耐力素质通常能遗传给后代，同时，父母所患有的一些疾病（如色盲、地中海贫血等）也可能遗传给后代，从而影响后代的健康。

身体发肤受之父母，遗传因素是无法改变的，对于遗传可能带来的疾病隐患，大学生应该根据自己的实际情况，采取积极的办法予以应对。例如，有高血压家族史的学生，平时应注意饮食，以低脂、高钙食物为宜；有糖尿病家族史的学生，应注意加强运动，降低体重，减少高脂、高糖食物的摄入量，多吃高纤维食物，并定期到医院检查身体，等等。

### （二）环境因素

环境与健康

环境对大学生的生存和生活也有很大影响。通常来说，环境主要包括生态环境、社会环境和人工环境。这里主要介绍生态环境对大学生健康的影响。

随着工业生产的发展，生态环境污染问题日益突出，对人类的生存与健康造成了各种不利影响。例如，水体受化学毒物污染后，会通过饮用水或食物链引起人体中毒；大气中存在的各种污染物质，会刺激呼吸器官，引起急性和慢性中毒，或者导致肺心病、皮肤炎、结膜炎等；土壤污染会使污染物在植物体中积累，并通过食物链传播到人体中，引发癌症或其他疾病；长时间处于噪声污染中，可能导致人听力损伤，神经系统功能紊乱，进而出现焦虑、暴躁等症状。

近年来，我国各级政府正在大力对各行各业存在的环境污染隐患进行整治，力图还我国公民一个健康、舒适、安全的生态环境，这将有利于大学生的健康状况。

### （三）生活态度和生活习惯因素

生活态度是指一个人对待生活的心态。研究表明，积极、乐观的心态对人的身体十分有益，它可以使机体处于最佳状态，促使人体免疫功能增强，从而降低人体患病的风险，甚至战胜疾病；而消极、悲观的心态易使人感到沮丧、难过，进而抑制或损害人的免疫系统和神经系统，不利于人体保持健康状态。

生活习惯包括日常生活中的饮食习惯、作息习惯、行为习惯、运动习惯等。在影响健康的因素中，最主要的、完全由自己掌握的因素就是个人的生活习惯。研究表明，健康的生活习惯可使高血压发病率降低 55%，使糖尿病发病率降低 50%，使人均寿命延长 10 年，同时大幅度提高生活质量；而不健康的生活习惯则会影响身体健康，甚至可能引发疾病。

#### 健康案例

有一位医生先后接诊了两名大学生。其中一名大学生的颈背部长了一颗恶性肿瘤，医生断定她最多再活 6 个月。但她得知自己的病情后，仍然保持乐观心态，反思自己过去的一切，用新的态度面对这个世界。同时，她把肿瘤看作凶恶的敌人，想象自己与它斗争，并用积极的、有利于康复的心理疗法来辅助治疗。一年之后，奇迹出现了，她的肿瘤消失了，身体也恢复到健康的状态。

另外一名大学生被诊断出胃部有肿瘤，但癌细胞还没有大面积扩散。在得知自己的病情后，他不理解为什么自己会得癌症，感觉这个世界如此不公平，整天闷闷不乐，治疗也不积极，由此加速了癌细胞的转移。在医生和家人的劝慰下，他慢慢接受了患病这个事实，但又开始对自己的身体、生活等进行各种不良的联想，使自己的身心陷入恶性循环之中，进而出现焦虑、抑郁。最后，他的病情越来越难以控制。

**点评** 心态乐观和精神振作可以使机体免疫力增强，防止病情进一步恶化，有利于疾病的治疗和康复。相反，如果遇事持悲观态度，则身体难以保持健康状态。在极端的情况下，悲观的态度甚至会致人死亡。

### （四）医疗卫生服务因素

医疗卫生服务是卫生医疗机构和专业人员为了达到预防疾病、促进健康的目的，运用卫生医疗手段向个人、群体和社会提供必要服务的过程。

医疗卫生服务因素对大学生健康非常重要。首先，若大学生患病，诊治和康复在很大程度上依赖于好的医疗卫生条件；其次，医疗过程中的误诊、漏诊，医务人员数量少，初级卫生保健系统不健全，医疗资源分布不均，缺少康复机构等因素，会影响医疗卫生服务的整体水平，进而对大学生的健康产生不利影响。

# 第三节　健康管理

健康是一切的基础，是个人生存与生活的重要资源。为避免使自己的健康受到损害，大学生应该学会对自己的健康进行管理。

## 一、健康管理的基本内涵

健康管理是以预防和控制疾病发生与发展，降低医疗费用，提高生命质量为目的，针对个体及群体进行健康教育，提高自我管理意识和水平，并对其生活方式相关的健康危险因素，通过健康信息采集、健康检测、健康评估、个性化健康管理方案、健康干预等手段持续加以改善的过程和方法。

一般来说，健康管理的宗旨是调动个人、集体和社会的积极性，有效地利用有限的资源来达到最大的健康效果。因此，健康管理也可以从公共和个体两个层面进行讨论。

公共层面的健康管理主要强调由健康服务的提供者对服务对象实行个人健康信息采集、健康评价、健康评估，并在此基础上帮助个人通过行为纠正而改善健康的有计划、有组织的过程。例如，由专业健康管理者对大学生开展健康体检，进行健康咨询、指导等，从而帮助大学生达到预防疾病、保证健康的目的。

个体层面的健康管理强调个人主动了解自身健康状况、预测可能导致疾病发生的各种危险因素，评判可能面对的健康风险，继而进行自我干预、调整的过程。对大学生自身而言，应该更加关注个体层面的健康管理。

## 二、影响健康管理的因素

在现实生活中，健康管理与每个人相伴，且对健康至关重要。但一个人能否在合理决策后实现有效管理，会受到很多因素的影响，这些因素大致可以归纳为个体因素和外部环境因素两个方面。

### （一）个体因素

个体的认知水平、价值取向、情感状况、对健康的态度及对健康相关信息的获取和利用能力等都会对健康管理产生一定影响。例如，一个人的认知水平越高，其所具备的知识与经验就越丰富，也就能够做出更加合理的决策或选择。

### （二）外部环境因素

社会整体对健康的重视程度，健康医疗服务的普及程度，以及个体能从社会中获得的社会支持、社会资源、所需要遵循的伦理规范等，都会影响个体健康管理的意识和能力。例如，一个能够从父母、朋友处得到健康信息、健康资源的人，将能够更好地去实现自我健康管理。

## 三、健康管理的方法

就大学生而言，对自我进行健康管理更多是针对个人的生活方式、情绪、行为、医疗服务利用等方面进行自主管理，具体实施环节包括掌握健康状况、理性决策、行为干预。

### （一）掌握健康状况

健康个体的特征之一是对自己的健康有正确的认识，即能够客观地了解自己的身体机能，掌握自己的健康水平。他们所关注的重点是预防疾病，而不是疾病发生后的症状缓解。

大学生开展健康管理，首先，要提高对健康的认识，逐步树立关注健康的意识；其次，通过自我观察、自我记录等方式，收集自己的健康信息，了解自己身体的动态变化，掌握自己的健康状况，这是持续实施健康管理的前提和基础；最后，依靠自己或在专业人士的帮助下，对自己进行健康评估，明确自己面对的健康问题，预测各种疾病发生的危险性。

### （二）理性决策

在全面了解自身状况，掌握充足的信息后，大学生应先在此基础上列出多种应对策略，分析和确定哪些行为方式是对自己的健康有利的，哪些是会危害健康的；然后，实事求是地考虑自身所处的状况，理性选择最合理的方案，制订干预行动计划。值得注意的是，任何合理的决策都不会对自己和他人的健康不利，不会破坏社会秩序和环境。

### （三）行为干预

采取行动控制危险因素，是实施健康管理的最终目标。为保持健康、预防疾病，大学生应积极改变个人不健康的行为和生活方式。

大学生应根据干预行动计划对自身行为方式进行干预，对已发现的影响健康的问题行为进行调整和改变，如用健康行为替代不健康行为，增加对健康行为的奖励，以支持自己的干预行动。此外，健康行为的养成是一个长久的过程，大学生应该学会向专业人士或机构咨询，获得指导和帮助，并持之以恒、循序渐进地实行自己的干预计划。

**温馨提示**

个人对自己的行为方式进行分析时，不仅要考虑自身因素，还需要考虑外界环境因素，如一般物质环境及心理、社会环境等。

## 【健康一起来】

### 你的生活习惯健康吗？

进入大学后，大学生要自行管理自己的日常起居、个人卫生、行为习惯等。这是人生中培养健康生活习惯的一个重要阶段。那么，你的生活习惯健康吗？请审视自己的生活习惯，并尝试做出自己的健康管理计划。

**1. 活动实施**

（1）将全班分成若干小组，以小组为单位通过多种方式广泛收集健康生活习惯的信息，并汇总整理。

（2）每位小组成员列出自己的生活习惯，与所收集的信息进行对比，判断自己的生活习惯是否健康，并确定自己应该养成的生活习惯。然后，列出每种选择可能会对自己产生的影响，以及实现的可能性。

（3）每位小组成员在小组内分享自己做出的最后决策，并相互讨论，交流意见。最后，每位小组成员分别提交一份自己的健康生活习惯管理计划书。

**2. 考核评价**

采取自评、小组互评和教师评价相结合的方式完成考核评价，并填写表 1-1。

表 1-1　考核评价表

| 项目名称 | 评价内容 | 分值 | 评价分数 | | |
|---|---|---|---|---|---|
| | | | 自评 | 互评 | 师评 |
| 知识、技能考核（60%） | 能够灵活运用各种渠道收集信息 | 10 | | | |
| | 所收集的健康生活习惯是科学的、实用的 | 15 | | | |
| | 能够找出自己存在的不良生活习惯 | 15 | | | |
| | 计划书内容丰富，设计合理 | 20 | | | |
| 综合素质考核（40%） | 积极实施任务 | 10 | | | |
| | 做事细心，考虑问题全面 | 10 | | | |
| | 思维敏捷，思路清晰 | 10 | | | |
| | 有较好的团队合作意识 | 10 | | | |
| 合计 | | 100 | | | |
| 总评 | 自评（20%）+互评（20%）+师评（60%）= | 教师（签名）： | | | |

## 【健康中国 · 精彩故事】

### 医者的健康教育与健康促进之路

2019 年，由于在满足公众需求、提升公众健康素养、促进全民健康方面做出了突出贡献，内蒙古自治区人民医院党委书记、院长，内蒙古自治区呼吸疾病重点实验室主任孙德俊，荣获“2018 年度中国健康传播影响力人物”奖。

作为一名医生，孙德俊三十余载行医路不忘初心，情系杏林。他深知，“治已病”与“防未病”对于护佑百姓安康同等重要，他是这样践行的，也是这样倡导的，更是这样坚持的。

他带领团队历时 3 年收集标本 2 万余例，开展建立了国内首个蒙古族人群及北方汉族人群慢阻肺标本库，为我国北方地区人群呼吸疾病个体化诊治提供了丰富的病例储备；他坚持开办内蒙古地区首家正规专科戒烟门诊，为困难戒烟者提供专业健康咨询和干预治疗方案，并在每年“世界无烟日”，协调组织专家、志愿者积极开展禁烟、控烟健康宣传；他积极倡导推进 180 家内蒙古呼吸专科医联体建设，推动优质医疗资源有效下沉，通过创造有益于医患身心健康的环境，强化社区健康行动、开展健康教育、优化健康服务等举措，进一步提高公众的疾病防治、健康生活方式等方面的知识和技能，从而使内蒙古地区整体人群的健康素养和健康水平得以不断提升，患者愈后及患者生命质量得以不断改善。

党的二十大报告指出要“推进健康中国建设”。孙德俊以对事业无限热忱的追求，为更多的社会受众带来全新的健康指导，很好地贯彻了这一精神，是我们学习的榜样。

资料来源：http://jkdx.nmgyy.cn/article/8feb825091aff5021471.shtml

# 第二章

# 生活方式与健康

## 本章导读

生活方式是指个人日常生活的活动方式，包括衣、食、住、行等诸多方面。由于文化风俗、成长背景及个人情况的不同，每个人都有自己独特的生活方式。健康的生活方式不仅有利于预防各种疾病，提高人们的健康水平，而且有利于提高生活质量。因此，大学生应注重养成健康的生活方式，以提高自身的健康水平。

## 学习清单

完成一项学习任务后，请在对应的方框中打勾。

| | | |
|---|---|---|
| 课前预习 | □ | 1．准备学习用品，预习课本知识 |
| | □ | 2．回想自己及周围人的生活方式 |
| | □ | 3．思考生活方式与健康之间的关系 |
| 课本学习 | □ | 1．了解人体所需营养素和不同食物的营养价值 |
| | □ | 2．了解食品存在的安全隐患并掌握防范方法 |
| | □ | 3．熟悉大学生健康饮食的内容，并能够养成良好的饮食习惯 |
| | □ | 4．理解健康睡眠的重要意义，掌握健康睡眠的方法 |
| | □ | 5．理解科学运动的意义，明确科学运动的原则，掌握科学运动的方法 |
| | □ | 6．了解大学生群体中存在的不良嗜好及其危害 |
| | □ | 7．掌握不良嗜好的防范策略 |
| 任务训练 | □ | 1．积极、认真地参与实践活动 |
| | □ | 2．在活动中，踊跃参与小组交流、讨论，提高沟通能力 |
| | □ | 3．掌握信息搜集技巧，提升信息收集与整合能力 |
| | □ | 4．能够根据所学知识，设计科学、合理、健康的食谱 |

## 【健康问答】

（1）你一日三餐的进餐时间规律吗？是否每天都会吃早餐？

（2）你每天的饮食中一般包含哪些食物种类？你觉得自己的饮食结构合理吗？

（3）你对节食持有什么样的看法？

（4）你平均每天的睡眠时长是多久？是否有通宵熬夜的习惯？是否有睡前玩电子产品的习惯？

（5）你一般需要多久才能入睡？什么因素会影响你入睡？你认为自己的睡眠质量如何？

（6）你是否每周都会进行运动？如果有，每次运动的时间是多久？

（7）你是否向专业人士了解过科学运动的方法？

（8）你认为运动最主要的作用是什么？

（9）你是否有吸烟、饮酒的习惯，是否接触过毒品？

（10）你是否了解吸烟、过度饮酒或吸毒对健康的危害？

## 【健康课堂】

# 第一节　饮食与健康

俗话说："民以食为天。"食物是人类生存必不可少的物质基础。人类需要从食物中汲取营养，以维持自身机体的正常新陈代谢。合理的饮食、充足的营养，对于我们的健康至关重要。

## 一、人体所需要的营养素

营养素又称"营养物质"，是维持正常生命活动所必需摄入的物质成分。人体必需的营养素主要包括碳水化合物、蛋白质、脂肪、维生素、矿物质、水和膳食纤维七大类。总的来说，这些营养素可以为人体生长发育和进行体力、脑力劳动提供热量，并调节生理功能。但同时，这些营养素对促进人体健康还具有各自不同的功能，某一营养素缺乏或过多，都可能导致人体生理功能失调或组织结构受损。

人体必需的七大营养素

### （一）碳水化合物

碳水化合物又称“糖类”，由碳、氢、氧 3 种元素组成。碳水化合物除了可以为生命活动提供热量外，还可以与蛋白质结合成糖蛋白，与脂肪结合成糖脂，进而组成抗体、酶、激素、细胞膜、神经组织、核糖核酸等具有重要生理功能的物质。

碳水化合物广泛存在于米、面、薯类、豆类及各种杂粮中。在日常生活中，大学生应该吃足量的主食，保证摄取足够的碳水化合物，获得足够的能量。

#### 健康案例

苗苗是温州一所大学的大二学生，身高 158 cm，大二开学时体重为 45.5 kg，但她对这样的体形并不满意。为了减肥和保持身材，在之后的一年多的时间里，苗苗每日三餐都不吃米饭、面等主食，只吃黄瓜、西红柿等一些清淡的蔬菜和水果，偶尔喝一点葡萄糖，有时候晚上甚至不吃任何东西。

后来有一天，苗苗因身体虚弱晕倒在路边，被同学送往医院输液治疗。医生说她晕倒是长期不吃主食产生胃痉挛，加上营养严重不良而导致的。医生告诫苗苗说，她这种减肥方法是不合理的，以谷类为主的主食中含有大量的淀粉，人进食后会转化为葡萄糖，供给人体必需的能量，葡萄糖只有超量才会转为脂肪。而完全不吃主食，该补充的能量不能供给，时间长了就会因能量不足而引起昏厥。苗苗这才深刻认识到了自己的错误。

**点评** 如果不吃米、面等主食，碳水化合物摄入得太少，身体就得不到足够的能量来维持各项机能。因此，大学生不应过度节食，而应正确认识进食足量主食的重要性，养成良好的饮食习惯。

### （二）蛋白质

蛋白质是由氨基酸分子组成的有机化合物。蛋白质是一切生命的基础，其具有三大基础生理功能：一是构成和修复人体组织，如蛋白质是构成肌肉的重要成分，也是伤口的修复材料；二是调解生理功能，如蛋白质可构成酶、激素、抗体等生理活性物质，并参与调节生理功能；三是提供能量，如每克蛋白质在人体体内可产生 16.74 kJ 的能量。

一般来说，成人每天所需蛋白质约为 70 g（男生 65～75 g，女生 55～60 g）。蛋白质的主要食物来源有蛋类、奶类、肉类，以及豆类食品等。

### （三）脂肪

脂肪是室温下呈固态的油脂（室温下呈液态的油脂称为“油”），也是身体储存和供给能量的主要营养素。脂肪能够产生较高的热量，一般每克脂肪的热量是同等质量的碳

水化合物或蛋白质的两倍。脂肪还能促进脂溶性维生素的吸收，提供人体需要的脂肪酸等物质。

有研究表明，正常人每天应摄入的脂肪总量为 50～80 g，每天摄入脂肪所产生的热量应占总产热量的 20%～30%（18 岁及以下为 25%～35%）。脂肪含量丰富的食物有肉类、动物内脏，花生、芝麻、开心果、核桃、松仁等坚果，以及油炸食品、蛋糕等点心。

### （四）维生素

维生素是维持机体正常生理功能及细胞代谢的一种微量低分子化合物。维生素既不能构成机体组织，也不能提供能量，但它可以调节人体的新陈代谢，提高身体免疫力，从而预防疾病的发生。通常来说，人体所需的维生素包括脂溶性维生素（维生素 A、维生素 D、维生素 E、维生素 K 等）和水溶性维生素（维生素 B、维生素 C）两类。富含维生素的食物有鱼肝油、肉类、动物肝脏、绿色蔬菜、水果、谷物、蛋类、乳制品、大豆等。

#### 各种维生素的作用

维生素 A：能够促进上皮组织细胞的代谢和免疫球蛋白的合成，从而维持皮肤健康；能够预防视力衰退和夜盲症，从而维持眼睛正常的视觉功能。

维生素 B：能够促进肝糖原和肌糖原的合成，并维持神经系统的正常功能。

维生素 C：能够加强体内的氧化还原过程，使机体获得更多的能量；能够促进伤口愈合，并增强机体的免疫力。

维生素 D：能够促进钙和磷的吸收，从而有利于骨骼的钙化及牙齿的正常发育；能够促进皮肤细胞的生长、分化，并参与身体免疫功能的调节。

维生素 E：能够减少组织细胞的耗氧量，并增加肌肉的力量；能够扩张血管，改善血液循环，从而降低血压。

维生素 K：能够参与凝血过程，维持血管壁的正常弹性，从而保护血管；能够促进骨骼的代谢，从而有效降低骨折的风险。

资料来源：https://baike.so.com/doc/5344187-5579631.html

### （五）矿物质

矿物质又称“无机盐”，是人体体内无机物的总称。人体中含有的各种元素，除了碳、氧、氢、氮等主要以有机物的形式存在以外，其余的 60 多种元素统称为矿物质，其中 25 种为人体营养所必需，包括钾、钠、钙、镁、铁、锌、铜、碘等。矿物质具有构成人体组织和维持生理功能、生化代谢（包括糖类代谢、蛋白质代谢和脂类代谢）的作用，如钙、磷、镁是构成骨骼和牙齿的重要成分，铁是构成血红蛋白的重要成分，钾具有维持人体酸碱平衡的作用。

矿物质无法在人体内产生或合成，必须由食物供给。富含矿物质的食物主要有肉类、动物肝脏、蛋类、乳制品、绿色蔬菜等。

### （六）水

水约占成人体重的 60%～70%，是人体体内物质代谢的载体，几乎参与人体所有的生理活动。身体缺水时，人会感到口干舌燥，全身乏力，反应迟钝，此时人体的所有机能和器官都处于警戒状态。

人体内水的来源主要有以下三个：一是饮水；二是食物中的水；三是脂肪和蛋白质等氧化时产生的代谢水。其中，饮水是最主要的来源。通常来说，大学生需每日摄入 2～3 L 的水才能满足身体代谢的需要。

### （七）膳食纤维

膳食纤维是一种不能被人体消化的碳水化合物，但也是人类饮食中不可缺少的营养素之一，成人膳食纤维每天适宜摄入量为 25～30 g。膳食纤维的作用主要包括：① 能够清洁消化道壁，促进肠胃蠕动，缓解便秘，从而增强消化系统的功能；② 能够稀释食物中致癌物质和有毒物质的浓度并使其加速排出，从而保护脆弱的消化道和预防结肠癌；③ 能够加快胆固醇的排泄，从而使血液中的胆固醇控制在较为理想的范围内；④ 能够改善肠道菌群，为益生菌的增殖提供能量和营养。

膳食纤维一般分为水溶性纤维与非水溶性纤维两种。富含水溶性纤维的食物有大麦、豆类、胡萝卜、柑橘、燕麦及燕麦糠等。富含非水溶性纤维的食物有小麦糠、玉米糠、坚果、芹菜、果皮和根茎蔬菜等。

**拓展阅读**

#### 正确认识膳食纤维

膳食纤维被世界卫生组织列为人体不可或缺的“第七大营养素”，也被称为“人体清道夫”“血液净化剂”。但有很多人在对膳食纤维的认识存在一些误区，具体如下。

**误区一：**口感粗糙的食物中才有膳食纤维。非水溶性纤维的口感较为粗糙，如麦麸、坚果和芹菜等，而水溶性纤维的口感较为细腻，如大麦、豆类、胡萝卜、柑橘及燕麦等。因此，并不是口感粗糙的食物中才有膳食纤维。

**误区二：**膳食纤维可以帮助身体排出废物，留住营养。膳食纤维能够促进食物残渣的排泄，排出有害物质，但同时也会带走一部分营养物质。

**误区三：**肠胃不好的人要多补充膳食纤维。膳食纤维的确可以缓解便秘，但它也可能引起胀气和腹痛，所以肠胃不好的人补充膳食纤维应适量。

**误区四：**生吃蔬菜才能摄取到膳食纤维。蔬菜中的膳食纤维并不会因为加热或煎炒烹炸而被破坏，并且，蔬菜经烹饪之后口感更好。

资料来源：http://baike.39.net/8000-8100-8101-16/

## 二、不同食物的营养价值

食物的营养价值是指食物中含有的能量和营养素能满足人体需要的程度。如果某种食物所含的营养素种类齐全、数量多、相互比例适当，且容易被人体吸收，那么其营养价值就相对高，反之其营养价值就相对低。日常生活中常见的食物可分为谷类食物、蔬菜和水果、豆类及豆制品、奶类及乳制品、肉蛋类食物、鱼类及水产食物和食品加工品等，不同的食物的营养价值不同。

### （一）谷类食物

谷类食物主要包括小麦、稻谷、玉米、小米和高粱。这些食物一般含70%～80%的碳水化合物、6%～10%的蛋白质、一定量的膳食纤维、少量的维生素和矿物质，是人体最主要、最经济的热量来源。碳水化合物多为淀粉，因此，谷类食物比较容易消化和吸收。

### （二）蔬菜和水果

蔬菜和水果是人体维生素C、胡萝卜素、钙、铁、钾、钠等营养素的重要来源。例如，柑橘、山楂、鲜枣、猕猴桃等水果，以及蔬菜中的代谢旺盛部分（如嫩叶和幼芽）中均富含维生素C；苋菜、韭菜、胡萝卜、红薯、杏等深绿、黄红色的蔬菜和水果中均富含胡萝卜素。

蔬菜和水果通常具有水分多、能量低、富含膳食纤维和微量营养素、能够抗氧化等特点。表2-1列举了几类常见蔬菜和水果的营养价值，以供参考和比较。

表2-1　蔬菜水果类食品的营养价值（以每100 g可食部分计）

| 类别 | 食物名称 | 可食部分/% | 碳水化合物/g | 蛋白质/g | 脂肪/g | 维生素/mg | 矿物质 | | | 膳食纤维/g |
|---|---|---|---|---|---|---|---|---|---|---|
| | | | | | | | 钙/mg | 磷/mg | 铁/mg | |
| 蔬菜类 | 大白菜 | 87 | 3.1 | 1.7 | 0.3 | 33 | 33 | 42 | 0.4 | 0.6 |
| | 甘蓝 | 78 | 4 | 1.3 | 0.3 | 57 | 100 | 56 | 1.9 | 0.8 |
| | 空心菜 | 76 | 4 | 2.3 | 0.3 | 22 | 100 | 37 | 1.4 | 0.9 |

（续表）

| 类别 | 食物名称 | 可食部分/% | 碳水化合物/g | 蛋白质/g | 脂肪/g | 维生素/mg | 矿物质 | | | 膳食纤维/g |
|---|---|---|---|---|---|---|---|---|---|---|
| | | | | | | | 钙/mg | 磷/mg | 铁/mg | |
| 蔬菜类 | 韭菜 | 90 | 3 | 2.4 | 0.5 | 17 | 38 | 37 | 1.1 | 1.4 |
| | 菠菜 | 89 | 2.8 | 2.6 | 0.3 | 39 | 70 | 34 | 2.5 | 2.0 |
| | 胡萝卜 | 96 | 7 | 2.0 | 0.3 | 12 | 170 | 49 | 5.6 | 1.2 |
| | 黄豆芽 | 100 | 7 | 11.5 | 2.0 | 9 | 68 | 102 | 6.4 | 1.4 |
| 水果类 | 苹果 | 76 | 12.3 | 0.2 | 0.2 | 12 | 11 | 9 | 0.3 | 1.2 |
| | 香蕉 | 68 | 20 | 1.2 | 0.6 | 18 | 10 | 35 | 0.8 | 1.2 |
| | 梨 | 82 | 10 | 0.2 | 0.2 | 56 | 5 | 6 | 0.2 | 1.1 |
| | 桃 | 86 | 10.9 | 0.9 | 0.1 | 865 | 8 | 20 | 1.0 | 1.3 |
| | 橙子 | 74 | 9 | 0.6 | 0.1 | 44 | 26 | 15 | 0.2 | 0.6 |
| | 樱桃 | 80 | 9.9 | 1.1 | 0.2 | 900 | 6 | 31 | 5.9 | 0.3 |
| | 葡萄 | 86 | 9.9 | 0.5 | 0.2 | 15 | 4 | 15 | 0.6 | 0.4 |

### （三）豆类及豆制品

豆类及豆制品包括大豆、蚕豆、绿豆、豌豆、赤豆，以及其他豆类作物种子及其制品。以大豆为例，大豆一般含35%～40%的优质蛋白质、17%～20%的油脂（其中50%为人体必需的脂肪酸——亚油酸）、一定量的维生素（包括维生素 $B_1$ 和维生素 $B_2$）及矿物质（如钙、铁、锌、烟酸等）。其他豆类与大豆相似，但蛋白质营养价值稍低。豆制品中通常富含蛋白质，其他营养价值则与配料及加工方法有关。

### （四）奶类及乳制品

奶类及乳制品主要包括液态奶、奶粉、酸奶、炼乳、奶酪等。这些食物的营养成分较为齐全，组成比例较为适宜，同时易消化吸收，因此营养价值十分高。以牛奶为例，牛奶一般含87.5%的水分、4.6%的乳糖、3.5%的脂肪、3.4%的蛋白质、0.7%的矿物质及一定量的维生素。牛奶中矿物质的种类非常丰富，包括钙、磷、铁、锌、铜、锰和钼等，其中钙在矿物质中的含量最高。牛奶中的维生素主要有维生素A、维生素 $B_2$ 等。

### （五）肉蛋类食物

肉蛋类食物通常含12%～50%的蛋白质、10%～30%的脂肪、1%～5%的碳水化合物、0.6%～1.1%的矿物质（其中含磷较多、含钙较少）以及少量的维生素。肉蛋类食物中的蛋白质种类比植物类食物中的要多，而且其蛋白质分解出来的氨基酸可以完全被人体吸收。

表 2-2 列举了几类常见的肉蛋类食物的营养价值，以供参考和比较。

表 2-2　肉蛋类食品的营养价值（以每 100 g 可食部分计）

| 类别 | 食物名称 | 可食部分/% | 碳水化合物/g | 蛋白质/g | 脂肪/g | 矿物质 | | | 热量/kcal |
|---|---|---|---|---|---|---|---|---|---|
| | | | | | | 钙/mg | 磷/mg | 铁/mg | |
| 肉类 | 瘦猪肉 | 100 | 2.4 | 13.2 | 37 | 11 | 177 | 2.4 | 330 |
| | 猪肝 | 100 | 5 | 19.3 | 3.5 | 11 | 270 | 25 | 128 |
| | 瘦牛肉 | 100 | 1.2 | 20.2 | 2.3 | 6 | 233 | 3.2 | 145 |
| | 牛肝 | 100 | 6.2 | 19.8 | 3.9 | 13 | 400 | 9.0 | 135 |
| | 羊肉 | 100 | 0 | 19 | 14.1 | 11 | 129 | 2.0 | 306 |
| | 羊肝 | 100 | 7.4 | 17.9 | 3.6 | 9 | 414 | 6.6 | 155 |
| | 鸡肉 | 100 | 1.3 | 19.3 | 9.4 | 11 | 190 | 1.5 | 104 |
| | 鸭肉 | 100 | 0.2 | 15.5 | 19.7 | 11 | 145 | 4.1 | 134 |
| 蛋类 | 鸡蛋 | 88 | 1.5 | 12.9 | 9 | 55 | 210 | 2.7 | 164 |
| | 鸭蛋 | 87 | 3.1 | 12.6 | 13 | 71 | 226 | 3.2 | 186 |

## （六）鱼类及水产食物

整体来说，鱼类及水产食物的脂肪含量低于畜禽肉类，蛋白质含量与畜禽肉类相当，矿物质和维生素含量则比畜禽肉类要高几倍，甚至十几倍。表 2-3 列举了几类常见的鱼类及水产食物的营养价值，以供参考和比较。值得一提的是，鱼类以外的海产动物，如海虾、贝类等，其营养价值与鱼类相似。而海产植物，如海带、海苔、紫菜等，一般含有 10%～30%的蛋白质，以及一定量的钙、铁、碘和维生素等。

表 2-3　鱼类及水产食物的营养价值（以每 100 g 可食部分计）

| 类别 | 食物名称 | 可食部分/% | 碳水化合物/g | 蛋白质/g | 脂肪/g | 矿物质 | | | 热量/kcal |
|---|---|---|---|---|---|---|---|---|---|
| | | | | | | 钙/mg | 磷/mg | 铁/mg | |
| 水产类 | 鳝鱼 | 67 | 1.2 | 17.9 | 1.4 | 27 | 16 | 4.6 | 76 |
| | 鲤鱼 | 54 | 0.2 | 18.1 | 1.6 | 28 | 17.6 | 1.3 | 88 |
| | 鲫鱼 | 54 | 3.8 | 17.1 | 2.7 | 54 | 20.3 | 2.5 | 62 |
| | 鲜贝 | 35 | 2.5 | 15.7 | 0.5 | 37 | 82 | 14.2 | 77 |
| | 田螺 | 26 | 3.8 | 11 | 0.2 | 1357 | 191 | 19.8 | 69 |
| | 对虾 | 61 | 2.8 | 18.6 | 0.8 | 99 | 205 | 0.7 | 78 |
| | 海带 | 100 | 6.2 | 8.2 | 0.1 | 225 | 226 | 150 | 126 |

### （七）食品加工品

食品加工品主要包括罐头、食用油脂、酒类、饮料、调味品、糖果、糕点等，其营养价值主要取决于其原料构成。一般来说，食品加工品在人类营养素来源中不占重要位置。此外，现在的食品加工品大多含有色素、糖精、防腐剂、除霉剂、漂白剂、人工香料，以及一些有待商榷的食品添加剂，因此，食用时要注意查看其配料清单。

## 三、食品安全隐患与防范

### （一）食品安全隐患

尽管现代科技已发展到了相当水平，但食源性疾病（通过摄食而进入人体的有毒有害物质等致病因子所造成的疾病）无论在发达国家还是发展中国家，都还未得到有效的控制，仍然危害着人们的健康。一般来说，食物安全隐患主要包括食物的生物性危害和化学性危害。

#### 1. 生物性危害

食品的原料和加工过程决定了它具备一定的微生物生长条件，食品加工制造过程和包装储运过程中稍有不慎就会发生微生物的大量繁殖，如易引起食物中毒的致病性大肠杆菌、金黄色葡萄球菌、沙门氏菌等病原微生物。病原微生物引起的食物中毒事件每年都有发生，尤其在气温较高的夏、秋季节更容易发生。

此外，有些食物天然有毒，若食用这些食物制成的食品，也会引起食物中毒。

**课堂互动**

你知道生活中有哪些可能导致中毒的食物吗？食物中毒通常会有哪些症状？

#### 2. 化学性危害

化学性危害通常指化学性食物中毒，即因摄入被有毒化学物质污染的食物而引起的中毒。一般来说，食物被有毒化学物质污染主要包括以下三种情形：一是食物被农药等化学制剂污染；二是食物添加了禁止使用的添加剂或是超量使用了添加剂；三是食物因贮藏不当而发生腐败变质。通常，食物中的化学物质会在人体蓄积，产生急性和慢性毒性反应，可能还会有致畸、致癌和致突变的潜在危害。

**健康指导**

**食物中毒的处理**

如出现轻微的食物中毒，一般可采用以下几种方法来缓解中毒症状：

食物中毒后的自救方法

（1）催吐。如果中毒者食用受感染的食物的时间在1～2 小时之内，则可通过喝盐水、生姜汁，或用筷子、勺子和手指刺激中毒者咽喉部，使其吐出有毒食物。

（2）导泄。如果中毒者食用受感染的食物的时间在2～3 小时之内，且精神较好，则可服用一些泻药，以促使有毒食物尽快排出体外。此外，让中毒者喝一些凉盐水、绿豆汤或葡萄糖溶液，可以稀释毒素，加快毒素的排泄。

（3）如果吃了变质的鱼、虾、蟹引起食物中毒，可以取食醋 100 mL，加水 200 mL，稀释后让中毒者一次服下；如果误食变质的饮料或防腐剂，最好让其灌服鲜牛奶或其他含蛋白质的饮料。

（4）当中毒者症状严重时，应该立刻送其到医院进行洗胃和导泻处理，以免危及生命。

资料来源：https://www.99.com.cn/jijiu/swzd/71406.htm

## （二）食品安全防范

个人有效预防食品安全问题，通常可从以下两方面入手：

### 1. 选购安全食品

在选购食品时，首先要学会辨识食品包装上的标签内容，查看标签的内容是否完整。一般来说，一份完整的食品标签应包括食品名称、配料表、营养成分表、净含量及固形物含量、产地、生产商名称和地址、生产日期、保质期或保存期、食用方法、保存方法、产品标准号、食品生产许可证号等（见图 2-1）。

品名：草子糕（烘烤类糕点）
配料：小麦粉、鸡蛋、食用植物油、白砂糖、糖浆、食品添加剂：蛋糕油（单甘油硬脂酸脂、山梨糖醇、山梨醇酐单硬脂酸脂丙二醇）、泡打粉
执行标准：GB/T20977-2007（热加工）
食品生产许可证：QS140924010188
保质期：一、四季度30天；二、三季度20天
净含量：见标签或外包装
生产日期：见标签或外包装
储存方法：常温避光保存
产地：山西忻州
生产商：原平福诚惠食品有限公司
地址：原平市城南新郭下村口（大运路西）
电话：0350-8228810　8258088

营养成分表

| 项　目 | 每100克（g） | NRV% |
| --- | --- | --- |
| 能量 | 1374千焦（KJ） | 16% |
| 蛋白质 | 8克(g) | 13% |
| 脂肪 | 3克(g) | 5% |
| 碳水化合物 | 67克(g) | 23% |
| 钠 | 215毫克(mg) | 11% |

图 2-1　食品标签举例

食品标签中最需要注意的是生产日期、保质期及食品生产许可证。生产日期和保质期可以帮助人们识别食品的新鲜程度。在购买某一食品时，可根据生产日期推断出该食品是否超出保质期，以防买到过期食品。食品生产许可证即 QS 认证，如果没有，表明该食品未得到国家的生产许可，是不准进入市场销售的，其质量、卫生、食用安全等都得不到保证。

除了查看食品标签，还可以利用感官对食品及其包装进行分辨和评估。具体来说，应注意以下几点：

（1）要查看食品包装的封口状况。若有打开过的痕迹，则不要购买。

（2）不要过分追求过于鲜艳、好看的食品外包装。

（3）注意食品的色泽。要慎重购买颜色过白或过鲜艳的食品。必要时，可通过闻、摸、品尝等方法对食品进行质量评估。

### 2. 养成良好食品加工习惯

在生活中，养成良好的卫生习惯可以避免很多食品安全卫生问题。在食品加工过程中，应遵守世界卫生组织推荐的食品卫生的五个关键措施。

（1）保持清洁：① 加工、制备食物之前，制备食物过程中，处理生的肉、禽、海产品、蛋和菜之后，如厕之后，接触宠物、处理垃圾之后，以及处理熟食之前和吃饭前，都要使用流动安全的水洗手，然后用纸巾或干净的毛巾擦手；② 清洗餐具和厨具时，用流动安全的水冲洗、晾干，并经常蒸煮消毒；③ 保持厨房空气流通，地面、洗菜池和冰箱内外清洁。

（2）生熟分开：① 冰箱中食物要生熟分开，避免交叉污染；② 处理食物的案板、刀具要分开使用，用后要分别清洗干净。

（3）加热完全：① 加工食物时要煮熟、烧透；② 熟食室温放置后或从冰箱里取出再食用，要二次加热。

**温馨提示**

未煮熟的肉类容易携带致病菌和其他微生物，食用之后常出现腹泻、呕吐等中毒现象；食用未煮熟的木薯、四季豆、菠菜、木耳、茭白、黄花菜等可能引起食物中毒；食用未经煮熟的鱼可能会导致寄生虫感染。

（4）在安全的温度下保存食物：① 在室温下，熟食存放的时间不超过 2 小时；② 熟食和易腐败变质食品应冷藏存放（5℃以下）；③ 烹调好的食物在食用前保持在 60℃以上；④ 即使在冰箱里，也不要储存食物过久；⑤ 不要将冷冻的食物在室温放置。

（5）使用安全饮用水和食物原料：① 使用安全饮水；② 选择新鲜和完整的食物；③ 选用安全加工过的食物；④ 生吃水果和蔬菜要用清水洗净；⑤ 不吃过期食品。

## 四、大学生饮食指导

从年龄上看，虽然大学生已经属于成年人，但身体的某些系统仍处于旺盛的发育阶段（如骨骼、肌肉系统），需要充足的营养供应。培养良好的饮食习惯，合理膳食，能够提供有益于健康的充足营养。

### （一）大学生的不良饮食习惯及其危害

大学生的不良饮食习惯主要包括以下几个方面：① 一日三餐的进食时间不固定，饥饱不定，不重视吃早饭；② 饮食单一，吃肉食较多，少吃或不吃蔬菜和水果；③ 吃饭全凭自身喜好，不爱吃主食，偏爱零食和垃圾食品，如碳酸饮料、方便面、烧烤等；④ 常光顾街边小摊，不注意饮食卫生；⑤ 为了减肥而节食（尤其是女生），一天只吃一顿，或只吃少量的水果；⑥ 进食时一心多用，边玩电子产品边吃饭。

不良的饮食习惯会给大学生带来很多危害，主要表现在以下两方面：一是导致身体摄取的营养不够，出现营养不良、贫血等症状，导致体力下降、抵抗力降低；二是导致身体摄取的某一营养素过剩，从而患上肥胖症、糖尿病、高脂血症、高血压等慢性疾病。

### （二）大学生的健康饮食

大学生的饮食应以提供充足、全面、均衡的营养，保证身体发育所需为原则。要想做到这一点，大学生可从以下四个方面做起。

#### 1. 平衡饮食

平衡饮食主要包括按时进餐和三餐合理分配两方面。其中，按时进餐是平衡饮食的基础。研究表明，有规律地进餐有助于人体消化腺的分泌和肠胃的吸收，无规律的进餐则容易导致胃溃疡、胃肠炎等疾病。

三餐合理分配是平衡饮食的重要保证。俗话说："早餐要吃好，午餐要吃饱，晚餐要吃少。"这也是将人体一天之内需要的热量和营养素合理分配到一日三餐中的最简单的方法。早餐需要保证营养充足，因此应以奶类、谷类和蛋类食物为主食，早餐热量应占到一天摄入热量的 30%；午餐是机体每天营养和热量的主要来源，因此最好以米面、粗粮为主食，辅以肉类、蔬菜、豆制品等，午餐热量应占全天摄入热量的 40%；晚餐的热量不宜超过全天摄入总热量的 30%，因此宜少吃，不可暴饮暴食。

**拓展阅读**

根据我国居民营养健康的实际情况和基本需求，中国营养学会制订了《中国居民膳食指南》，并依据指南设计了"中国居民平衡膳食宝塔"，直观地告诉大家每天应吃的食物种类及相应数量（见图 2-2）。

需要注意以下几点：① 在膳食宝塔上看到的每日所需的 5 类食物，不能互相替代，要想保证身体健康，每类食物都需要食用；② 在宝塔同一层中的各种食物所含的营养成分大体相近，在日常饮食中应经常互相替换，以使膳食丰富多样，摄入的营养素更加全面；③ 日常饮食中，不是每天每种食物的摄入量都要严格按照"宝塔"中的推荐量，关键是要遵循宝塔各层各类食物的大体比例，每日的膳食中要包括宝塔中的各类食物。

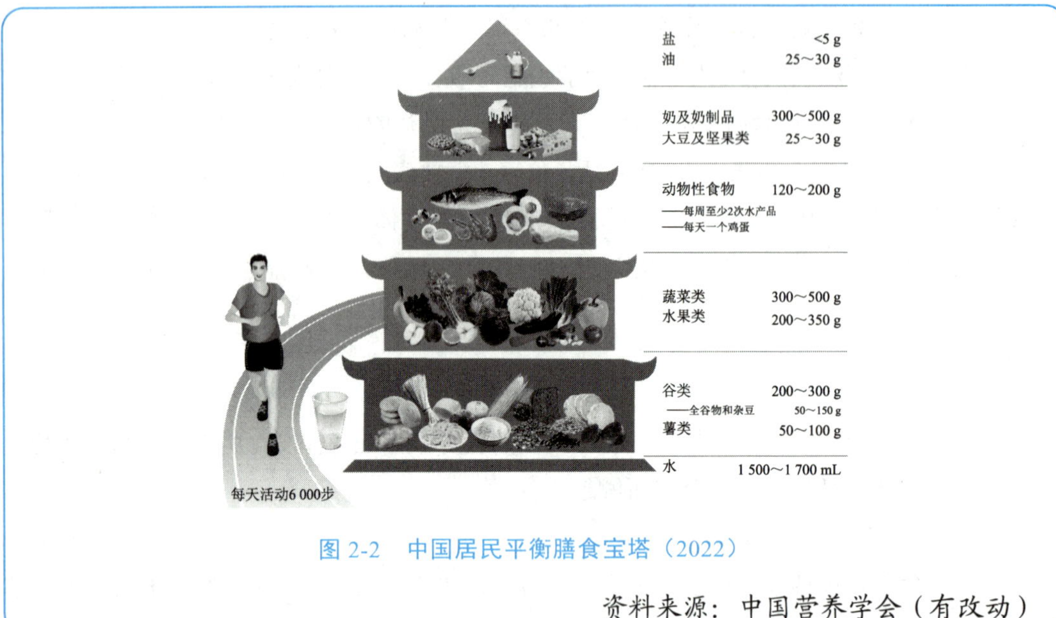


图 2-2　中国居民平衡膳食宝塔（2022）

资料来源：中国营养学会（有改动）

## 2．适量饮食

适量饮食即每天的进食量不要过多或过少。通常来说，一日三餐都吃到七分饱或八分饱是比较健康的，暴饮暴食或断食少食是不可取的。由于每个人的身体状况和饮食习惯不同，所需的食量也不同，因此，大学生可以个人感受为标准衡量自己的食量。此外，大学生的活动量大，新陈代谢较快，每日需消耗较多热量，若两顿正餐之间感到饥饿，可选择一些健康的零食食用（如面包、粗粮饼干等），以保证学业或工作的正常进行。

### 健康案例

小立是某大学的一名大一新生，学校体检时，老师发现他身高 168 cm，体重却达到了 128 kg。经了解，小立在家的时候几乎每天中午都是在麦当劳中度过的，每次最少吃两个“巨无霸”，还有汽水、薯条、苹果派等食品。通过相关检查，小立被确定患有中度脂肪肝、高脂血症和高血糖，必须马上治疗。

**点评** 长期不加节制地暴饮暴食，尤其是过度摄入高脂、高热量的食物，会影响人体的新陈代谢，进而患上肥胖症、脂肪肝、糖尿病等疾病。因此，大学生一定要养成健康的饮食习惯，适量饮食，以免对身体健康造成不可逆转的损害。

## 3．清淡饮食

清淡饮食是指饮食要少盐、少油、少辛辣。清淡饮食不仅可以减轻人体新陈代谢的负担，还可以预防高脂血症、冠心病、糖尿病、高血压等疾病的发生。研究表明，高血压的发病率与钠的摄入量呈正比，钠是引起高血压的重要因素（盐、味精、酱油、蚝油、鸡精

等调料中都含有高钠物质）；油炸食品含有致癌物质，常吃油炸食品的人，其癌症的发病率远远高于不吃或极少吃油炸食品的人；常食用辛辣食品的人，其胃肠炎、胃癌、肠癌，以及内分泌系统疾病的发病率同样高于不吃或少吃辛辣食品的人。

因此，大学生应少吃重口味的高盐或腌制食品，以及油炸、辛辣食品，养成清淡少盐的饮食习惯。通常来说，每人每天的食盐摄入量宜在 5～6 g 之间，不宜超过 10 g；食用油的摄入量不宜超过 25 g。

#### 4. 卫生饮食

俗话说："病从口入。"不卫生的饮食习惯，是各种疾病发生的重要原因之一。因此，大学生应养成良好的饮食卫生习惯。具体来说，应注意以下几点：① 不到卫生条件较差的街边小摊进餐和购买食品；② 不吃腐烂变质的食物；③ 生吃瓜果要洗干净，以免染上疾病和农药中毒；④ 食品应存放在干净、干燥、通风条件好的地方；⑤ 不喝生水；⑥ 从冰箱里拿出的食物最好不要马上食用，存放过的熟食最好重新加热后再食用。

# 第二节 睡眠与健康

现代医学认为，睡眠是一种反应性和活动性降低的可逆状态，是一种主动过程。睡眠是所有动物共有的、不可或缺的行为。对于人类而言，睡眠与人体健康息息相关。

## 一、睡眠的重要意义

人的一生有三分之一的时间在睡眠中度过，这足以说明睡眠在人生命中的重要性。2001 年，国际精神卫生和神经科学基金会发起了一项全球睡眠和健康计划，将每年的 3 月 21 日定为"世界睡眠日"，其目的是要唤起全民对睡眠重要性的认识和睡眠质量的重视。足量、优质的睡眠人的重要意义主要表现在以下几个方面。

### （一）消除疲劳，恢复体力

人在睡眠期间，脑垂体会增加分泌生长激素，促使细胞新陈代谢，使体力得到恢复，并储存体能；同时，机体会释放大量的激素促进肌肉修复、肌肉重塑、骨骼生长，提高脂肪氧化，消除疲劳感。

### （二）保护大脑，恢复精力

经过一天的紧张学习或工作，大脑皮层持续控制躯体运动，其代谢产物会大量增加，从而使人陷入疲惫状态。这时就需要通过睡眠来松弛和缓解，这是因为大脑在睡眠状态下耗氧量会大大减少，脑细胞能够不断储存能量，进而使人在睡眠过程中恢复精力。

## 健康案例

小张去年考上了一所外省的大学，由于离家较远，很少回家。因此，在放暑假前，他就计划好要利用假期跟高中的好朋友们好好聚聚。因为白天太热，他们把活动基本安排在晚上，六七点先打场球，八九点吃顿饭，十点左右各自回家。当然，偶尔也会延长集体活动时间，玩到凌晨一两点才回家。

熬夜的危害

对于小张来说，暑假里玩到凌晨一两点是常态。每次跟朋友分开以后，他回家就捧着手机玩游戏，时间总是不知不觉就到这个点。有时肚子饿了还得叫外卖，等把宵夜吃完洗洗再睡已是凌晨三四点。他想，反正第二天没事，拉上三层窗帘补觉跟晚上也没什么差别。

然而，小张一开始上午补觉能睡到中午十二点，下午起来照样神采奕奕，但很快他醒来的时间逐渐提前，两个星期后变成到八九点就醒来，而且怎么也睡不着。因为持续的熬夜，再加之睡眠时间又在不断缩减，小张的精神状态变得越来越糟，整天一副无精打采、心不在焉的样子。这种状态令小张感到焦虑，最后，他不得不求助医生。

**点评** 熬夜，已经成为很多年轻人的生活习惯。而一进入暑假，不少大学生更是进入了报复性熬夜状态。殊不知，熬夜是在拿生命点亮夜晚的灯。

### （三）增强免疫力，康复机体

人体的免疫功能呈昼低夜高现象，在睡眠中则能够处于最佳状态。保持良好的睡眠可以促进人体骨髓内白细胞、红细胞的生产，增强白细胞的吞噬能力，使人的免疫功能增强，大大降低各种疾病的发生概率。

同时，睡眠还可以使各组织器官自我康复加快。现代医学中常把睡眠作为一种治疗手段，用来帮助患者度过最痛苦的时期，以利于疾病的康复。

### （四）促进生长发育，延缓衰老

生长激素是影响人体生长发育的重要因素，且在夜间分泌增多。良好的睡眠能够促进大脑生长激素的分泌，保证人体骨骼的生长；同时，还能够促进脑蛋白质合成和智力发育。

此外，良好的睡眠能够减缓皮肤老化。人体皮肤在睡眠过程中新陈代谢加快，不断进行着自我修复和再生，从而减少皱纹生长，有效延缓衰老。

### （五）保护人的心理健康

睡眠对于保护人的心理健康和维护人的正常心理活动是很重要的。长期患睡眠障碍或睡眠不足，会令人一直处于较强的压力状态下，使人情绪烦躁、疲倦、易怒，严重的

还可能诱发心理疾病，如抑郁症、焦虑症等。因此，为保证心理健康，我们必须重视睡眠质量。

## 二、保障健康睡眠的方法

大学生正处于储备知识、提升能力的重要时期，高质量的睡眠显得尤为重要。然而，有研究显示，大学生群体的睡眠状况并不容乐观，睡眠时长不足、睡眠质量差和异常的睡眠—觉醒模式等问题广泛存在。为改善睡眠状况，大学生必须掌握保障健康睡眠的方法。

### （一）营造舒适的睡眠环境

舒适的睡眠环境是保证高质量睡眠的前提条件。营造一个干净、温馨、宁静、舒适的睡眠环境，需注意以下几点：

（1）光线。光线会对人体的生理功能产生一定的影响，高强度的光线会影响人体内褪黑素（一种诱导自然睡眠的体内激素）的分泌，进而影响人的睡眠。因此，睡觉时光线不宜过强。

（2）温度。人体通常在 20～24℃的环境中最易进入睡眠状态，所以卧室温度保持在此温度区间最为适宜。

（3）湿度。人体最适宜的相对湿度为 60%～70%，在卧室内使用空调或暖气时，应注意维持室内湿度。

（4）声音。声音在 30～40 分贝是较为理想的安静环境，超过 50 分贝就会影响人的休息和睡眠。因此，一般建议睡眠环境噪声在 40 分贝以下。

（5）颜色。有研究表明，颜色能够极大地影响人的心情和行为，也会影响人的睡眠质量。一般来说，柔和色调最适合卧室，如米色、黄色等。

### （二）培养良好的睡眠习惯

#### 1. 早睡早起

研究表明，长期熬夜容易导致失眠、健忘、易怒、焦虑不安等症状，而睡懒觉容易使大脑皮层抑制时间过长，久而久之，会导致理解力和记忆力减退，扰乱机体正常的生物钟，进而使机体免疫力下降。因此，大学生睡前应尽量少使用电子产品，如手机、平板电脑等，预防网络成瘾，避免熬夜，坚持按时作息，早睡早起。

#### 2. 注意睡前饮食

睡觉前不要吃过多的食物，否则容易引起胃胀，导致夜不能寐。睡前 3 小时之内尽量不要喝茶、咖啡等令人神经兴奋的饮品；有条件的话，可以在睡前 2 小时喝一杯热牛奶，这将有利于促进入眠。

3．适度锻炼

适度的体育锻炼，不仅可以有效调节和舒缓情绪，避免负面情绪影响睡眠质量，还有利于增加深度睡眠的时间。

课堂互动

18岁少女小邹因腰痛、脖子酸等症状到医院就诊，检查发现脊柱严重侧弯，问诊发现竟是因为睡姿不对造成的。你认为睡姿与个人健康有着什么样的关系？你是否有抱着东西睡、趴着睡、蜷着睡等不良睡姿？

## 第三节 运动与健康

法国思想家伏尔泰曾说过：“生命在于运动。”世界上的万物都是在不停地运动中发展，人也是如此。人要想保持健康，就一定要顺应生命的规律，参加体育锻炼，坚持运动。

### 一、运动的重要意义

科学地运动不仅能够促进个体的生长发育，改善个体各器官、各系统的功能，提高个体身体的基本活动能力，增强个体适应自然环境和抵御疾病的能力，还能提高个体的心理健康水平，增强个体的社会适应能力。

#### （一）运动对生理功能的影响

人体运动的生物学规律表明，进行体育运动时，不仅运动器官在活动，全身各组织器官都会发生相应的功能变化，从而使人体各个层面之间的功能得到全面锻炼。具体来说，主要包括以下方面。

1．预防肥胖，远离疾病

运动能够增强体内能量的消耗，避免过剩的能量以脂肪的形式存储在人体的内脏器官和皮下组织中，达到预防肥胖的目的。同时，运动还能够促进人体的新陈代谢，有效预防高血脂、高血压、糖尿病等疾病。

扫一扫

坚持体育锻炼的好处

2．预防骨质疏松，提高关节灵活性

长期的运动能够使骨骼变得粗壮、坚固，抗折、抗弯、抗压缩和抗扭转的能力有所提高；能够给予骨组织足够的刺激，促进骨膜下骨对钙、磷等物质的吸收，进而有效预防骨质疏松。

### 3. 增强心肺功能

运动时，人体对氧的需求量增加，呼吸频率加快，从而使呼吸肌得到锻炼。坚持进行运动可以使呼吸肌逐渐发达、有力、耐久，从而增加锻炼者的肺活量。同时，运动能够使血液循环加快，血流量变大，血液中的白细胞、红细胞和血红蛋白含量增多，增强人体代谢和耐缺氧的能力，改善心肌的供血机能。

### 4. 加强消化，促进吸收

运动可以促进食物的消化和营养物质的吸收。一方面，经常运动能够使消化腺分泌的消化液增多；另一方面，腹部运动能够加强肠胃蠕动，促进食物的消化和营养物质的吸收，预防消化不良、食欲不振、腹胀、腹泻、便秘等问题。

### 5. 加快排毒

运动能够促进人体的新陈代谢，加快人体体内毒素的排出，避免身体累积毒素，出现便秘、口臭、脸色黯淡等。

### 6. 提高睡眠质量

运动能够有效释放人平时累积的压力，消除负面的焦虑、抑郁情绪，从而提高睡眠质量，避免失眠。

**健康案例**

某大学开学3个多月了，一天，新生李娟来到校医室，对医生说她几乎每天晚上都辗转不宁，难以入睡，到了白天则头脑昏沉，提不起精神，近几天还出现心慌、手抖、脾气大、食欲不振等现象。医生在给李娟做了检查后，详细了解了她的日常生活情况，发现李娟对新生活适应不良，且平时生活较为懒散，从来没参加过课外体育活动。在给李娟做了心理辅导后，医生为她制定了规律的生活和学习安排，并建议她每天坚持慢跑半小时。一个月以后，李娟告诉医生，自己的情况得到了很大的好转，晚上睡得很踏实，心情也开朗了许多。

**点评** 体育锻炼具有调节人紧张情绪的作用，它能够缓解压力，提高睡眠质量，使疲劳的身体得到充分的休息，从而精力充沛地投入学习和工作中。

## （二）运动对心理素质的影响

运动对心理的影响是多方面的，主要包括以下几个方面：

### 1. 运动有助于培养良好的情绪

心理学家认为，适度的体育锻炼能够促进人体释放一种多肽物质——内啡肽，它能使人们获得愉快、兴奋的情绪体验。因此，参加运动尤其是参加那些自己喜爱和擅长的运动，可以使人从中得到乐趣，振奋精神，从而产生良好的情绪状态，有效防止心理障碍或心理疾病的发生。

### 2. 运动有助于形成坚强品质

一个人的意志品质体现在一个人的果断性、坚忍性、自制力、主动性和独立性等方面。意志品质既是在克服困难的过程中表现出来的，也是在克服困难的过程中培养出来的。运动的过程就是不断克服主观和客观上的各种障碍（如懒惰、胆怯、疲劳和气候条件不佳等）的过程，可以帮助人培养果断、坚韧等优秀的意志品质。

此外，运动还能够提高锻炼者的注意力、记忆力、反应能力、思维能力等，能够使锻炼者在运动场上进行平等、友好、和谐的交往，增进彼此之间情感和信息的交流，改善人际关系。

## 二、科学运动的原则

### （一）循序渐进原则

循序渐进原则是指运动时，运动量应由小到大，运动速度应由慢到快，动作应由简单到复杂，以使身体逐渐适应运动强度，进而逐步提高身体机能。对于大学生来说，可先进行运动量相对小、运动速度相对慢、动作相对简单的有氧运动，如慢跑、竞走、骑自行车、跳绳等，再交替进行短跑、举重、投掷、跳高、跳远、拔河、俯卧撑、打篮球、踢足球等具有一定强度和相对复杂的项目。

### （二）个别对待原则

由于受遗传、环境、性别、年龄等因素影响，每个人的身体机能、身体素质、健康状况各不相同，而且即便是同一个人，不同时间段的健康状况、心理状态也可能存在差异。因此，大学生应根据自己的实际情况选择合适的运动项目。例如，体质较好的大学生可选择较为激烈的运动项目；体质较弱的大学生可选择较为平缓的运动项目，当体质得到明显增强时，再重新选择运动项目。此外，还应根据自己在运动中的反应适当调整运动计划，以取得最佳的锻炼效果。

### （三）量力而行原则

无论进行哪种运动，都应先了解自身的身体负荷，切忌运动量过大或运动强度过高；否则不仅无益于身体健康，严重的还会造成运动损伤或带来各种运动性疾病，甚至危及生命。因此，大学生应为自己安排合理的运动量，量力而行。此外，还应随时注意个人健康状况，若身体出现不适，应及时调整运动方案，不做超负荷、高强度的运动。

## 健康案例

2021 年 5 月 27 日晚上，连云港市某高校的一名在校大学生小帅来到了连云港市第一人民医院急诊科，他焦急地对医生说，原本自己身体好好的，不知道为什么，当天上厕所时突然发现小便竟然成了酱油色。在问诊后，医生了解到，小帅平时很少锻炼身体，5月26日上午，他到学校健身房骑动感单车，没蹬几下就感觉到很累，但他还是咬牙坚持了大约 10 分钟。当天下午，小帅觉得两条大腿酸痛不已，心想估计歇两天就好了。不料第二天上厕所时，小便跟酱油颜色一样，他吓了一跳，于是赶紧找舍友帮忙，将自己送到医院。

医生立即安排小帅进行检查。经抽血、验尿等检查发现，小帅的多项指标严重超标。医生告诉他，因为运动过量，他患上了横纹肌溶解综合征。幸亏就诊及时，如果不及时治疗，可能对肾脏造成严重伤害，甚至危及生命。

6 月 4 日，经过医护人员精心护理和治疗，小帅终于出院。离开医院前，小帅仍然心有余悸，表示以后一定要科学锻炼。

**点评** 运动是好事，但大学生一定要在运动前对自己的身体状况进行自我判断，有基本了解，做到量力而行，适度运动。

### （四）持之以恒原则

练就强健体魄需要一个逐渐积累的锻炼过程，而非一蹴而就、一劳永逸的。因此，大学生进行运动必须要有坚强的意志和毅力，对设定的计划坚持不懈，才能取得理想的成效。从另一个角度来看，运动应当是每个人终生的生活内容之一，绝非一时一地的“突击运动”。随着身体状况和生活条件的变化，运动的形式和运动量可以进行变换和调整，但不能停止。

## 健康指导

### 运动负荷的自我监督

运动负荷即运动量。运动负荷的自我监督，是指运动者在运动过程中，对自身的各种生理变化做连续观察并定期记录，然后对各项记录进行综合分析与判断，以确认运动的内容、方法和运动负荷是否科学、合理。一般来说，其方式主要包括主观感觉和客观检测两种。

（1）主观感觉。主观感觉主要包括食欲、睡眠、排汗量、运动欲望等。如果运动后出汗适度、睡眠及食欲良好、精力充沛、心情愉快，无心慌、气短，或者虽有疲劳，但经过一夜的休息后可恢复正常，说明目前的运动量是合理的；如果运动后出汗很多，有头晕、恶心、胸闷等不良感受，食欲缺乏、睡眠欠佳，运动后的疲劳感直至第二天仍明显存在，说明目前的运动量过大；如果运动后不出汗、运动后 1～2 分钟脉率就可恢复到运动前的水平，说明运动量过小，没有达到锻炼的目的。

（2）客观检测。这种方式一般以每分钟的心跳次数来表示运动量的大小。一般认为，人的心率 120 次/分钟以下为小强度，120～150 次/分钟为中强度，150～180 次/分钟或 180 次/分钟以上为大强度。

合理的运动量可用靶心率来控制，即以本人最大心率的 70%～85%作为标准。一个健康成人的最大心率为（220−年龄）次/分钟。因此，我们可以通过下列公式来计算靶心率的范围：

$$靶心率=（220-年龄）\times（70\%\sim85\%）$$

例如，某学生 20 岁，则他的最大心率为 220−20=200 次/分钟，最大心率的 70% 为 200×70%≈140 次/分钟，最大心率的 85%为 200×85%≈170 次/分钟，由此可知，其运动靶心率的范围应该是 140～170 次/分钟。如果该学生参加完体育锻炼后的心率在 140～170 次/分钟之间，则说明他的运动量是合理的。

资料来源：https://www.docin.com/p-1818866452.html

## 三、科学运动的方法

进行科学运动，也即体育锻炼的一般方法包括重复锻炼法、间歇锻炼法、连续锻炼法、循环锻炼法、变换锻炼法和负重锻炼法。

### （一）重复锻炼法

重复锻炼法是指根据锻炼者的需要，对某一动作进行反复练习的方法，如匀速慢跑、连续打几遍太极拳、连续做仰卧起坐等。此方法通过机体的重复刺激来加快身体的新陈代谢，有利于强身健体。大学生在应用此方法时，应根据自身的体质状况，合理掌握重复的次数，同时还应重视运动间歇的机能恢复，以避免出现疲劳和损伤。

### （二）间歇锻炼法

间歇锻炼法是指在锻炼的过程中，对两次练习之间的间歇时间做出严格规定，使机体在不完全恢复状态下，反复进行锻炼的一种锻炼方法。由于两次练习之间的间歇时间长短是根据锻炼者的心率来控制的，因此，此方法可使锻炼者的心脏功能明显增强。

大学生在应用此方法锻炼时，一般心率在 130 次/分钟左右时，就应再次开始锻炼。间歇时不要静止休息，而应边活动边休息，如慢速走步、伸伸腰或做深而慢的呼吸等。同时，也需要注意，当运动量超过上限（运动完心率超过 150 次/分钟）时，应适当延长间歇时间，避免过多地消耗体力。

### （三）连续锻炼法

连续锻炼法是指在锻炼的过程中，按照一定要求持续进行规定动作锻炼的一种锻炼方法。此方法要求负荷强度（做某项练习时机体的用力程度或紧张程度）较低、时间较长、无间断地连续进行运动。

大学生在应用此方法锻炼时，锻炼时间的长短要根据个人的具体情况确定。通常认为在 140 次/分钟左右的心率下连续锻炼 20～30 分钟，可使机体的各个部位都长时间地获得充分的血液和氧的供应，从而有效地增强体质。

### （四）循环锻炼法

循环锻炼法是指把不同的动作或训练内容编排成组，按照一定的顺序进行练习的一种锻炼方法。完成一组动作即完成了一次循环。循环锻炼法对技术的要求不高，且各动作训练强度较小，连起来简单、有趣，可以有效地提高不同层次和水平的锻炼者的运动情绪和积极性。

大学生在应用此方法锻炼时，可以随时根据个人情况加以调整，防止身体局部负担过重。一般建议选择 6～12 个已掌握的简单动作为一组进行循环为宜。

### （五）变换锻炼法

变换锻炼法是指根据锻炼任务的需要，不断变换锻炼内容、锻炼时间及锻炼形式等锻炼条件的一种锻炼方法。此方法可以对锻炼者的大脑皮层不断产生新的刺激，使其克服疲劳和厌倦情绪，提高锻炼的积极性和身体对运动的适应能力。例如，经常围着操场跑会出现厌烦、无聊的情绪，那么就可以选择变换为越野跑。

大学生在应用此方法锻炼时应注意，变换要以锻炼的实际需要为前提，并根据自身的体会和感受进行科学的变换。

### （六）负重锻炼法

负重锻炼法即载负重物（如杠铃、哑铃、沙袋等辅助器材）进行锻炼。它要求锻炼者按一定的次数、重量、标准和动作频率去锻炼身体，以达到增强体质的目的。此方法既适用于需要进行身体训练的运动员，也适用于需要强身健体的普通人，还适用于需要进行康复训练的伤病患者，是一种常见的体质训练方法。

**课堂互动**

在日常生活中，还有一些简便易行的体育锻炼方法，如走路锻炼法、跑步锻炼法、游泳锻炼法、跳绳锻炼法、骑车锻炼法等。除此之外，你还知道哪些体育锻炼方法？你经常采用哪种方法进行体育锻炼？

# 第四节 不良嗜好与健康

不良嗜好是指不好的习惯和爱好，如吸烟、酗酒、吸毒等。大学生应该充分认识到这些不良嗜好对身体健康的危害，自觉摒弃这些不良嗜好，培养健康的生活习惯。

## 一、吸烟的危害及戒烟策略

### （一）吸烟的危害

香烟中含有多种有害物质，包括致癌物和促癌物。这些有害物质会损害人体的各种组织器官，引发高血压、冠心病、中风、消化性溃疡、慢性支气管炎、肺气肿、肺癌、口腔癌等多种疾病。吸烟时，大部分香烟烟雾被吸入肺部，小部分与唾液一起进入消化道。而烟雾中的有害物质会部分停留在肺部，部分进入血液循环并流向全身。在烟雾中致癌物和促癌物的协同作用下，吸烟者肺部细胞会受到损伤，从而引发癌症。

吸烟的危害

致癌物和促癌物对吸烟者肺部组织的影响是巨大而持久的，一般致癌物的浓度水平在戒烟 3 个月后才开始下降，直到戒烟 5 年后才达到不吸烟者的水平。如果将吸烟者肺部与正常人肺部进行对比（见图 2-3），显而易见，吸烟者的肺部受伤害非常严重。

此外，开始吸烟的时间越早，成年后患肺癌的概率就越高。有研究表明，20～26 岁开始吸烟的人患肺癌的概率比非吸烟者高 10 倍；15～19 岁开始吸烟的人患肺癌的概率比非吸烟者高 15 倍。因此，大学生一定要认识到吸烟的危害，自觉远离香烟。

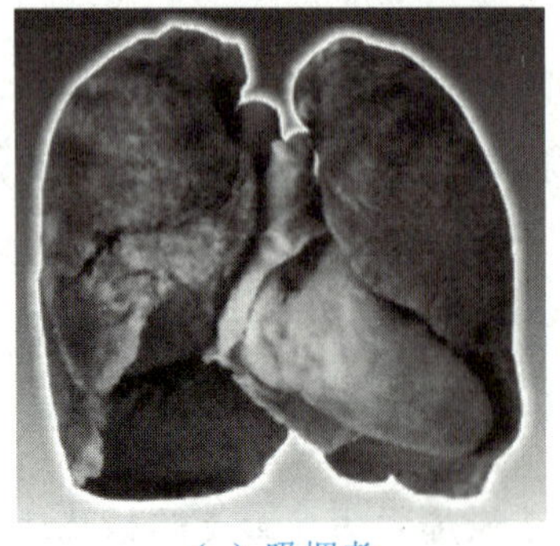

（a）吸烟者

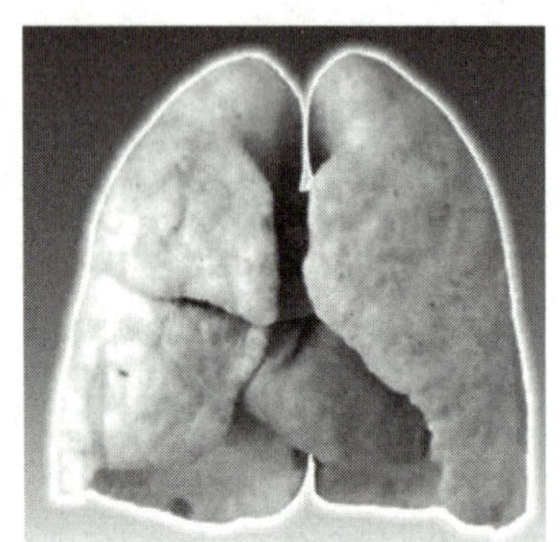

（b）正常人

图 2-3 吸烟者的肺与正常人的肺

拓展阅读

### 香烟中的有害成分

医学界经过50多年的研究后证实，香烟中含有4 000余种有害化学物质。这些有害物质中，对人体健康危害最大的物质是尼古丁、一氧化碳、苯并芘（一种致癌物质）、放射性物质，以及烟焦油中的40多种致癌物质。

（1）尼古丁。尼古丁又称“烟碱”，是一种有剧毒且无色、透明、易挥发的微粒。尼古丁对人体的中枢神经系统、呼吸系统、消化系统、心血管系统等均有危害。1支香烟中含尼古丁约 1.5 mg，此含量足以毒死一只小白鼠。20 支香烟中的尼古丁可以毒死一头牛。40～60 mg 的纯尼古丁可以毒死一个人。

（2）一氧化碳。一氧化碳是一种无色无味的气体，每支香烟可产生 20～30 mg 一氧化碳。一氧化碳会破坏人体血红蛋白的输氧功能，进而使大脑、心脏等多种组织器官缺氧，从而增加人体患动脉硬化、心肌梗死等疾病的风险。

（3）苯并芘。苯并芘是一种致癌性很强的物质。香烟中的苯并芘浓度较高，被吸烟者经呼吸道吸入肺部后，会进入肺泡甚至血液，从而引发肺癌、心血管疾病等。

（4）放射性物质。放射性物质是指烟草及其烟雾中含有的铀、铅、镭、氡等物质。这些物质被吸烟者吸入肺部并沉积于体内后，会不断放射出射线，从而导致正常人患上尿路结石、膀胱癌、肾癌，男性患上阳痿、畸形精子症，女性患上不孕症、乳腺癌、宫颈癌，甚至引起死胎和畸胎问题。

（5）烟焦油。烟焦油是呈微粒状的棕色黏性物质，每支香烟中含 20～30 mg 烟焦油。烟焦油有很强的致癌作用，可黏附在吸烟者的口腔、咽喉、气管、支气管及肺泡表面，进而产生物理性及化学性作用，从而引发唇癌、口腔癌、咽喉癌、食道癌等疾病。

资料来源：https://zhidao.baidu.com/question/582025948.html

### （二）戒烟的策略

想要成功戒烟，毅力是最重要的因素，但还需要掌握有效的戒烟策略。

（1）分析自身的吸烟习惯。例如，分析自己什么时候会吸烟，为什么需要吸烟。

（2）制订计划，写下戒烟的理由。

（3）递减吸烟量。在一定的时间，如7天或10天内逐渐减少吸烟的数量和所吸烟的焦油浓度。

（4）自我暗示。不断在头脑中想象吸烟的种种坏处，让自己在心理上对吸烟产生厌恶感。

（5）扔掉香烟、火柴及打火机等能够产生刺激的东西，避免诱惑。

（6）寻找替代办法。想要吸烟时，可以做一些其他事情来转移注意力。

（7）自我奖励。在戒烟稍有成效后，可以将原本用来买烟的钱去购买其他物品作为对自己的奖励。

此外，如果想戒烟，却无法使自己戒烟成功，可向医生咨询，听取医生的建议。

**课堂互动**

世界卫生组织为了广泛宣传吸烟对健康的危害，特意确定了“世界无烟日”，旨在提醒人们珍惜健康，远离吸烟。你知道是哪一天吗？

## 二、饮酒的危害及防范

酒是以酒精和水为主要物质的混合液，含有醇类、醛类、有机酸和人工添加的香精或色素等。

### （一）饮酒的危害

酒虽然是我们饮食文化的一部分，但过量饮酒甚至酗酒会对人体产生较大伤害。大量的临床试验证实，酒精中的乙醇对肝脏的伤害是最直接，也是最大的。它能使肝细胞发生变性和坏死，一次大量饮酒，会杀伤大量的肝细胞，引起转氨酶急剧升高；如果长期饮酒，则容易导致酒精性脂肪肝、酒精性肝炎，甚至酒精性肝硬化等。除了对肝脏的影响，长期饮酒过量还会增加患高血压、急性胰腺炎、食道癌、乳腺癌、结肠癌等多种疾病的风险。

此外，对于孕妇、儿童、少年、特殊状况或特定职业人群，以及驾驶机动车辆的人员，即使少量饮酒也会对健康、工作或生活造成不良影响。

### （二）过度饮酒的防范方法

从健康的考虑出发，成年男性和女性每日饮酒分别应该不超过酒精 25 g 和 15 g。换算成不同酒类，25 g 酒精相当于啤酒 750 mL，葡萄酒 250 mL，38°白酒 75 g，高度白酒 50 g；15 克酒精相当于啤酒 450 mL，葡萄酒 150 mL，38°白酒 50 g，高度白酒 30 g。

在日常生活中，大学生应做到倡导中华民族良好的传统饮食文化，在庆典、聚会等场合不劝酒、不酗酒，不以酒为交际手段；遇到挫折及不如意的事时，不借酒消愁；饮酒不以酒醉为荣，做到饮酒适度。

## 三、毒品的危害及防范

毒品是指鸦片、吗啡、海洛因、大麻、可卡因、甲基苯丙胺，以及国家规定管制的其他能够使人形成瘾癖的麻醉药品和精神药品。毒品种类繁多，目前已达到 200 多种。

### （一）毒品的危害

（1）危害身体机能。毒品剂量过大或吸毒时间过长，会对吸毒者的身体产生极大的危害，损害其神经系统、免疫系统等。吸毒者的常见症状包括嗜睡、反应迟钝、运动失调、产生幻觉、妄想、定向障碍等。

此外，静脉注射毒品时，还可能使吸毒者感染传染性疾病，包括肝炎、艾滋病等。

（2）诱发违法犯罪。吸毒者需要大量源源不断的资金购买毒品，当资金不够时，吸毒者往往通过偷、抢、骗，甚至杀人劫财来获取资金。

**拓展阅读**

#### 国际组织对毒品的分类

联合国麻醉药品委员会将毒品分为 6 大类：① 吗啡型药物，包括鸦片、吗啡、可卡因、海洛因和罂粟植物等，是最危险的毒品；② 可卡因和可卡叶；③ 大麻；④ 安非他明等人工合成兴奋剂；⑤ 安眠镇静剂，包括巴比妥药物和甲喹酮；⑥ 精神药物，即安定类药物。

世界卫生组织将毒品分成 8 大类：吗啡类、巴比妥类、酒精类、可卡因类、印度大麻类、苯丙胺类、柯特类和致幻剂类。

资料来源：https://zhidao.baidu.com/question/582025948.html

### （二）吸毒的防范方法

预防吸毒的关键在于自己，大学生必须从自身做起，珍惜生命，远离毒品。

（1）充分认识毒品的危害性，加强自身修养，培养高尚的情操和伦理道德观念。

（2）积极参加有益健康的文体活动，增强集体观念，培养广泛的兴趣爱好，避免孤僻的生活方式。

（3）提高对毒品的防御能力，不要结交有吸毒恶习的朋友或听信他们的谗言。

（4）增强自控能力，决不因好奇而尝试毒品，以防止上瘾而难以自拔。

（5）一旦沾染毒品，积极主动向老师和学校报告，自觉接受学校、家庭及社会有关部门的监督戒除及康复治疗。

**健康案例**

2017 年年初，山西省太原市某大学平面设计专业的学生叶某应朋友之邀来到呼和浩特市。当晚，在朋友的蛊惑下，她在酒吧和大家一起溜起了“冰”。

“当时根本不懂得毒品的危害，只是觉得大家都在‘溜冰’，我不参与会显得很土气，像没见过世面一样。这种幼稚可笑的想法让自己踏入了可怕的魔窟。”尽管只吸了一次，但叶某再也离不开冰毒，开始了醉生梦死的生活。“不吸就浑身难受，整夜睡不着觉，每天什么都不想做，只想留在吸完冰毒后的快感中。刚开始我还会回学校参加考试，后来干脆留在了呼和浩特市，再也没有回去过。”叶某说。

2017 年 3 月，在租住的房子里，叶某因吸毒被警方抓获，行政拘留了 15 天。4 个月后，民警再次在出租屋里抓获了她。这一次，她被送到了内蒙古女子强制隔离戒毒所，接受为期 2 年的强制隔离戒毒。

叶某说，“回过头来想想，除了交友不慎导致自己走到这一步外，还有一个重要的原因，那就是自我约束力太差，从小家人就很娇纵我，以至于我对什么都无所畏惧，加上虚荣心强、不自爱，如今落得这一田地，只能自食其果了！”

**点评** 吸食毒品能够毁掉一个人的健康和生命，毒品极易成瘾，很难戒除。大学生一定要抵住诱惑，千万不要“自投毒网”，后悔一生。

## 【健康一起来】

### 一周营养食谱设计

人体每天都需要从饮食中获得所需的各种营养素，不同的个体由于年龄、性别及生理状况不同，对于各种营养素的需要量也不同。请结合所学知识及自身的实际情况，为自己设计一份一周营养食谱。

**1．活动实施**

（1）将全班同学进行分组，小组成员通过多种方式查询大学生每日所需热量建议、食物营养成分表等资料。

（2）参照资料，结合所学知识及自身的实际情况，小组成员各自为自己设计一份科学、合理、健康的食谱，并将食谱填写在表 2-4 中。要求一周中每天的三餐不重样，食物搭配合理。

表 2-4 一周食谱

| 时间 | 早餐 | 午餐 | 晚餐 |
|---|---|---|---|
| 星期一 | | | |
| 星期二 | | | |
| 星期三 | | | |
| 星期四 | | | |

（续表）

| 时间 | 早餐 | 午餐 | 晚餐 |
|---|---|---|---|
| 星期五 | | | |
| 星期六 | | | |
| 星期日 | | | |

（3）小组成员在小组内交流自己设计的营养食谱，评选出组内最优秀的食谱方案，最后由教师在各小组中选出班级的最佳食谱。

**2．考核评价**

采取自评、小组互评和教师评价相结合的方式完成考核评价，并填写表2-5。

表2-5　考核评价表

| 项目名称 | 评价内容 | 分值 | 评价分数 | | |
|---|---|---|---|---|---|
| | | | 自评 | 互评 | 师评 |
| 知识、技能考核（60%） | 能够灵活运用各种渠道收集信息 | 20 | | | |
| | 所收集的有关大学生饮食需要的相关资料是科学的、符合实际的 | 20 | | | |
| | 能够科学、合理地搭配食物 | 20 | | | |
| 综合素质考核（40%） | 积极参与实践 | 10 | | | |
| | 具有自主分析的意识和能力 | 10 | | | |
| | 态度端正，考虑问题全面 | 10 | | | |
| | 乐于分享，与组内成员相处融洽 | 10 | | | |
| 合计 | | 100 | | | |
| 总评 | 自评（20%）+互评（20%）+师评（60%）= | 教师（签名）： | | | |

## 【健康中国·精彩故事】

### 周士枋——立根原在破岩中

周士枋，中国康复事业奠基人，江苏省人民医院康复医学科创始人，南京医科大学终身教授。作为中国最早的运动医学和康复医学工作者之一，周士枋用他的热忱和坚持在江苏省这片土地上从无到有地创立了康复医学，用运动的方法让无数患者重获新生。

20世纪50年代，“医疗体育”正在盛行。“医疗体育”也称“体育疗法”，是运用各种体育运动方法治疗创伤和疾病的一门科学。1955年，应原卫生部邀请，苏联医疗体育专家来北京讲学，正是苏联专家的这次到来，给了周士枋接触医疗体育的机会。

当时，刚刚工作两年的周士枋面临着两难抉择，一个是攻读上海医学院的研究生，另一个是参加第一届全国医疗体育高级师资培训班。为了服从祖国的需要，经过短暂的思想斗争，周士枋选择北上开启全新的学习领域。进入班级之后，周士枋在苏联专家的耐心讲解下，不断地接受着医疗体育方面的新鲜知识。

为期一年的培训结束后，周士枋对医疗体育的兴趣愈发浓厚。带着热切的希望和满腔的憧憬回到江苏，周士枋准备大干一场，然而他却遇到了重重困难。人手不够，需要他亲自带着护士长查房、开展治疗；器械也只有一根体操棒、一个药球，但体疗科就这样艰难起步了。之后，周士枋带着他的小团队不断地努力着，前来就诊的患者越来越多。功夫不负有心人，周士枋和他的团队终于以良好的治疗效果赢得了同行和患者们的肯定，"体育运动也能治病"的观念逐渐被大家接受了。

1958 年，"医疗体育"更名为"运动医学"，这不仅仅是称谓的改变，更是大众对于运动和健康正向关系的认可。1978 年，周士枋随队到国外进行学术访问，看到国际上康复医学正在蓬勃发展。康复医学和运动医学一脉相承，在运动的基础上，康复医学包括了物理治疗、作业治疗、言语治疗和康复工程。回国后，周士枋发现国外有的临床学科，中国基本都有，但却没有康复科学。于是，周士枋决定在江苏把康复医学建立起来，他联合其他几位康复医学界的专家共同创立了中国康复医学研究会，举办全国康复医学培训班，点燃了中国康复医学事业发展的星星之火。

看着医院里的体疗科运转起来，周士枋开始琢磨在医学院里培养专业人才。他的第一位学生——励建安，在他的严格要求下，一步一个脚印，逐渐成长为了现在的国际知名康复医学大家。励建安说："周教授是一位治学十分严谨的导师，因为我是他的第一个学生，所以他一开始提了很多要求，包括大量的阅读、大量课程的学习。我记得我看过图书馆所有的康复医学相关的英文文献，但这些书绝大多数都是周教授借过的，这算是我职业生涯的启蒙了。"

时代在进步，社会在发展，随着医疗技术的更新、医疗产品的迭代，康复医学体系越来越完善，康复之于健康的作用越来越强大。现在，一代又一代的奋斗者，以更远大的理想和实干精神努力拼搏着，奋力为中国康复医学事业描绘更好的明天。

现年 92 岁的周士枋，已经走过了近 70 年的从医路，且至今依然在为学科发展和后辈培养殚精竭虑，贡献力量。"咬定青山不放松，立根原在破岩中"正是对这位老人执着精神最好的写照。

资料来源：http://www.xinhuanet.com/health/2019-11/22/c_1125263048.htm

# 第三章

# 常见疾病及其防治

## 本章导读

尽管健康是躯体健康、心理健康、社会适应良好和道德健康几个方面的总和，但不难理解，躯体健康是健康的基石，没有躯体健康，其他健康根本无从谈起。要想保证躯体健康，做好疾病的防治工作是非常重要的环节。

现代社会中，重大疾病和慢性疾病的发病率越来越高，且越来越年轻化，提高大学生的疾病预防和自我保健能力刻不容缓。

完成一项学习任务后，请在对应的方框中打勾。

| | | |
|---|---|---|
| 课前预习 | □ | 1．准备学习用品，预习课本知识 |
| | □ | 2．思考大学生可能遭遇的疾病困扰，并与课本知识相互印证 |
| | □ | 3．回想自己或周围人曾患的疾病及采取的治疗措施 |
| 课本学习 | □ | 1．了解皮肤科、外科、内科、五官科常见的疾病种类 |
| | □ | 2．熟悉各类常见皮肤科、外科、内科、五官科疾病的基本症状 |
| | □ | 3．掌握各类常见皮肤科、外科、内科、五官科疾病的预防及治疗方法 |
| | □ | 4．理解疾病防治对大学生健康的重要性，提高自身的疾病预防能力 |
| | □ | 5．通过对健康指导的学习，掌握体温、血压等的测量方法及正确的刷牙方法 |
| 任务训练 | □ | 1．积极、认真地参与实践活动 |
| | □ | 2．在活动中，踊跃参与小组交流、讨论，培养清晰的逻辑 |
| | □ | 3．结合所学知识宣传疾病防治的重要性和具体内容 |

## 【健康问答】

在杭州工作的黄先生是一名 IT 行业的程序员，每天都需要长时间使用电脑、手机。早在 7 年前，他就发现自己的左手会莫名其妙地酸痛，却想当然地以为就是行业里常有的“键盘手”症状，也没怎么在意。之后，他左手的状况时好时坏，并逐渐鼓起个包，但他最多也就贴贴膏药，一直没有去医院治疗。直到有一天他发现自己左手手指完全不能动了，一动就是钻心的痛，这才到骨科就诊。

“这可不是一般的‘键盘手’，你左手这根骨头里的东西，其实是内生性软骨瘤，它把你正常的骨头都‘融’成‘豆腐渣’了……”医生解释，内生性软骨瘤是一种发生于骨内的良性骨肿瘤，一般没有症状或伴有轻微酸痛、无痛性肿胀，看起来更像肢体的局部肿胀，并且其生长速度缓慢，数年内体积也无明显变化，所以多数病人是出现了病理性骨折后才被检查出此病。后来经过手术，黄先生的左手恢复情况良好。

**思考**

在日常生活中你是如何面对身体的疼痛的？你自身是否曾处于疾病状态而不自知？你认为大学生应该如何减少或避免疾病困扰？

## 【健康课堂】

# 第一节 常见的皮肤科和外科疾病

## 一、常见的皮肤科疾病

### （一）痤疮

痤疮又名“粉刺”“暗疮”，俗称“青春痘”，是由毛囊及皮脂腺堵塞、发炎所致的一种慢性炎症性皮肤病。痤疮主要表现为白头粉刺、黑头粉刺、炎性丘疹、脓疱等，多出现在面部、颈部、胸背部、肩膀和上臂等处（见图 3-1）。

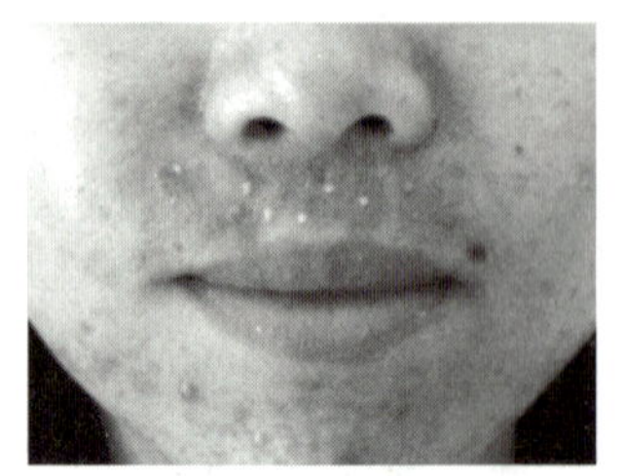

（a）面部痤疮

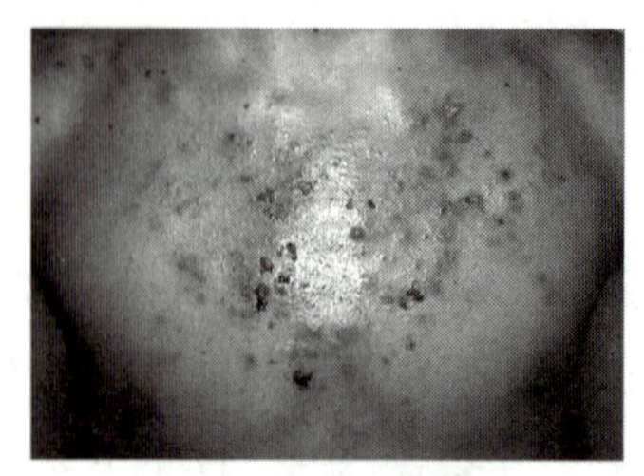
（b）胸部痤疮

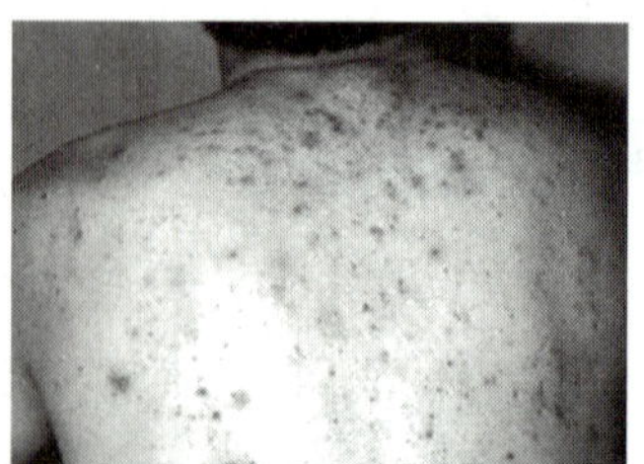
（c）背部痤疮

图 3-1　身体各部位的痤疮

#### 1. 痤疮的预防

痤疮主要是由皮脂分泌过多、毛囊皮脂腺导管堵塞、细菌感染和炎症反应引起。因此，要预防痤疮，应从以下几个方面做起：① 每日用温水洗脸一到两次，以保持面部皮肤的清洁，忌用手挤压或搔抓患处；② 勤洗澡，以保持身体皮肤的清洁，促进皮脂分泌；③ 勤换衣服和枕套、被套，以防止细菌滋生；④ 采用正确的护肤方法，尽量不化浓妆；⑤ 睡前彻底卸妆，以使皮肤在夜间保持通畅、充分呼吸；⑥ 多吃蔬菜和水果，少吃油腻、辛辣等刺激性食物和含糖量高的食物；⑦ 加强体育锻炼，以加快身体的血液循环，使皮肤在不断出汗的过程中排出毒素，随后应及时清洗；⑧ 保证充足的睡眠。

#### 2. 痤疮的治疗

痤疮的范围较小，炎症较轻时，可不予治疗，待其自然消退。但如果痤疮的范围较大，炎症较重，则应积极治疗。需要注意的是，痤疮虽有轻有重，但病因复杂，患者最好不要自己盲目用药，而应该到正规医院请专业医生进行诊断和治疗。

在治疗痤疮期间，大学生还应注意以下几点：① 保持愉快的心情和规律的生活，以免因情绪不佳或生活不规律而使痤疮加重；② 不吸烟、不喝酒，尽量不喝浓咖啡和浓茶；③ 不用手去挤、捏、掐痤疮，以免炎症和细菌向深处发展，甚至造成永久性的瘢痕；④ 脓疱性或囊肿性痤疮患者，洗脸时不要用力，以免皮损破溃。

**温馨提示**

浓咖啡、浓茶等刺激性饮品中含有大量咖啡因，而咖啡因会刺激皮脂腺分泌，对痤疮治疗不利。

### （二）足癣

足癣俗称“脚气”，是一种发生在趾掌面的真菌性皮肤病（见图 3-2）。足癣主要由真菌感染引起，多通过公用或合用的浴巾、脚盆、拖鞋而传染。患上足癣后，患者的趾间、足缘、足底会出现水疱，局部表皮的角质层会浸软发白且出现糜烂，同时瘙痒剧烈，进而使皮肤发生增厚、粗糙、脱屑，甚至皲裂（皮肤因寒冷或干燥而裂开）等现象。

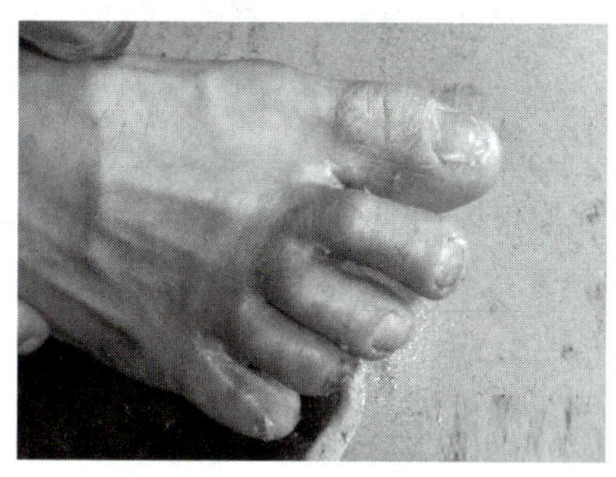

图 3-2 足癣

### 1. 足癣的预防

要预防足癣，应从以下几个方面做起：① 保持脚部的清洁与干燥，尤其洗澡时应将脚清洗干净，然后擦干；② 尽量穿能吸汗的棉袜和透气性良好的鞋；③ 勤洗鞋袜，保持鞋内的卫生与干燥；④ 不与他人共穿鞋袜，共用浴巾、脚盆等，以防交叉感染；⑤ 若足汗较多，可在鞋内撒枯矾、乌洛托品等粉剂，起到止汗的作用。

### 2. 足癣的治疗

治疗足癣的关键是按疗程规范用药。通常来说，若脚趾间已出现糜烂和渗液，不要马上外用霜剂或软膏，应先将创面清洗干净，然后让其收敛干燥，最后再用药。此外，还要勤洗鞋袜，并将鞋在阳光下暴晒，或以棉球浸甲醛（福尔马林）置于鞋内密封 24～48 小时，起到杀灭真菌的作用。

脚气的预防和治疗

## 二、常见的外科疾病

痔疮的预防与护理

### （一）痔疮

痔疮是人体直肠末端黏膜下和肛管皮肤下静脉丛发生扩张和屈曲所形成的柔软静脉团，常引起便血、痔块脱垂、疼痛、瘙痒等症状。通常来说，静脉壁先天薄弱、久站久坐、过度疲劳、局部刺激、饮食辛辣、暴饮暴食、腹泻与便秘而致肛门感染发炎的人容易患上痔疮。

### 1. 痔疮的预防

痔疮在日常生活中的发病率较高，也是影响大学生健康的最常见的疾病之一。要预防痔疮，应从以下几个方面做起：① 少吃辛辣食物，少喝浓茶和浓咖啡，不过量饮酒；② 养成每日定时排便的习惯，每次排便的时间不宜过长，以避免肛部充血；③ 多吃维生素含量较高的蔬菜和水果，如红薯、芹菜、韭菜、香蕉、猕猴桃等；④ 不久坐、久站，经常参加体育锻炼或做提肛运动；⑤ 注意个人卫生，勤换内裤，常用温水清洁肛门等。

#### 2．痔疮的治疗

若发现自己得了痔疮，一般可根据病情的轻重采用不同的治疗方法：① 当出现肿胀、疼痛症状时，可内服一些通便药，外用消炎镇痛的药膏，并进行热坐浴；② 当出现出血症状时，可先用痔疮栓或痔疮膏减轻症状，然后尽快去医院检查和治疗；③ 出血较多时，可先进行注射治疗，若无效，则应进行手术治疗。

### （二）皮肤及皮下组织感染

皮肤及皮下组织感染通常为多种细菌的混合感染，常伴有组织化脓坏死等症状，需要做外科处理。大学生常见的皮肤及皮下组织感染主要有疖、甲沟炎等。

#### 1．疖

疖是皮肤毛囊及其周围组织的急性化脓性炎症。疖开始时为红肿的小结节，3～5 天后结节变软，中间部位突出，形成单头的黄白色脓栓，数日后，脓栓会自然破溃、脱落，炎症从而消失（见图 3-3）。疖可发生在全身任何部位，常见的有面部、背部、腋部、腹股沟部、会阴部和小腿等，且多在炎热季节发病。

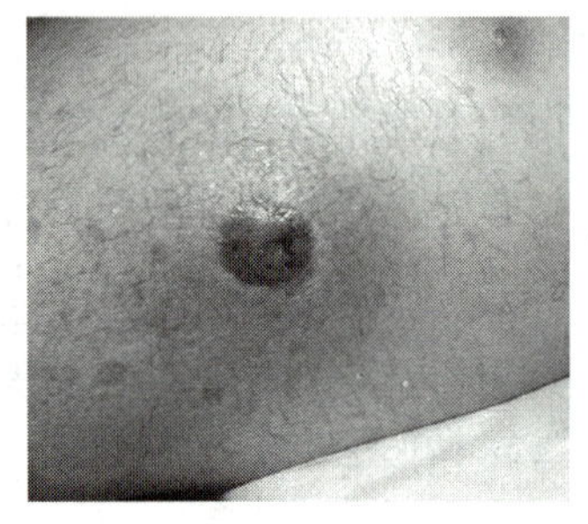

图 3-3　疖

（1）疖的预防：① 经常用温和、杀菌的洗手液或香皂清洗双手，以免手上的细菌感染身体其他皮肤；② 保持皮肤清洁，勤洗澡，勤换衣服；③ 避免与已感染的患者混用私人物品，如毛巾、剃须刀等，以防止细菌交叉感染；④ 积极治疗痤疮、湿疹等基础疾病；⑤ 平时可用金银花、野菊花泡茶喝，同时注意多休息，多补充维生素；⑥ 饮食宜清淡，多吃新鲜蔬菜、水果，少吃辛辣、油腻食物。

（2）疖的治疗：① 病情较轻时可自行处理，如用含量 2%的碘酊涂于局部，连续多次，疖肿即可控制；② 病情较重时需入院治疗，若患者全身都出现症状，可给予抗生素治疗，同时让其加强营养，多休息；③ 不要随意挤压疖（尤其是长在面部危险三角区的疖），保持疖周围皮肤的清洁，必要时可用 70%的酒精涂擦，以防周围的毛囊被感染。

**拓展阅读**

“面部危险三角区”指的是两侧嘴角到鼻根连线所形成的一个三角形区域。之所以危险是因为这个部位的血管非常丰富，口腔、鼻、咽喉、眼等部位的感染都可

以扩展到这里。

最关键的一点是，“面部危险三角区”内的静脉血管中缺少防止血液回流的“阀门”——瓣膜。而面部的静脉又和颅内的静脉相联系。因此，一旦损伤或感染，且向下回流的血管不通畅或局部受到挤压时，血液可以向上逆流进入颅内，把细菌及毒素传播到颅内，导致脑膜炎或脑脓肿。

资料来源：https://www.sohu.com/a/206861562_685384

### 2．甲沟炎

甲沟炎是一种指（趾）甲周围软组织的化脓性炎症，主要由细菌感染引起，多发生于手指或足趾（见图 3-4）。手指的甲沟炎多因刺伤、挫伤或修剪指甲过深等损伤引起；足趾的甲沟炎多因嵌甲或鞋子过紧引起，且多发生在拇指。甲沟炎开始时，指（趾）甲一侧的皮下组织会发生红、肿、痛，有的可自行消退，有的却迅速化脓，甚至向甲下蔓延，导致指（趾）甲与甲床分离。

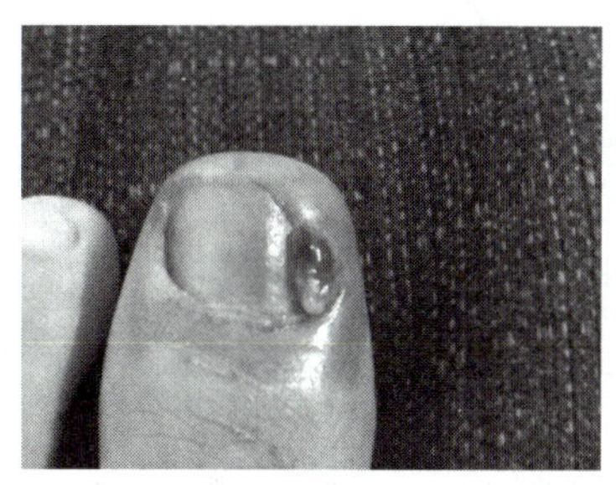

图 3-4　甲沟炎

（1）甲沟炎的预防：① 剪指（趾）甲时，不宜剪得过短，更不能用手拔“倒刺”；② 平时要注意手指和脚趾的养护，洗手后和睡觉前可擦一些凡士林或护手霜，以增强甲沟周围皮肤的抗病能力；③ 手指或脚趾有微小损伤时，应清洗干净后用创可贴包扎，以免发生感染；④ 选择大小合适、轻便、透气的鞋子，勤换袜子；⑤ 勤剪脚趾甲，甲沟两侧不留趾甲尖；⑥ 感觉脚趾相互挤压时应用适量消毒棉、软物放入趾缝中隔开，以使脚趾正常发育。

（2）甲沟炎的治疗：甲沟炎早期可用热敷、外涂药膏等方式治疗；如果已化脓，则应到医院及时切开，让脓液流出来，以防止感染蔓延；如果甲下积脓，则应将指（趾）甲拔去，以便充分引流和彻底治愈。

## （三）急性阑尾炎

在需要做手术的急性腹部疾病中，急性阑尾炎是最常见的，且多发于青少年，尤以 20～30 岁间发病率最高。因此，每个大学生都应了解急性阑尾炎的相关知识，并做好其防治工作。

急性阑尾炎的症状主要表现为右下腹痛、厌食、恶心、呕吐、腹胀、腹泻、头痛、头

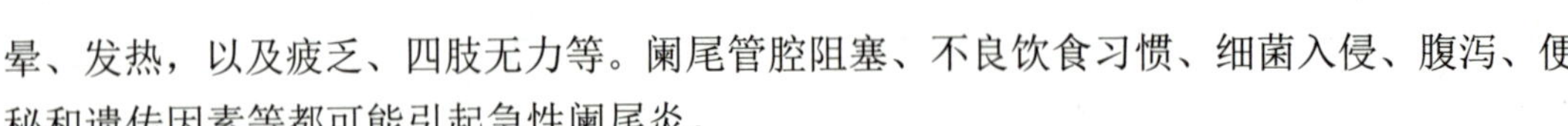

晕、发热，以及疲乏、四肢无力等。阑尾管腔阻塞、不良饮食习惯、细菌入侵、腹泻、便秘和遗传因素等都可能引起急性阑尾炎。

### 1. 急性阑尾炎的预防

要预防急性阑尾炎，应从以下几个方面做起：① 积极参加体育锻炼，以增强体质，提高免疫力；② 注意维护胃肠道的正常功能，及时治疗便秘、肠道寄生虫病等疾病；③ 不吃辛辣、油腻的食物，不暴饮暴食；④ 饭后不要剧烈运动，盛夏时节不要贪凉，尤其不要过度进食雪糕、冰镇饮料等；⑤ 如果有慢性阑尾炎病史，应注意防止复发。

### 2. 急性阑尾炎的治疗

急性阑尾炎的治疗方式可分为非手术治疗和手术治疗两种。非手术治疗主要适用于急性阑尾炎处于炎症早期阶段或患者自身身体条件不允许手术治疗的情况。采用非手术治疗时，一般可先服用一些抗生素或止痛药，然后再卧床休息，直至炎症逐渐消退。一般来说，一旦确诊急性阑尾炎，都应进行阑尾切除手术，以去除有可能反复发作的病灶（机体上发生病变的部分），防止并发症的发生。

### 健康案例

小天是某高校大三学生，临近毕业的她每天忙着找工作。为了准备面试，小天有时忙得顾不上吃饭，有时忙到半夜才睡觉。一天，正准备睡觉的小天突然感觉胃部隐隐作痛，她以为是没吃晚饭导致的，加上觉得去医院太麻烦，就自己在宿舍吃了点止痛药。

天蒙蒙亮时，小天突然感觉胃痛加剧，同时伴有肚子疼、恶心、呕吐等症状。室友赶紧将她送到了医院，医生诊断小天患的是急性阑尾炎，拖下去就会出现阑尾坏疽穿孔，进而引起腹膜炎，因此需要马上进行手术治疗。

**点评** 急性阑尾炎若未得到及时治疗，便会造成腹腔感染，使病情严重恶化。因此，大学生出现急性阑尾炎的症状时，不要留在宿舍或家中，更不要自己乱用消炎药或止痛药，而应去医院由医生进行诊治。

## 第二节 常见的内科疾病

### 一、常见的呼吸系统疾病

呼吸系统是人体与外界进行气体交换的器官系统，包括呼吸道（鼻、咽、喉、气管、支气管）和肺，其中，鼻、咽、喉统称为上呼吸道，气管、支气管统称为下呼吸道（见图 3-5）。大学生常见的呼吸系统疾病有普通感冒、急性气管—支气管炎、肺炎等。

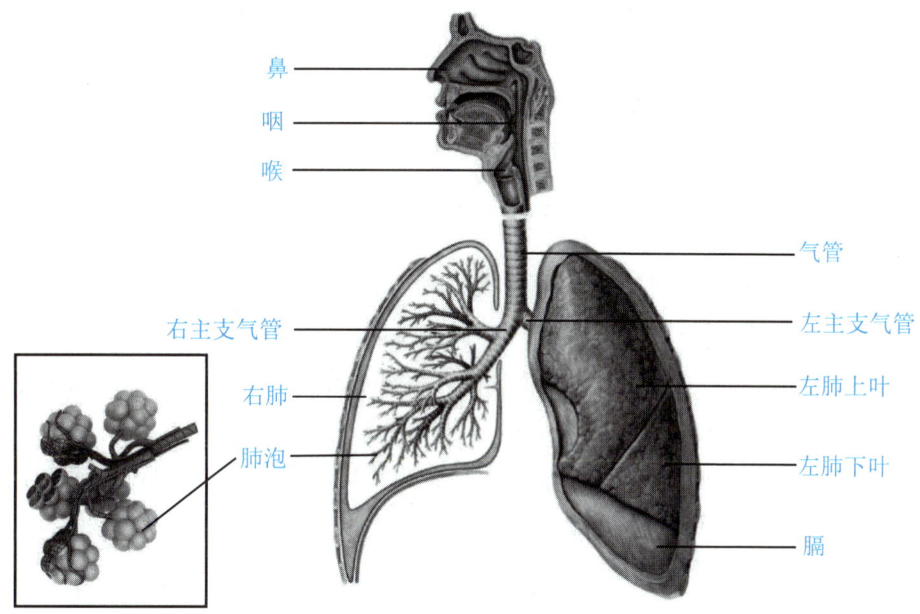


图 3-5　呼吸系统

### （一）普通感冒

普通感冒是由多种病毒引起的一种上呼吸道感染疾病。当人体受凉、淋雨、过度疲劳时，全身或呼吸道局部的防御功能会降低，原存在于上呼吸道的或从外界侵入的病毒就会迅速繁殖，从而引起上呼吸道发生急性炎症。普通感冒的主要临床表现有体温异常、鼻塞、打喷嚏、流涕、咳嗽、头痛、咽干、咽痒、咽痛等。

**健康指导**

#### 体温的测量方法

体温的测量方法主要有腋下测温、口腔测温和直肠测温三种。其中，最常用的为腋下测温法，一般使用水银体温计，操作方法如下：

（1）用手指捏住体温计没有水银球的一头，把水银柱甩到 35℃以下。

（2）将体温计的水银端放入腋下，并夹紧，确保体温计被皮肤完全覆盖且不受空气影响。

（3）5 分钟后，取出体温计，把体温计放平，缓慢转动，观察水银柱到达的刻度，读数以℃为单位，一般精确到小数点后一位。

资料来源：https://www.nmpa.gov.cn/xxgk/kpzhsh/kpzhshylqx/20171025142101935.html

### 1. 普通感冒的预防

要预防普通感冒，应从以下几个方面做起：① 在季节交替之时，尤其是秋冬季节，要注意保暖，及时增加衣物；② 加强锻炼，多晒太阳，以提高自身的耐寒能力；③ 经常开窗通风，以保持室内空气的清新；④ 多吃维生素和蛋白质含量高的食物，从而为身体补充营养，增强抵抗力。

### 2. 普通感冒的治疗

患普通感冒后，如果病情较轻，只出现打喷嚏、流涕的症状，一般可以不治疗，5～7 天后就会完全康复。但若出现鼻塞、咳嗽、头痛、咽痛等症状，就属于病情较严重的情况，这时应通过药物进行治疗。治疗期间，患者应遵照医嘱，不可自己盲目吃药。同时，还应卧床休息，加强保暖，多喝开水，并保持饮食清淡。

需要注意的是，普通感冒虽不是什么大病，但也可能对人体产生危害。经常得普通感冒的人，其抗病能力会下降，容易患上各种炎症和慢性病。因此，我们不可轻视普通感冒，而应积极对症治疗。

**健康案例**

一天，某高校一名学生婷婷来到校医院看病。没等医生发问，婷婷就说道：“医生，我得了感冒，吃了几天的药都不见好……”医生问：“你哪里不舒服？”她回答：“没有什么地方特别不舒服，就是感冒啊！”医生进一步了解了婷婷这几天自行诊疗的过程后，吓了一跳。原来，婷婷认为感冒是一个小病，自己随便吃点药就可以了，于是她同时吃了几种感冒药，还有抗生素。医生严厉地告诉婷婷，感冒不是小病，更不能乱吃药，市场上的感冒药所含的成分和剂量都是不同的，不同类型的感冒需要服用不同的感冒药，吃药不当是会致命的。

**点评** 轻视感冒，感冒后乱吃药可能会对人体产生伤害，是非常不可取的行为。大学生应树立正确的疾病防治意识，谨遵医嘱，科学、规范地吃药。

## （二）急性气管—支气管炎

急性气管—支气管炎主要由气管—支气管黏膜发生急性炎症引起。发病时，患者往往先有鼻塞、打喷嚏、咽痛、声嘶等上呼吸道感染症状，痰少，咳嗽多为间歇性。1～2 天后，痰由黏液转为脓性黏液，咳嗽加剧，出现持续性咳嗽，同时伴有发热、恶心、呕吐、全身酸痛，尤其胸腹肌疼痛等全身症状。

### 1. 急性气管—支气管炎的预防

急性气管—支气管炎的致病因素有很多，常见的有受寒、感染细菌、吸入刺激性气体、

接触过敏原等。因此，要预防急性气管—支气管炎，应从以下几个方面做起：① 秋冬季节注意保暖；② 加强体育锻炼，以增强自身免疫力；③ 避免接触有害气体、酸雾、粉尘等过敏原；④ 多吃清热润肺、富含维生素和蛋白质的食物；⑤ 少吃油炸、辛辣等刺激性食物。

#### 2. 急性气管—支气管炎的治疗

急性气管—支气管炎患者仅有上呼吸道感染症状时，可对症治疗；出现全身症状时，应使用抗菌药物进行治疗。

### （三）肺炎

肺炎是指肺泡及其周围组织的炎症。肺炎可由多种病原体引起，如细菌、病毒、真菌、寄生虫等。患上肺炎后，患者往往会出现畏寒、发热，伴随头痛、全身肌肉酸痛、食量减少，以及咳嗽、胸痛、呼吸困难等症状。病情严重者还会出现神志模糊、嗜睡、昏迷等。

#### 1. 肺炎的预防

要预防肺炎，应从以下几个方面做起：① 平时注意防寒保暖，遇有气候变化时，应添加衣物，避免受凉、淋雨；② 每日开窗通风，以保持室内空气新鲜；③ 避免吸入粉尘和一切有毒或刺激性气体，戒烟；④ 皮肤有疖、伤口感染、出现毛囊炎时，应及时就诊；⑤ 咳嗽时，要将痰液咳出并漱口，以避免细菌进入肺部；⑥ 进食时，要细嚼慢咽，同时集中注意力，以免使食物呛入肺部。

#### 2. 肺炎的治疗

治疗肺炎，原则上是服用消炎药物，以杀灭病原体。消炎药物一般根据病原体的不同来选用，同时还应注意对症治疗。例如，发热时应服用退热剂；咳嗽时应服用止咳化痰类药物。若患者的病情较为严重，应及时到医院治疗。治疗过程中，患者应多休息、多喝水，并适当增加营养。

## 二、常见的消化系统疾病

消化系统既包括口腔、咽、食管、胃、小肠、大肠、直肠和肛门等消化道器官，也包括胰腺、肝脏和胆囊等消化道外的器官（见图 3-6）。消化系统从口腔延续至肛门，主要负责食物的消化和吸收，为机体提供所需的物质和能量，并将未消化的食物排出体外。大学生常见的消化系统疾病主要包括急性胃肠炎和消化性溃疡等。

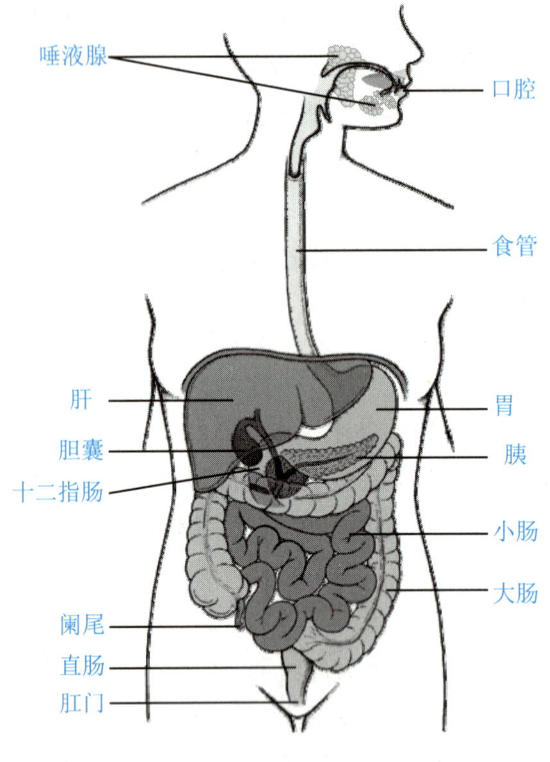


图 3-6　消化系统

## （一）急性胃肠炎

急性胃肠炎是一种十分常见的胃肠道疾病，其临床表现主要有腹痛、发热、恶心、呕吐、腹泻、脱水、呕血与便血等。急性胃肠炎多发生于夏秋季节，且病因较多，常见的有进食过冷、过热或不洁食物，暴饮暴食，酗酒，感染流感病毒或肠道病毒，精神紧张和机体发生过敏反应等。

### 1. 急性胃肠炎的预防

要预防急性胃肠炎，应从以下几个方面做起：① 少吃辛辣及粗糙的食物，不暴饮暴食；② 饮食规律，一日三餐按时吃饭，每餐不可过饱，以免增加胃的负担；③ 尽量不喝酒，更不酗酒；④ 注意个人卫生，饭前、便后洗手；⑤ 注意饮食卫生，将生熟食品分开存放，不在流动摊点吃东西，蔬菜瓜果生吃前要处理干净，隔夜食物吃之前要彻底加热；⑥ 夏天及天气转冷时不要贪吃过凉的食物；⑦ 多参加体育锻炼，并保持乐观情绪。

### 2. 急性胃肠炎的治疗

患有急性胃肠炎后，应及时去医院治疗，以免转为慢性胃肠炎。急性胃肠炎的治疗主要以药物治疗为主，同时辅以补液、控制饮食与充分休息。

此外，在治疗过程中还应注意以下几点：① 酌情短期禁食，然后少量进食易消化的、清淡的流质食物；② 尽可能多饮水，以补充因呕吐和腹泻而丢失的水分；③ 待胃肠道功

能恢复后，再正常饮食。

### （二）消化性溃疡

消化性溃疡也叫“胃溃疡”，是胃或十二指肠的内层被胃酸和消化液所消化而形成的圆形或椭圆形溃烂病灶。其中，十二指肠是连接胃的前十余厘米的小肠肠段。精神紧张、生活起居和饮食不规律、食物不洁、过度劳累、长期抽烟酗酒、神经功能失调等都可导致胃和十二指肠的抵抗力降低，从而引发消化性溃疡。

消化性溃疡的临床表现有腹痛、恶心、反酸、胃灼热、食欲减退、贫血等。多数消化性溃疡可以治愈，不会引起并发症，但某些患者也可发生致命的并发症，如穿透性溃疡、溃疡穿孔、出血和梗阻等。

#### 1．消化性溃疡的预防

要预防消化性溃疡，应从以下几个方面做起：① 消化性溃疡是一种典型的身心疾病，心理因素对其影响很大，应注意调节情绪，避免精神紧张；② 一日三餐应定时定量、饥饱适中、细嚼慢咽；③ 注意饮食卫生，不到流动摊点吃东西，饭前便后要洗手；④ 保持良好的生活习惯，不抽烟、不酗酒，同时劳逸结合，注意休息；⑤ 避免服用对胃黏膜有刺激的药物，如果因疾病必须服用，可向医生说明情况，尽量将药物的服用时间改为饭后，以减少对胃的刺激。

消化性溃疡的饮食提醒

#### 2．消化性溃疡的治疗

消化性溃疡的治疗方式可分为药物治疗和手术治疗两种。对于全身状况良好、溃疡较小的患者，可进行药物治疗；对于病程较长且出现并发症的患者，则需要进行手术治疗。

## 三、常见的内分泌系统疾病

人体的内分泌系统由内分泌腺、内分泌组织和内分泌细胞构成。其中，内分泌腺是指人体内一些无输出导管的腺体，包括垂体、甲状腺、肾上腺、胰和性腺（男女不同）等。大学生常见的内分泌系统疾病有甲亢、糖尿病、肥胖症等。

### （一）甲亢

甲亢是“甲状腺功能亢进症”的简称，是由于甲状腺合成或释放过多的甲状腺激素，造成神经、循环、消化等系统兴奋性增高和机体代谢亢进，引起心悸、出汗、体重下降、心情烦躁，以及眼突、眼睑水肿、视力减退、甲状腺肿大、罕见胫前黏液水肿等症状的一种自身免疫性疾病。严重的甲亢患者还会出现昏迷，甚至有生命危险。

甲亢患者多见于年轻女性。此外，精神紧张或压力过大者，高碘饮食者，长期熬夜、劳累者，有家族病史者也好发此病。

### 1．甲亢的预防

要预防甲亢，可从以下几个方面做起：① 注意膳食中的含碘量（尤其是沿海地区），尽量不食用含碘量高的食物，以从根本上防止碘甲亢；② 定期做甲状腺彩超检查，以实现甲亢的早发现和早治疗；③ 多吃高蛋白、高维生素、高矿物质、低纤维素的食物，以促进机体的新陈代谢；④ 养成良好的作息习惯，进行适量的体育锻炼，以提高自身的免疫力；⑤ 保持积极、乐观的心态，学会适当放松自己，避免压力过大。

### 2．甲亢的治疗

甲亢患者若不及时治疗，会出现诸多并发症，因此患有甲亢后，应及时到医院就诊。目前，甲亢的治疗方式可分为药物治疗、手术治疗和放射碘治疗三种。

（1）药物治疗。服用抗甲状腺药物是治疗甲亢的主要方式，但需要在医生的指导下选用合适的药物，并定期到医院复查，以便确定和调整用药剂量。药物治疗的缺点是停药后复发率高，因此患者不可自行停药。

（2）手术治疗。即通过手术切除甲状腺，一般仅用于甲状腺肿大显著且出现气管压迫等症状的患者。手术治疗前，通常需要用药物将甲状腺功能控制在正常范围。

（3）放射碘治疗。即通过 131 碘放射的 β 射线破坏甲状腺，以阻止其合成或释放过多的甲状腺激素，从而达到治疗目的。放射碘治疗适合甲状腺中度肿大或甲亢复发的患者，通常需要医生根据患者的甲状腺对放射碘的摄取率计算其所需放射剂量。

### 课堂互动

作为一种常见的甲状腺疾病，甲亢的症状有时候很难察觉出来。下面让我们一起来做一组趣味测试，看看自己是否有得甲亢的风险。

（1）你是否最近吃得很多，但还总是觉得饿，且越来越瘦？

（2）你是否干什么都觉得累，经常感到疲乏无力？

（3）你是否会过度出汗？

（4）你是否常常觉得燥热？

（5）你是否有手舌颤抖、眼球突出的表现？

（6）你是否感到心悸、胸闷，动不动就想发火？

（7）你脖子的前部是否有肿起？

（8）你是否月经量减少或闭经（女性）？

同学之间分享、讨论自己的测试结果。符合以上症状超过 4 项者，建议去医院进行检查和诊断。

## （二）糖尿病

糖尿病是一种由于人体不能正常释放或利用胰岛素（胰腺分泌的一种激素），而使血

液中葡萄糖水平不适当升高所导致的一种疾病。糖尿病有一定的家族遗传性，也常与腮腺炎病毒、风疹病毒、麻疹病毒、流感病毒、脑炎病毒等病毒感染相关。糖尿病患者可能会出现多尿、多饮、多食、体重减少等症状，长期高血糖甚至会损害血管、神经及其他内脏结构，引发心脏病、手足坏疽和感染、肾衰竭等诸多并发症。

#### 1. 糖尿病的预防

糖尿病目前还是一种终生性疾病，尚无根治办法，因此大学生应积极行动起来，从以下几个方面进行预防：① 不暴饮暴食，吃饭细嚼慢咽，多吃蔬菜；② 避免短时间内进食含大量葡萄糖、蔗糖的食物，以防血糖在短时间内快速上升；③ 防治肥胖；④ 戒除抽烟、酗酒等不良嗜好；⑤ 多锻炼身体，少熬夜。

#### 2. 糖尿病的治疗

糖尿病治疗的目标是要尽可能将患者的血糖控制在正常范围内。目前，常用的治疗糖尿病的方式有饮食治疗、药物治疗和胰岛素治疗等。

（1）饮食治疗。即通过调节饮食来缓解病情，尤其适用于无症状或症状较轻的患者。一般来说，糖尿病患者可多吃富含硒的食物，如鱼、香菇、芝麻、大蒜、芥菜等。

（2）药物治疗。即通过口服降血糖药物来增强胰岛素作用，降低血糖。

（3）胰岛素治疗。即将胰岛素注入体内的治疗方式。该方式是最有效、不良反应最小的治疗方式，有利于控制糖尿病病情，并预防并发症。

### （三）肥胖症

肥胖症是体内脂肪过度积聚，导致体重超过正常范围的一种营养障碍性疾病。一般来说，暴饮暴食、缺乏运动、生活不规律、内分泌紊乱或代谢障碍、遗传等都可能引起肥胖症。肥胖症患者通常身材矮胖、浑圆，重度肥胖患者还有怕热、活动能力降低、气促、睡觉打鼾等临床表现，甚至患上高脂血症、脂肪肝、高血压、糖尿病及冠心病等慢性疾病。

#### 成人标准体重的计算

目前，国际上常用的、反映和衡量一个人体重是否健康的标准是成人标准体重计算公式，即：

标准体重（kg）=［身高（cm）−100］×90%

当成人体重超过标准体重的 10%时，为超重；超过标准体重的 20%时，为轻度肥胖；超过标准体重的 30%时，为中度肥胖；超过标准体重的 50%时，为重度肥胖。表 3-1 为成人身高一体重参考表，同学们可对照此表，以判断自己是否患有肥胖症。

表 3-1 成人身高—体重参考表

| 身高/cm | 体重/kg | | 身高/cm | 体重/kg | |
|---|---|---|---|---|---|
| | 女性 | 男性 | | 女性 | 男性 |
| 147.3 | 42～55 | — | 170.2 | 55～70 | 57～72 |
| 149.9 | 43～56 | — | 172.7 | 57～72 | 59～74 |
| 152.4 | 45～58 | — | 175.3 | 59～74 | 60～76 |
| 154.9 | 46～59 | 48～61 | 177.8 | 61～77 | 62～78 |
| 157.5 | 47～61 | 49～62 | 180.3 | — | 64～80 |
| 160.0 | 49～63 | 50～64 | 182.9 | — | 66～83 |
| 162.6 | 50～65 | 52～66 | 185.4 | — | 68～85 |
| 165.1 | 52～66 | 53～68 | 188.0 | — | 70～87 |
| 167.6 | 54～68 | 55～70 | 190.5 | — | 71～89 |

注：身高指不穿鞋子的净高；体重指不穿衣服的净重。

资料来源：https://www.sohu.com/a/283878906_120044054

1．肥胖症的预防

大学生要想预防肥胖症，首先应了解肥胖症的危害性，然后应关注自身健康，有意识地控制饮食。具体来说，应从以下两点做起：① 改变暴饮暴食，常吃高糖、高脂肪、高热量食物的习惯，同时平衡膳食，合理搭配食物；② 积极参加体育活动，以消耗摄入的多余热量，避免过多的脂肪在体内积存。

2．肥胖症的治疗

通常来说，轻度肥胖者只需限制高脂肪食物、甜食、啤酒等，并多参加体力劳动和体育锻炼即可，不必进行药物治疗。中度以上肥胖者须严格控制饮食，当饮食和运动疗法未能奏效时，应遵照医嘱，合理采用药物辅助治疗。而对于重度肥胖、减肥失败又有严重并发症的患者，则需进行手术治疗。

## 四、常见的心血管系统疾病

心血管系统是一个封闭的管道系统，由心脏和血管组成。其中，心脏是动力器官，血管是运输血液的管道。大学生常见的心血管系统疾病有高血压、病毒性心肌炎等。

### （一）高血压

高血压是一种以动脉血压持续升高为主要表现的慢性疾病，常引起心、脑、肾等重要器官的病变。大约 90%的高血压患者没有明确的病因，这种高血压称为原发性高血压，可能为多种因素作用的结果；有明确病因的高血压被称为继发性高血压，常见病因包括遗传、饮食偏咸、饮酒过度、情绪波动过大等。高血压早期通常无任何症状，患者偶有头痛、头晕、心悸、注意力不集中、记忆力减退、疲乏无力、易烦躁等症状，病情逐渐进展则会造成器官功能的衰竭。

### 1. 高血压的预防

要预防高血压，可以从以下几个方面做起：① 注意劳逸结合，保持睡眠充足，多参加体力劳动和体育锻炼；② 注意调节饮食，以低盐、低动物脂肪类食物为宜，并尽量少吃富含胆固醇的食物；③ 肥胖者应适当控制食量，适当减轻体重；④ 情绪激动或精神紧张时可服用少量镇静剂。

### 2. 高血压的治疗

高血压早期一般症状不明显，因此大学生如果出现高血压症状时，一定要及时就医。高血压一般可通过口服降压药进行治疗，但值得注意的是，降压药都有一定的不良反应。因此，当不良反应发生时，患者应立即告诉医生，以便及时调整剂量或更换药物。

## 健康指导

### 血压的测量方法

在日常生活中，进行血压测量时，通常采用上臂式电子血压计进行操作。测量血压前 30 分钟勿运动、喝咖啡或吸烟，测前建议静坐 5 分钟、排尿。测量时取坐位，受测者双脚平放于地面，放松且身体保持不动，不说话，上臂中点与心脏处于同一水平线上；将袖带缠绕在上臂，下缘在肘窝上 2.5 cm（约两横指）处，松紧合适，可插入 1～2 指为宜（见图 3-7）。

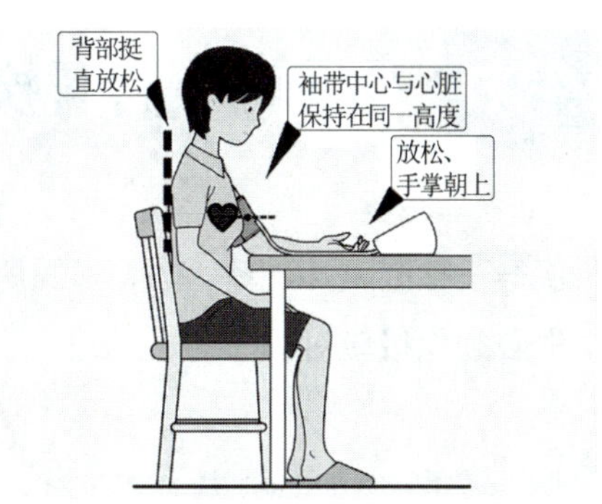


图 3-7 测量血压的正确姿势

在袖带内的空气排尽后，将袖带从上臂取下，休息片刻，然后再次按照上述方法测量血压值 1～2 次。最后取几次测得血压的平均值，该数值即为受测者的真实血压值。需要注意的是，首诊测量双上臂血压，以后通常测量读数较高的一侧。

资料来源：《国家基层高血压防治管理指南 2020 版》

### （二）病毒性心肌炎

心肌是由心肌细胞构成的一种肌肉组织。病毒性心肌炎是因病毒侵犯心脏，引起心肌炎症性改变所导致的一种心脏疾病。病毒性心肌炎多由病毒感染所致，如肝炎病毒、狂犬病病毒、流感病毒、风疹病毒、天花病毒等。一般来说，患病毒性心肌炎的患者发病前 1～3 周内有急性病毒性感冒史，感冒的同时出现胸闷、心悸、气急、乏力等症状，严重者一般表现为呼吸困难、食欲缺乏、多汗、恶心、呕吐、面色苍白等，更为严重者可出现出血性心力衰竭，并伴有心脏扩大、肝大、双下肢水肿、少尿等。

#### 1．病毒性心肌炎的预防

病毒性心肌炎预防最主要的是要避免接触致病原，预防感染，尤其应预防呼吸道感染和肠道感染。易感冒者平时应注意营养，避免过度疲劳，还应适当参加体育锻炼，以增强体质；感冒流行期间应佩戴口罩，尽量不去人多拥挤的公共场所活动。此外，还应避免情绪突然激动或体力活动过度而引起身体疲劳，使机体免疫抗病能力降低。

#### 2．病毒性心肌炎的治疗

病毒性心肌炎目前尚无特异治疗方法，一般多采取综合治疗措施。发病早期，为阻断病毒感染，患者可服用抗病毒药物。在治疗过程中，患者还应注意以下几点：① 合理饮食，多吃新鲜蔬菜和水果，以保证营养平衡；② 保证睡眠充足，避免感冒，以免病情复发；③ 多加休息，治疗后如无症状，可逐步恢复正常学习，但仍应注意不要过度劳累，1 年内不能进行体力劳动与运动。

## 第三节　常见的五官科疾病

通常我们所说的五官科疾病包括眼、耳、鼻、喉、口腔所患的疾病，五官科疾病易影响到日常的正常生活，大学生必须积极应对。

### 一、常见的眼科疾病

#### （一）屈光不正

屈光不正是指眼睛在无调节状态下，平行光线进入眼内，不能在视网膜上形成清晰的物像，而在视网膜前方或后方成像。屈光不正主要包括近视、远视和散光。

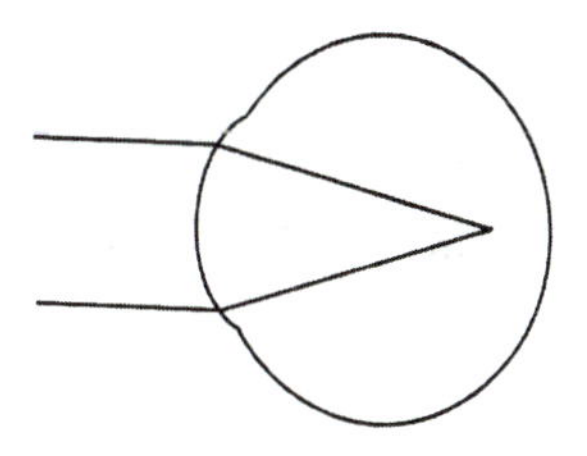
图 3-8　近视

### 1. 近视

近视是指眼睛在无调节状态下，平行光线入眼后焦点落在视网膜之前，从而引起视力减退、视力疲劳，甚至外斜视和眼球突出的一种眼科疾病（见图 3-8）。近视的病因比较复杂，除先天性遗传外，近距离作业、用眼时间过长、照明不佳等环境因素也会使眼睛发生近视。

（1）近视的预防。大学生预防近视的关键是养成良好的用眼习惯，避免眼睛疲劳。具体来说，应从以下几个方面做起：① 不在光线昏暗或阳光直射的环境中看书、写字；② 不在卧床和走路时或摇晃的车厢内看书；③ 连续看书、写字、玩游戏的时间不要过长，一般 50 分钟或 1 个小时后至少要休息 10 分钟，可以进行眨眼、远眺、上下滚动眼球等动作；④ 看书、写字时的姿势要端正，眼与书本的距离尽量不要少于 30 cm；⑤ 养成做眼保健操的好习惯；⑥ 定期检查视力，注意自己视力的变化情况。

近视的防治

（2）近视的治疗。近视的治疗难度很高，目前，最安全、有效的治疗方法是矫正近视。矫正近视的方式有以下三种：① 佩戴眼镜；② 用药物缓解近视或用外用眼药水缓解眼疲劳；③ 手术治疗，常见的有角膜激光矫正手术和晶体植入手术。需要注意的是，手术治疗存在一定的安全风险，要根据自己的身体情况慎重选择。

### 2. 远视

远视是指眼睛在无调节状态下，平行光线入眼后焦点落在视网膜之后，从而引起视力障碍、视力疲劳、内斜视的一种眼科疾病（见图 3-9）。

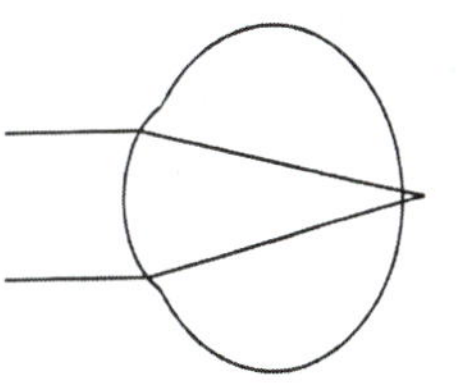
图 3-9　远视

大学生发生远视的最常见原因是眼睛在发育过程中，由于受内在（遗传）和外界环境的影响，眼球停止发育，从而导致眼轴不能达到正常眼的长度。此外，眼睛的角膜、晶状体表面曲率发生改变也可能导致远视。

（1）远视的预防。要预防远视，应从以下几个方面做起：① 养成良好的用眼习惯，同时注意休息，避免用眼过度；② 不用脏手揉眼睛，以防止眼部感染的发生；③ 定期检查视力，尤其是有家族遗传史的高危人群；④ 多喝水，以防止眼干；⑤ 多吃维生素 A 和维生素 C 含量较高的食物，如菠菜、南瓜、胡萝卜、动物肝脏等；⑥ 在室外行走时最好戴太阳眼镜，以防止过量的紫外线伤到眼球。

（2）远视的治疗。远视大多不能治愈，只能通过矫正改善症状和维持视力。一般来说，轻度远视患者如未引起视力障碍、视力疲劳或内斜视现象，同时眼睛也无其他不适症状，就无矫正的必要；高度远视患者应通过佩戴眼镜或做角膜手术、晶状体手术予以矫正。

需要注意的是，远视患者治疗初期应每周复查一次，达到治疗效果后可每月复查一次，度数稳定后可每年复查一次。但若出现眼部剧痛、视野受限、视觉异常、视力骤降等情况时，应及时就医。

### 3．散光

散光是指眼睛在无调节状态下，平行光线入眼后不能形成焦点，而是形成前后两条焦线的一种眼科疾病。轻度散光患者通常视力正常，但在看某一距离的物体时可能出现视力模糊症状；高度散光患者看远或看近都不清楚，眼睛近距离工作时，时间稍长即会出现视力模糊、眼睛疲劳、头晕头痛、有重影等症状。

（1）散光的预防。要想预防散光，大学生应改变不良的用眼习惯。具体来说，应从以下几个方面做起：① 不长时间、躺着看书和电子产品，日常用眼30～40分钟后，应让眼睛休息；② 注意眼睛卫生，避免用手揉搓眼睛；③ 阅读和写作的姿势要正确，距离要合理；④ 不在昏暗的情况下用眼。

（2）散光的治疗。轻度散光患者可通过配戴眼镜进行矫正治疗，高度散光患者可以进行手术治疗。眼镜矫正治疗主要包括框架散光镜矫正治疗和接触镜矫正治疗，手术治疗主要包括角膜手术治疗和晶状体手术治疗。此外，佩戴眼镜矫正的患者建议3～6个月进行复查，手术治疗的患者需根据具体情况决定。

**温馨提示**

配戴眼镜进行屈光不正的矫正治疗，除了要有度数合适的镜片，还要注意以下两点：① 配镜之前要充分散瞳（应用药物使眼睛的睫状肌完全麻痹，使之失去调节作用的情况下进行的验光），并选择大小合适的镜架；② 定期做眼部检查，定期验光，至少每半年或一年查一次屈光度数，并根据屈光度数的变化及时更换眼镜。

## （二）红眼病

红眼病也称“急性出血性结膜炎”，通常因眼睛结膜被细菌感染引起，好发于夏秋季。患红眼病后，患者通常感到眼睛有异物感，且出现发烫、烧灼、畏光、流泪、分泌物增多等症状，严重时还会伴有头痛、发热、疲劳、耳前淋巴结肿大等全身症状。

### 1．红眼病的预防

红眼病一般发病较急，且传染性较强（主要通过眼—手—眼的接触传播），常常是一人得病，在1～2周内即可造成多人感染。因此，大学生应从日常生活中做起，保持良好的卫生习惯，以避免感染上红眼病。具体来说，包括以下几点：

（1）注意用手卫生，养成勤剪指甲、勤洗手的好习惯，不用脏手揉眼睛。

（2）经常使用公共电脑的学生，在使用过程中切勿揉眼，使用后应清洗双手。

（3）疾病流行高峰期应暂停游泳，日常游泳时最好佩戴游泳镜，以减少池水与眼睛的接触，防止感染细菌和病毒。

（4）清淡饮食，保证营养均衡。

（5）避免过度疲劳和伤风感冒，以确保身体免疫力和抵抗力的正常。

### 2. 红眼病的治疗

患红眼病后，应立即去医院检查，并进行针对性的治疗。不要自己滥用眼药膏或眼药水，以免加重病情，延误治疗时机。红眼病治疗过程中还应注意以下几点：

（1）由于患急性出血性结膜炎时眼部分泌物较多，所以应细心护理眼部，以保持眼部清洁。

（2）在炎症没有得到控制时，忌用激素类眼药。

（3）患病期间不要勉强看书，以免加重眼睛负担。

此外，需要注意的是，红眼病患者患病期间最好不要出门，而应自行隔离。若必须外出，则必须做好防护措施，如戴太阳镜、护目镜等，以与人群隔离，同时避免阳光、风、尘等的刺激。

## 二、常见的口腔科疾病

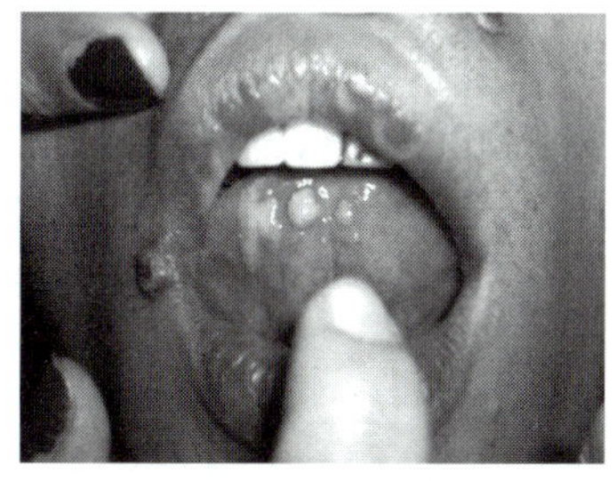

图 3-10 口腔溃疡

### （一）口腔溃疡

口腔溃疡俗称“口疮”，是一种发生于口腔黏膜的溃疡性损伤疾病。口腔溃疡通常发生在口腔内唇内侧、舌头、舌腹、前庭沟、软腭等部位，一般为单个或多个圆形、椭圆形溃疡（见图 3-10）。该病发作时，患者局部灼痛明显，同时并发口臭、慢性咽炎、便秘等症状，严重者还会影响饮食、说话，对生活造成极大不便。

### 1. 口腔溃疡的预防

口腔溃疡是生活中的一种常见疾病，其发生是多种因素综合作用的结果，包括局部创伤、免疫异常、遗传、细菌感染、精神紧张、情绪变化、睡眠不足、缺乏维生素等。因此，要预防口腔溃疡，应从以下几个方面做起：

口腔内经常长溃疡的原因

（1）保持口腔卫生，早晚认真刷牙。

（2）常用淡盐水漱口，以避免口腔干燥。

（3）适当进行体育锻炼，增强自身免疫力。

（4）注意劳逸结合，舒缓压力。

（5）调整心态，保持心情愉悦，避免产生负面情绪。

（6）生活作息规律，避免熬夜，保证充足的睡眠。

（7）合理控制饮食，多饮水，多吃富含维生素的食物，少吃油腻、辛辣、烧烤和腌制食物。

#### 2. 口腔溃疡的治疗

口腔溃疡的治疗主要以局部治疗为主，严重者需全身治疗。其中，局部治疗以消炎镇痛、促进愈合为主，可通过含漱液、药膏、霜剂、药膜等减轻症状；全身治疗则以补充维生素、清热降火为主。

注意，口腔内经久不愈的溃疡由于经常受到咀嚼、说话的刺激，也有可能会发生癌变。因此，如果经常患有口腔溃疡，应及时到医院检查，切不可粗心大意。

### （二）口腔异味

口腔异味俗称“口臭”，是指由多种因素导致口腔内出现异味的一种疾病，如口腔卫生不良、患口腔或全身疾病、进食特殊食物、长期吸烟和饮酒等。患上口腔异味后，患者刷牙、漱口、使用清洁剂等均难以消除呼气时的难闻气味，此外还伴有口干、口苦、口舌生疮、消化不良、便秘、打嗝等症状。

#### 1. 口腔异味的预防

口腔异味常常给大学生造成一定的心理负担，影响其人际交往。因此，大学生应从日常生活做起，多方面预防口腔异味。具体来说，应做到以下几点：

（1）保持口腔卫生，除了认真刷牙、漱口，必要时还可用牙刷轻柔地清洁舌苔。

（2）清淡饮食，避免吃生冷、油腻、辛辣、有刺激气味（如蒜、葱、韭菜等）及不易消化的食物。

（3）定期洗牙。

（4）多喝水，多吃蔬菜和水果。

（5）作息规律，睡前不要进食。

（6）保持心情舒畅。

（7）改变不良生活习惯，不抽烟、不喝酒。

#### 2. 口腔异味的治疗

口腔异味是由多种因素引起的，因此必须先找出致病的根本原因，才能得到彻底的治愈。因此，出现口腔异味后，应在注意口腔卫生的基础上，到医院口腔科做全面的检查，积极治疗引起口腔异味的其他疾病。例如，对于口腔疾病导致的口腔异味，需根据病因进行龋齿修复、消炎等治疗；对于全身疾病导致的口腔异味，应根据病因消除感染病灶。此外，治疗口腔异味时，可同时使用一些漱口液，以清新口气、减轻症状。

### （三）牙周病

牙周组织主要包括牙龈、牙周膜、牙槽骨和牙骨质（见图 3-11），其基本功能是将牙齿牢固地固定在牙槽窝内。牙周病是指发生于牙周组织的各种疾病，主要包括牙龈炎和牙周炎两大类。

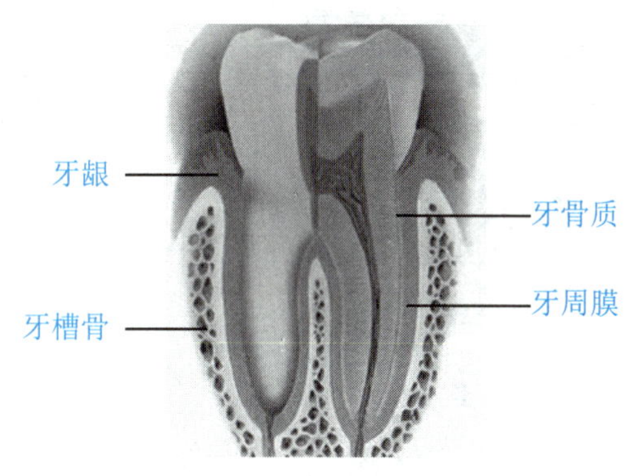


图 3-11 牙周组织

#### 1. 牙龈炎

牙龈是指围绕并覆盖在牙齿周围及槽突表面的口腔黏膜。牙龈炎是指牙龈在致病因素的作用下而发生的急、慢性炎症。牙结石、食物阻塞、张口呼吸、咬合创伤、牙齿畸形等局部因素可加重牙菌斑的堆积，从而导致牙龈炎的发生。

患上牙龈炎后，患者的牙龈会呈深红或暗红色，牙龈不再紧贴牙面，且变得松软脆弱，同时常因刷牙或咬硬物而出血，有些患者偶尔还会感到牙龈局部痒、胀，甚至出现龈沟溢脓等症状（见图 3-12）。

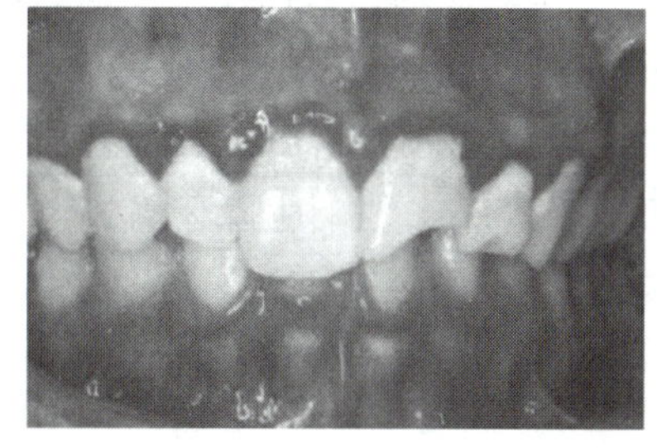

图 3-12 牙龈炎

（1）牙龈炎的预防。要预防牙龈炎，应从以下几个方面做起：① 注意口腔卫生，饭后可用牙线、牙签等清洁牙缝；② 尽量使用软毛牙刷，以减少对牙龈的损害；③ 多吃钙含量较高的食物（如海带、紫菜、黑木耳、黑芝麻等），以防牙骨疏松；④ 定期去医院洗牙，以清除牙结石。

（2）牙龈炎的治疗。出现牙龈出血、痒胀等症状后，应及时去医院检查和治疗。由于牙菌斑是导致牙龈炎的主要因素，且病变只局限在牙龈，因此，一般患者消除牙菌斑后即可使牙龈炎得到明显的缓解。要消除牙菌斑，除洗牙外，还可口服抗菌药物，特别当牙龈出现红肿、溃烂时，服用阿莫西林、甲硝唑等药物可以有效抗菌，消除炎症。

需要注意的是，牙龈炎患者若发生牙龈增生，则需进行牙龈成形术，以切除部分牙龈，恢复牙龈的形态。待牙龈炎症状消除、牙龈形态恢复后，为了保持和巩固疗效，还必须坚持每天认真、正确地刷牙，同时定期到医院洗牙，以彻底清除牙菌斑。

### 2. 牙周炎

牙周炎是侵犯牙周组织的慢性炎症，是一种破坏性疾病。牙周炎一般是由牙龈炎进一步发展而来的。因此，除具有牙龈炎的一般症状外，牙周炎的临床表现还有牙周溢脓、牙齿松动、牙龈萎缩等（见图 3-13）。此外，牙周炎患者还有不同程度的口腔异味。

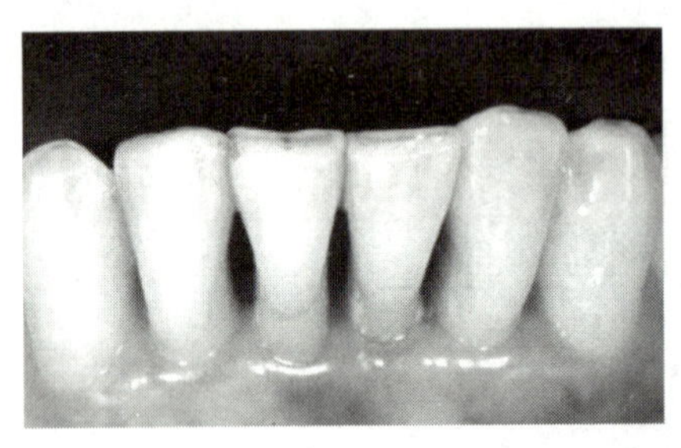

图 3-13 牙周炎

牙周病

（1）牙周炎的预防。预防牙周炎的总体原则是要不断地、彻底地、有效地清除牙菌斑。因此，应以自我口腔保健为主，养成健康的饮食习惯，以提高牙齿及口腔的免疫能力。具体来说，应从以下几个方面做起：① 饭后漱口，如果有食物嵌塞，可使用牙线、冲牙器等辅助工具进行剔除；② 使用正确的刷牙方法刷牙；③ 每年至少进行一次全面的口腔检查，同时做全口洁牙，以减少牙斑菌的残留；④ 多食用粗纤维食物，以利于牙齿表面的清洁；⑤ 劳逸结合，保持心情愉悦，避免产生不良情绪。

（2）牙周炎的治疗。牙周炎的治疗需根据患者的具体病情而定，总体目标是消除牙斑菌和口腔内的炎症。一般来说，患者出现牙龈红肿时，应及时到医院检查、诊断与治疗，以控制疾病的发展。治疗牙周炎一般以局部治疗为主，首先是去除牙龈上方的牙结石（即龈上牙结石），然后去除牙周袋内的牙结石（即龈下牙结石），并刮除牙周袋内含有大量细菌、毒素的病变牙骨质。经过这些治疗后，一般牙龈红肿可以消退，牙龈出血和牙周溢脓也可以消失。此外，牙周炎病情严重者，牙齿会出现松动，这时应对松牙进行固定手术。

## （四）龋齿

龋齿俗称“虫牙”，是指牙齿在以细菌为主要因素的影响下，牙齿硬组织逐渐被破坏的一种疾病。龋齿主要表现为牙齿硬组织在色、形、质各方面均发生变化，并以质变为主。患有龋齿的牙齿先呈白垩（白土）色，继而有色素沉着，呈黄褐色或棕褐色（见图 3-14）。同时，牙齿的形态会发生改变，牙釉质发生疏松、牙本质发生软化、牙齿硬组织被腐蚀，最后牙体出现缺损，形成龋洞。

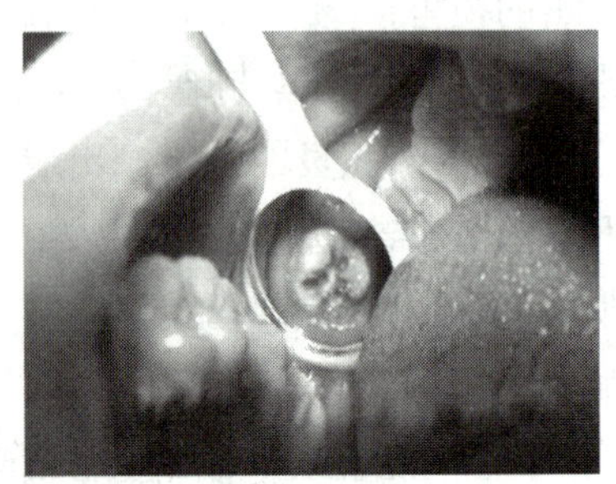

图 3-14 龋齿

### 1. 龋齿的预防

要预防龋齿，应从以下几个方面做起：① 保持口腔清洁，以抑制细菌生长；② 多使用含氟牙膏刷牙，以增强牙釉质表面的抗龋性；③ 养成良好的饮食习惯，少吃甜食，睡前不要吃东西；④ 合理膳食，多补充营养，尤其应多吃富含磷、钙和维生素的食物；⑤ 定期进行口腔检查，每半年或一年到正规口腔医院看一次牙医，做到有病早治、无病早防。

### 2. 龋齿的治疗

龋齿的治疗原则是终止牙齿的病变过程，阻止病情的继续发展，同时恢复牙齿的固有形态和功能。大学生患有龋齿后，应及时去医院检查和治疗。目前，治疗龋齿主要有药物治疗和手术治疗两种方法。其中，手术治疗主要以填充患牙为主。

## 健康指导

### 正确的刷牙方法

正确刷牙是保持牙齿健康的第一步。大学生应培养每日早晚和三餐后均刷牙的习惯，并掌握正确的刷牙方法（见图 3-15）。具体方法如下：

刷上下排牙齿的外侧面时，手持刷柄，把牙刷斜放在牙龈边缘的位置（刷头放在牙齿外侧面，刷毛与牙齿呈 45°角，刷毛指向牙根方向，轻微加压），以 2～3 颗牙为一组，将横刷、竖刷结合起来，用适中力度上下来回移动牙刷。刷牙齿内侧时，重复以上动作。

刷门牙时，牙刷直立放置，用适中的力度从牙龈刷向牙冠。

刷牙齿的咬合面时，手持刷柄，刷毛指向咬合面，稍用力前后来回刷。

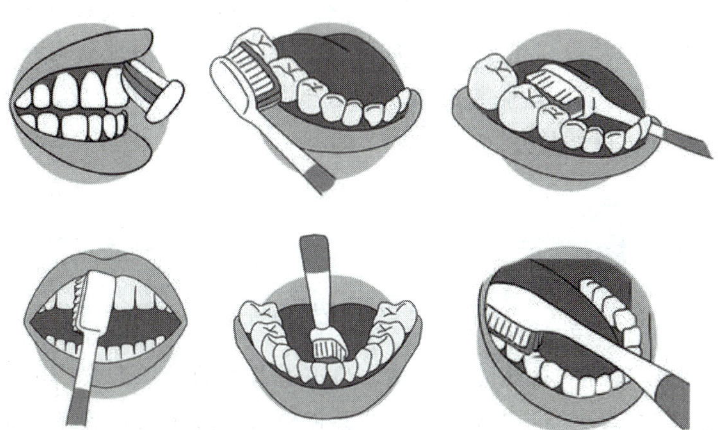

图 3-15 刷牙的方法

资料来源：http://www.lovelytooth.com/etyk/huli/3405.html

### （五）智齿冠周炎

智齿又称“第三磨牙”，是口腔内从中切牙开始由前往后数的第 8 颗牙齿（见图 3-16）。如果智齿全部生长出来，则一共有 4 颗。智齿冠周炎是指智齿牙冠周围的软组织炎症，其常发生于 16～25 岁的年轻人中，是大学生常见的口腔疾病之一。

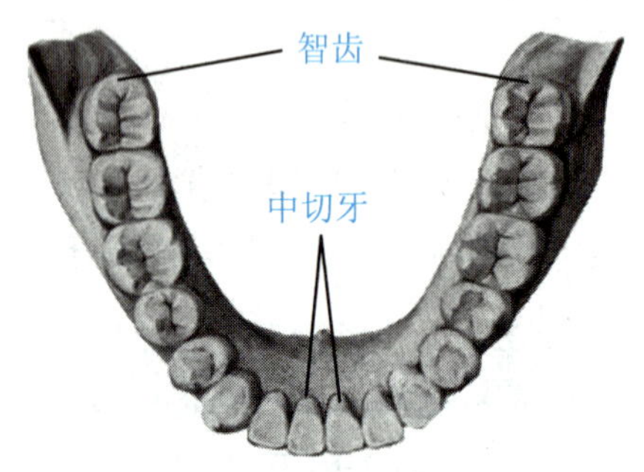


图 3-16　智齿

智齿冠周炎初期，患者通常会感到牙冠周围软组织肿胀疼痛。如炎症影响到咀嚼肌，可引起不同程度的张口受限；如波及咽侧，则会出现吞咽疼痛，导致患者咀嚼、进食及吞咽困难。病情严重者还会有畏寒、发热、头痛、食欲减退、便秘等全身症状。

#### 1．智齿冠周炎的预防

对智齿冠周炎的预防，重点应放在早期发现和预防性拔除上，即凡有智齿者，应定期复查，一旦发现有产生炎症的征兆，应及时将其拔除。

#### 2．智齿冠周炎的治疗

智齿冠周炎的治疗一般分为三步：① 全身治疗。可根据病情选用抗菌药物或内服清热、解毒的中草药，以消炎、镇痛。② 局部治疗。每日可用生理盐水或其他消炎溶液冲洗，然后点入 3%的碘甘油；若脓腔形成，可切开引流。③ 手术治疗。急性炎症消退后，应对病源牙进行拔除，以防复发。

### 拓展阅读

#### 智齿一定要拔掉吗？

智齿不一定要拔除。虽然随着人类牙齿咀嚼效能的降低和食物加工精细化程度的提高，大多数智齿处于退化状态，不具备任何功能且生长位置不正确。但也有少部分人的智齿在生长位置和方向上都是正确的，能够与对颌牙建立良好的咬合关系，具备咀嚼功能，不会损伤到邻牙，而且没有炎症，不会引起肿胀和疼痛。在这种情况下，智齿是可以保留的。否则，则应予以拔除。

需要注意的是，由于智齿通常长在牙齿的最后面，这个区域容易藏污纳垢，因此，一定要保持口腔卫生，彻底清洁智齿，以避免智齿发生龋坏。

资料来源：https://www.youlai.cn/video/article/383360.html

## 三、常见的耳科疾病

耳朵是人体的听觉器官，它能使人们听到声音并保持身体平衡。耳朵分为外耳、中耳和内耳三个部分（见图 3-17）：外耳位于头部的两侧，从外可以看到；中耳和内耳则位于颅骨内。大学生常见的耳科疾病有外耳道炎、中耳炎和耳郭外伤等。

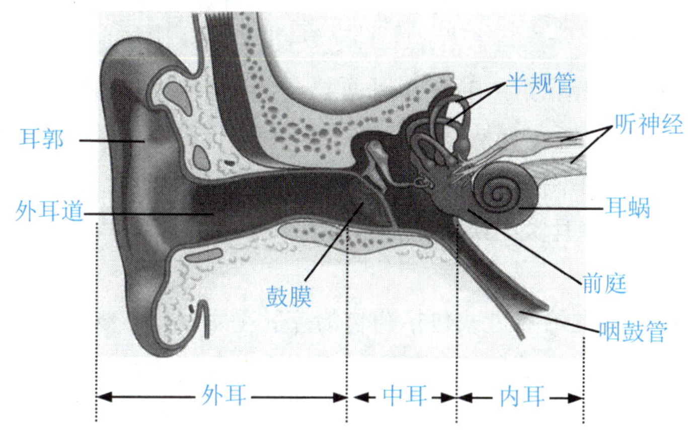


图 3-17　耳的结构

### （一）外耳道炎

外耳道炎是由细菌感染所引起的外耳道弥漫性炎症。通常来说，挖耳、药物刺激等易使外耳道皮肤角质层受伤，从而感染细菌；游泳进水易使外耳道内的细菌大量繁殖。这些都是外耳道炎的致病因素。

#### 1. 外耳道炎的预防

外耳道炎一般发病较急，患者通常会出现外耳道皮肤水肿、发红、脱屑、疼痛等症状，若治疗不及时，则会转为慢性外耳道炎，出现瘙痒、表面渗液、耳道有分泌物排出等现象，严重者甚至出现听力下降、耳闷、面瘫等。因此，大学生在生活中应注意预防外耳道炎。

具体来说，应从以下几个方面做起：① 改变经常挖耳的不良习惯，更不要用不干净的工具挖耳；② 在洗头、洗澡、游泳之前，可用特制的橡皮塞或干净的棉球堵塞外耳道，以防污水流入耳内，结束后应及时取出；③ 若污水入耳，应及时让其流出或擦拭干净，以保持外耳道的干燥。

#### 2. 外耳道炎的治疗

发现自己耳内瘙痒、疼痛时，切忌随意抓挠，而应及时去医院检查。急性者可待疖肿成熟后及时挑破或切开引流，并用 3%过氧化氢清洗外耳道；慢性者可用外用消炎药进行局部涂敷；严重者应及时服用抗生素类药物来控制感染。

### （二）中耳炎

中耳炎是累及中耳部分或全部结构的炎性病变，是导致耳痛的常见病症，其临床表现主要有听力减退、耳痛、耳鸣等。中耳炎的致病和诱发因素繁多，身体状况不佳、耳道进水、不正确的擤鼻方式等都可能引发中耳炎。此外，伤风感冒、急性咽喉炎、扁桃体炎、咽鼓管功能异常和咽鼓管炎等疾病也易引起中耳炎。

#### 1. 中耳炎的预防

要预防中耳炎，应从以下几个方面做起：① 加强体育锻炼，以增强自身免疫力；② 注意室内空气流通，保持鼻腔通畅；③ 积极治疗鼻腔疾病，擤鼻涕时不能同时压闭两只鼻孔，应交叉单侧擤鼻涕；④ 游泳、洗澡后要及时让耳内的水流出；⑤ 积极防治感冒和其他易引起中耳炎的疾病。

#### 2. 中耳炎的治疗

一般来说，中耳炎的治疗方式包括药物治疗和手术治疗。病情较轻者可用消炎类药水清洗外耳道及中耳腔，然后用棉花拭净，再滴入抗生素类溶液；病情较重者则需进行手术治疗。此外，在感冒期间，一旦发现自己耳朵出现疼痛、有阻塞感等症状，应及时到医院检查和治疗。

### （三）耳郭外伤

耳郭暴露于头颅两侧，因此容易受到外部的伤害。耳郭外伤若处理不当，易并发感染，发生不同程度的耳郭缺损和畸形，因此，大学生必须认真对待耳郭外伤。通常来说，大学生常见的耳郭外伤有挫伤、撕裂伤、冻伤、灼伤等。

#### 1. 挫伤

耳郭挫伤多由暴力打击、挤压、冲撞所致，容易导致耳郭出现血肿。血肿较小时，可在伤后 24 小时以内冷敷，以消除血肿；血肿较大时，则应去医院抽血、包扎，必要时应切开引流，以排除积液和血块。

#### 2. 撕裂伤

撕裂伤大多因意外所致，其会对耳郭造成不同程度的撕裂，甚至导致缺损。因此，耳郭发生撕裂伤时，应尽早去医院对伤口进行处理和缝合。

#### 3. 冻伤

耳郭的冻伤多发生在天冷时节，轻者血管壁缺氧受损而渗出，局部有痒、痛、烧灼等症状；重者因局部缺血而坏死，完全失去感觉，耳郭充血肿胀，内有淡黄色或血性液

体，形成水泡。大学生在耳郭出现冻伤后，应用温水对其局部冲洗或热敷约 20 分钟，使其逐步复温。耳郭出现皲裂或水泡未破时，可敷冻伤膏或抗生素软膏；水泡破溃形成溃疡时，应全身使用抗生素，以预防继发性感染。

#### 4. 灼伤

耳郭灼伤多由接触开水、蒸汽、强烈化学药品等导致。耳郭发生灼伤后，轻者红肿，重者充血、水肿、溃烂，甚至耳郭变黑、皮肤和软骨坏死。因此，耳郭灼伤后，为了控制病情，患者应及时去医院进行清洗和治疗。

## 四、常见的鼻科疾病

鼻子是人体的嗅觉器官，也是人体呼吸道的起始部分。鼻子包括外鼻、鼻腔和鼻窦三个部分。大学生常见的鼻科疾病有鼻出血、鼻炎、鼻窦炎等。

### （一）鼻出血

鼻出血即通常所说的流鼻血。鼻出血的原因有很多，鼻炎、鼻窦炎、鼻腔有异物或过度干燥，以及鼻部受到外力打击和碰伤，都会造成鼻出血。

#### 1. 鼻出血的预防

要预防鼻出血，应从以下几个方面做起：① 保持房间内空气清新和湿润，经常开窗通风换气；② 改正挖鼻、用力搓鼻、往鼻腔内放置异物等不良习惯；③ 少参加剧烈运动，以避免鼻外伤；④ 清淡饮食，少吃煎炸食品；⑤ 积极治疗其他鼻科疾病。

#### 2. 鼻出血的治疗

出现鼻出血时，可用浸有冷水或冰水的毛巾敷在前额部、鼻背部等部位，以使鼻内小血管收缩；或将干净的纱条、棉花等填塞在鼻腔内，从而达到止血的目的。注意，不要将头向后仰，以免血液流入喉内。如果鼻出血时间过长或次数过多，则应去医院进行检查和治疗，以免贻误病情。

### （二）鼻炎

鼻炎是指鼻腔黏膜和黏膜下组织的炎症，一般由多种因素引起，如感冒着凉，身体疲劳，缺乏维生素，内分泌紊乱，空气干湿差度大，吸入花粉、尘螨等过敏原和甲醛、二氧化硫等刺激性气体都可引起鼻炎。鼻炎的症状非常多，常见的有鼻塞、流鼻涕、鼻痒、打喷嚏、头痛、发热等，严重时可能还会导致嗅觉减退，甚至出现鼻窦炎、中耳炎、咽炎等并发症。

#### 1. 鼻炎的预防

要预防鼻炎，应从以下几个方面做起：① 少吃辛辣、油炸类食物和海产品（如鱿鱼、虾等），多吃维生素含量丰富的蔬菜和水果；② 规律作息时间，适当进行体育锻炼，以增强身体的抗病能力；③ 经常用温水清洗鼻子，以改善鼻黏膜的血液循环，同时积极预防和治疗感冒；④ 避免接触过敏原和刺激性气体，若因职业和环境因素不可避免要接触，应做好防护措施；⑤ 保持室内空气流通。

### 2. 鼻炎的治疗

鼻炎一般都是急性发病，但如果反复发作或治疗不彻底，则会变为慢性鼻炎，治疗难度大大增加。因此，大学生患上鼻炎后，应积极治疗，以免延误治疗时机。

由于早期鼻炎的症状与普通感冒极为相似，因此在出现鼻塞、流涕等症状时就应立刻去医院检查和诊断，以免混淆感冒和鼻炎。鼻炎的治疗方式可分为药物治疗和手术治疗两种。治疗鼻炎的常用药物有鼻炎糖浆、鼻通宁滴剂、鼻炎片等，鼻内有脓性分泌物的患者还应服用抗生素，如阿莫西林、罗红霉素等；手术治疗易引起难以处理的并发症，因此应慎重选择。

### 课堂互动

你患过鼻炎吗？你周围是否有人患有鼻炎？在日常生活中，你是否会注意采取措施保护自己的鼻子，以预防鼻炎？

## （三）鼻窦炎

人的鼻窦有多组，包括额窦、上颌窦和筛窦等（见图 3-18）。鼻窦炎通常是指鼻窦黏膜因病毒或细菌感染而出现的非特异性炎症。此外，感冒、鼻炎、鼻腔有异物、鼻腔肿瘤等也可引起鼻窦炎。患上鼻窦炎后，患者通常感到肿胀和疼痛，且会分泌较多的黄绿色脓性分泌物，严重时感染区域会扩散至鼻窦以外，甚至出现发热、畏寒等全身症状。

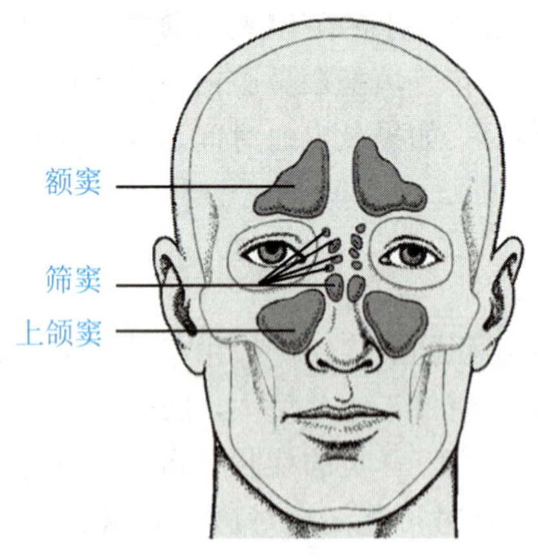


图 3-18　鼻窦

### 1. 鼻窦炎的预防

要预防鼻窦炎，应从以下几个方面做起：① 戒除烟酒，忌吃辛辣食物；② 平时注意鼻腔卫生，养成早晚洗鼻的良好卫生习惯，并经常做鼻部按摩；③ 注意擤涕方法，鼻塞多涕者，应先按塞一侧鼻孔，稍稍用力外擤，之后交替而擤；④ 积极治疗鼻腔疾病；

⑤ 在秋冬季或感冒流行期间外出，应戴上口罩，同时尽量少去公共场所。

2. 鼻窦炎的治疗

鼻窦炎的治疗方式分为药物治疗和手术治疗。采用药物治疗时，药物的使用时间不宜过长，以免发生药物性鼻炎。当药物治疗无效时，可通过手术来去除感染组织。

## 五、常见的喉科疾病

### （一）咽炎

咽炎是指咽部黏膜及黏膜下组织的咽部炎症，一般分为急性咽炎和慢性咽炎。急性咽炎多由细菌感染引起；慢性咽炎多由急性咽炎治疗不及时、不彻底，或全身炎症和免疫力低下引起，其病程较长，且易复发。咽炎起初的炎症较为局限，主要是咽部感到干涩、瘙痒、灼热等，随着病情的发展，会出现咳嗽、咳痰，吞咽时有明显疼痛的症状，严重者还会出现耳痛、头痛、发热、四肢酸软等全身症状。

1. 咽炎的预防

来源于空气、食物中的细菌、病毒是咽炎的主要致病因素。此外，讲话过多、喜食辛辣食物、感冒、气候干燥、空气不流通、过度疲劳、精神紧张，以及邻近器官疾病（如口腔溃疡、牙龈炎、鼻炎等）等也可导致咽炎。

因此，要预防咽炎，应从以下几个方面做起：① 合理用嗓，注意声带休息；② 清淡饮食，多吃新鲜的蔬菜和水果，少吃或不吃过热、过冷和辛辣等刺激性食物；③ 平时注意预防感冒；④ 戒除烟酒，可用胖大海、菊花等泡水喝，以保持咽部的湿润；⑤ 早睡早起，规律生活；⑥ 积极治疗口腔和鼻部的疾病；⑦ 避免吸入粉尘、烟雾等刺激性气体，经常开窗通风。

2. 咽炎的治疗

咽炎的治疗应以早发现、早诊断、早治疗为原则，以便及时控制炎症，改善症状，防止其由急性转为慢性。因此，大学生一旦发现自己出现咽干、咽痒、咽痛等症状，应及时就医。咽炎的治疗一般以药物治疗为主，在治疗过程中，患者应卧床休息，清淡饮食。

慢性咽炎的预防

### （二）喉炎

喉炎是指喉部黏膜受病菌感染而引起的喉部炎症，其一般症状有声嘶、喉痛、咳嗽多痰等，严重者还会伴有鼻塞、头痛等症状。喉炎多发生于伤风感冒之后，喉部先有病毒入侵，后有细菌感染，进而发生炎症。此外，发声不当、用嗓过度、吸入有害气体等因素也易引发喉炎。

1. 喉炎的预防

要预防喉炎，应从以下几个方面做起：① 注意天气变化，及时增减衣物，以避免着凉、受寒；② 感冒时要注意声带休息，尤其是出现声嘶后；③ 平时避免过度用嗓，以免造成声带损伤；④ 多吃有清热、生津作用的蔬菜水果，如萝卜、藕、梨、甘蔗、西瓜等；⑤ 避免接触粉尘等刺激性气体，室内多通风，以保证有足够的新鲜空气。

#### 2. 喉炎的治疗

患有喉炎后，炎症较轻者应注意声带休息，适当噤声。此外，平时可利用热水和干毛巾保持喉部的湿润，缓解炎症，具体做法如下：将干毛巾围于装有热水的杯子杯口，口、鼻靠近毛巾，张口徐徐呼吸。炎症较重者应及时去医院就诊。

### （三）扁桃体炎

扁桃体炎即扁桃体的炎症，其主要由病毒和细菌感染引起，一般与咽炎同时发生。患扁桃体炎后，患者经常感到咽部不适，有异物感，且发干、发痒，并伴随咳嗽、口臭等症状。患者的扁桃体通常呈血红色，且肿大，按压有疼痛感。病情严重时，患者还可能出现发热症状，体温可达 39℃。

#### 1. 扁桃体炎的预防

要预防扁桃体炎，应从以下几个方面做起：① 保持环境卫生和室内空气流通；② 养成良好的生活习惯，保证充足的睡眠时间；③ 坚持锻炼身体，提高机体抵抗疾病的能力，不过度劳累；④ 注意口腔卫生，早晚刷牙，以避免食物残留在口腔中，引发感染；⑤ 平时可用专门针对扁桃体炎的漱口液漱口。

#### 2. 扁桃体炎的治疗

出现咽痛并明显伴有发热症状时，应立即治疗。扁桃体炎的治疗方式分为药物治疗和手术治疗。炎症较轻者可遵照医嘱含服有消炎作用的喉片和抗生素，一般持续用药 5～7 天。但若炎症反复发作或已影响到其他器官，则需进行手术治疗。治疗过程中，患者应卧床休息，并进食流质食物，以保持大便通畅。

## 【健康一起来】

### 大学生疾病防治宣传教育

党的二十大报告指出：“深入开展健康中国行动和爱国卫生运动，倡导文明健康生活方式。”由于种种原因不注意身体健康的保护，大学生易受各种疾病的侵害，从而影响学习与生活。请以本校大学生为对象，进行一次问卷调查，并根据调查结果在校内开展一次疾病防治宣传活动。

**1. 活动实施**

（1）将全班分成若干小组，小组成员结合所学知识设计一份调查问卷，并在校内进行派发及回收。

（2）各组对回收的问卷进行调查结果讨论，分析本校大学生中最为常见的疾病

种类，明确其对该疾病的关注程度、了解程度等。

（3）各组根据调查结果，并结合所学知识，发挥创意，在学校开展一次关于校内最常见疾病防治知识的宣传活动，形式不限，如宣传栏板报设计等。

### 2. 考核评价

采取自评、小组互评和教师评价相结合的方式完成考核评价，并填写表3-2。

表3-2　考核评价表

| 项目名称 | 评价内容 | 分值 | 评价分数 | | |
|---|---|---|---|---|---|
| | | | 自评 | 互评 | 师评 |
| 知识、技能考核（60%） | 开展活动前能够提前做好策划 | 10 | | | |
| | 问卷问题设计合理且与主题相关 | 10 | | | |
| | 能够有组织地深入讨论调查结果 | 15 | | | |
| | 宣传活动形式新颖、有创意 | 10 | | | |
| | 有效利用所学知识及调查结果设计宣传内容，宣传内容科学、实用 | 15 | | | |
| 综合素质考核（40%） | 对待任务认真、用心 | 10 | | | |
| | 善于总结，学以致用 | 10 | | | |
| | 具有分析和探究的意识 | 10 | | | |
| | 有较好的团队合作意识 | 10 | | | |
| 合计 | | 100 | | | |
| 总评 | 自评（20%）+互评（20%）+师评（60%）= | 教师（签名）： | | | |

## 【健康中国·精彩故事】

### 多层级医疗服务　常态化守护健康

党的二十大报告中指出：“促进优质医疗资源扩容和区域均衡布局，坚持预防为主，加强重大慢性病健康管理，提高基层防病治病和健康管理能力。”

组建医疗联合体以下沉优质医疗资源、成立互联网医院……各地以各种创新形式推进健康中国建设，切实保障人民健康。

家住在吉林省白山市靖宇县，年近八旬的老人李运（化名）突然出现腹痛、高热症状。一家人赶紧把老人送到靖宇县人民医院。

接诊的是吉林大学中日联谊医院派驻靖宇县人民医院的肝胆外科医生李航，他查明老人患有胆总管结石合并急性化脓性胆管炎，病情危重。李航迅速对接联系，将老人转院至吉林大学中日联谊医院长春院区。长春院区的专家团队迅速制订治疗方案，采用超级微创技术手术，仅用10分钟就取出了患者体内的结石。

便捷享受优质医疗资源，得益于紧密联结。2021年9月，吉林大学中日联谊医院与靖宇县人民医院紧密型医联体、互联网医院靖宇分院正式揭牌。

近年来，吉林省组建了由政府主导的分区域、分层次、多形式的医联体。全省已组建省级医联体5个，城市医联体25个，县域医联体17个，专科医联体150多个。目前，各层级医联体单位涵盖了吉林省全部二级以上公立医疗机构和110多家民营医疗机构，初步实现了不同类别和层级医疗机构全覆盖。吉林省还出台了“医师在医联体内多机构执业无需备案”等政策，优化医疗资源下沉的政策环境。数据显示，吉林省级五大医联体平均每年向下级医院派出医务人员达1万余人次，诊疗患者18.8万人次。近5年来，全省累计下沉至基层医疗机构执业的医师已近3万人。

如今，在可以链接优质资源的县医院，患者心里踏实了许多。平常的病症，长春的专家通过视频就能会诊，有时专家还会到县医院出诊。

此外，吉林大学中日联谊医院成立了互联网医院，推广远程诊疗服务，实现远程影像、超声、心电、病理会诊，同时进行疑难病例讨论、培训等。“互联网医院可以实现诊疗服务线上线下一体化衔接。”吉林大学中日联谊医院互联网医院办公室主任张海龙介绍，依托建设的互联网医院，实现“医联体+远程会诊”模式。

互联互通加速了吉林省医疗资源的扩容下沉。吉林省统筹建立了省级远程医疗会诊平台，横向贯通省级五大医联体，纵向链接43家县级医院，同步延伸到全省乡镇卫生院，开通至今远程会诊总计4552例。

资料来源：http://china.qianlong.com/2022/1124/7833980.shtml l

# 第四章

# 传染病及其防治

## 本章导读

传染病能够在人与人之间、动物与动物之间或人与动物之间相互传播并广泛流行，会对人们的生命和健康产生严重威胁，对经济和社会产生重大冲击。

大学校园人群聚集，同学之间接触频繁，一旦出现传染病，极易引起暴发流行。而大学生是现代化建设的强大生力军，其健康素质直接影响着我国经济和社会的发展。因此，积极在大学生中开展传染病防控教育，对提高大学生防控传染性疾病的能力、改善和提高大学生健康素养水平具有重要意义。

## 学习清单

完成一项学习任务后，请在对应的方框中打勾。

| | | |
|---|---|---|
| 课前预习 | □ | 1．准备学习用品，预习课本知识 |
| | □ | 2．思考传染病的影响与危害 |
| | □ | 3．通过网络了解传染病的防控措施，并与课本知识相互印证 |
| 课本学习 | □ | 1．了解传染病的特征、分类及流行的基本环节 |
| | □ | 2．熟悉传染病的防控措施 |
| | □ | 3．了解生活中常见的传染病，并能做好个人防护 |
| | □ | 4．了解新型冠状病毒肺炎，并能做好个人防护 |
| 任务训练 | □ | 1．积极、认真地实施课后任务 |
| | □ | 2．在活动中，与同学协调配合，精诚合作，提升自身的团队合作能力 |

## 【健康问答】

2020 年年初，在我们准备欢度春节之际，一场突如其来的新冠肺炎疫情，扰乱了本应万家团圆的温馨时刻，原本祥和的一切被猝不及防地按了“暂停键”，各类学校的教学秩序也被打乱，开学变得遥遥无期。每天新闻里不断攀升的确诊数字，牵动着每个人的心，新冠肺炎疫情成了 14 亿中国人最深切的牵挂。自疫情暴发，每个人都在用自己的方式“冲锋陷阵”，和祖国心手相连，与武汉并肩作战。

在疫情得到基本控制、学校具备基本防控条件、师生和校园公共卫生安全得到切实保障以后，多所高校有序推进复学工作。因疫情防控的需要，学校禁止外卖入校，学生要在学校食堂里错峰用餐，用餐桌椅单人单座并保持间隔 1.5 米；学生宿舍床位重新分配，减少人员并拉开距离；图书馆和实验室等公共场所实行人员限流；学生不得出校，如必须出校，须严格履行请假程序，规划出行路线和出行方式……

**思考**

新冠肺炎疫情给我们的生活带来了诸多不便，疫情防控已成为常态。在日常生活中，你是如何进行自我防护的？你认为自己所采取的防护措施正确吗？你还知道哪些常见的传染病？

## 【健康课堂】

# 第一节　传染病概述

## 一、传染病的特征

传染病是由各种病原体引起的，能在人与人之间、动物与动物之间或人与动物之间相互传播的一种疾病。传染病的特征主要表现在以下几个方面：

（1）有病原体。传染病是病原体与宿主在一定条件下相互作用的结果。传染病的病原体中，大部分是微生物，如病毒、细菌、真菌等，小部分是寄生虫。

（2）有传染性。传染病患者可以通过某种途径感染他人，需要进行隔离。这是传染病与其他感染性疾病的主要区别。

（3）有流行性。传染病的流行过程，因受自然和社会因素的影响，有外来性和地方性之分，也有散发性流行和大流行之分。

（4）有免疫性。传染病患者病愈后通常会具有特异性免疫力。不同的传染病，病后患者的免疫状态有所不同，有的传染病患者患病一次后可终身免疫，有的传染病患者患病一次后还可再次感染。

（5）有潜伏期。传染病病毒一般都有自己特定的潜伏期，人被感染后不会立即发病，而是经过一定的时间才逐渐出现症状。不同的传染病，病毒的潜伏期不同；同一传染病，不同的感染者，病毒的潜伏期也不同。但在潜伏期内，病毒仍然具有传染性。

（6）有地方性和季节性。有些传染病受地理条件、气温条件变化的影响，常局限在一定的地理范围内，如虫媒传染病、自然疫源性疾病等。有些传染病受温度、湿度、传播媒介等因素的影响，发病率在年度内会有季节性变化，如手足口病、诺如病毒感染性腹泻、流行性感冒等。

## 二、传染病的分类

《中华人民共和国传染病防治法》根据传染病的危害程度和应采取的监督、监测、管理措施，将全国发病率较高、流行面较大、危害严重的急性和慢性传染病列为法定管理的传染病，并根据其传播方式、速度及其对人类危害程度的不同分为甲、乙、丙 3 类，如表 4-1 所示。

表 4-1　我国法定管理的传染病

| 类别 | 管理措施 | 所包括的传染病 |
| --- | --- | --- |
| 甲类传染病 | 强制管理 | 鼠疫、霍乱 |
| 乙类传染病 | 严格管理 | 传染性非典型性肺炎、人感染高致病性禽流感、病毒性肝炎、细菌性和阿米巴性痢疾、伤寒和副伤寒、艾滋病、淋病、梅毒、脊髓灰质炎、麻疹、百日咳、白喉、新生儿破伤风、流行性脑脊髓膜炎、猩红热、流行性出血热、狂犬病、钩端螺旋体病、布鲁氏菌病、炭疽、流行性乙型脑炎、肺结核、血吸虫病、疟疾、登革热、甲型 H1N1 流感（原称人感染猪流感）、新型冠状病毒肺炎 |
| 丙类传染病 | 监测管理 | 流行性和地方性斑疹伤寒、黑热病、丝虫病、包虫病、麻风病、流行性感冒、流行性腮腺炎、风疹、急性出血性结膜炎、手足口病，以及除霍乱、细菌性和阿米巴性痢疾、伤寒和副伤寒以外的感染性腹泻病 |

**温馨提示**

2020 年 1 月 20 日，国家卫生健康委发布 1 号公告，将新型冠状病毒感染的肺炎纳入《中华人民共和国传染病防治法》规定的乙类传染病，并采取甲类传染病的预防、控制措施。

## 三、传染病流行的基本环节

传染病的流行必须具备 3 个基本环节，即传染源、传播途径和易感人群。

（1）传染源。传染源是指体内有病原体生长、繁殖，并能排出病原体的人和动物，包括传染病患者、病原体携带者和受感染的动物。

（2）传播途径。传染病的传播途径主要包括空气传播、飞沫传播、粪口传播、接触传播、垂直传播（即母婴传播）和血液传播等。

（3）易感人群。易感人群是指对某种传染病缺乏免疫力、易受该病传染的人群。例如，当青少年机体免疫力下降时，会成为流行性感冒的易感人群。

需要注意的是，上述 3 个环节同时存在并相互联系时，才能形成流行过程。如果缺乏某一环节或阻断三者间的相互联系，流行过程就会被中断。

## 四、传染病的防控措施

传染病的防控主要以管理传染病流行的 3 个基本环节为切入点，包括以下三个方面：

（1）管理传染源，即从源头控制传染源的传播。其具体措施有以下几种：① 发现传染病患者要及时报告；② 传染病患者要及时到医院就诊、治疗；③ 对传染病患者及病原体携带者进行隔离和治疗，以减少传播机会。

（2）切断传播途径，即采取一定的措施，阻断病原体从传染源转移到易感人群的过程，从而防止疾病的发生。其具体措施有以下几种：① 通风。定时打开门窗自然通风，可有效降低室内空气中微生物的数量，改善室内空气质量。② 消毒。杀灭病毒是切断传播途径的重要手段。③ 消灭虫媒。蚊子、苍蝇、蟑螂等可能带有病毒，要及时消灭。④ 安全输液、注射，做到“一人一针一管”。

（3）保护易感人群，即采取措施使易感人群避免感染。其具体措施有以下几种：① 接种疫苗。接种疫苗是保护易感人群的最好方法，很多疾病可以通过注射疫苗来预防。② 在传染病流行期间，易感人群应注意改善饮食、增加营养，避免过度疲劳；同时应注意锻炼身体，以增强机体的抗病能力。③ 养成良好的卫生习惯，这是预防传染病的关键。

### 健康案例

2020 年 10 月 7 日，某大学出现学生感染性腹泻情况，经疾控部门取样检测，认定为诺如病毒感染性腹泻。截至 10 月 12 日 17 时，该校共发现 85 例诺如病毒感染性腹泻患者和其他因素引起的腹泻、呕吐患者，均为学生。

学校迅速启动应急预案，将有症状的学生全部集中到校医院进行集中治疗，对发病集中的一个公寓楼层进行重点观察，对学生宿舍、食堂、教室及时进行消毒处理，在学生中及时开展消化道疾病防控和健康教育。

**点评** 由于学校人员较为集中，卫生管理稍有差池，就容易引起传染病的暴发流行。在发现多名学生出现感染性腹泻后，学校迅速启动应急预案，以管理传染源、切断传播途径、保护易感人群为切入点，有效阻止了诺如病毒感染性腹泻在校园里的进一步流行。

# 第二节 生活中常见的传染病

## 一、常见的呼吸道传染病

### （一）流行性感冒

流行性感冒（简称“流感”），是由流感病毒引起的急性呼吸道感染疾病。流感病毒的传染性较强、传播速度较快，主要通过空气中的飞沫、被污染的物品或人与人之间的接触传播。

流行性感冒的高发期一般是秋冬季节，其典型症状是高烧、全身酸痛、疲倦乏力、食欲不振、咳嗽、鼻塞等，严重时会引起肺炎及其他并发症，甚至可致命。

**课堂互动**

流行性感冒和普通感冒虽然都有“感冒”两个字，但它们是完全不同的两种疾病，它们的区别如表 4-2 所示。

表 4-2 流行性感冒与普通感冒的区别

| 区别 | 流行性感冒 | 普通感冒 |
|---|---|---|
| 临床表现的范围 | 全身 | 局部，主要在鼻腔、咽喉 |
| 发病速度 | 急骤 | 渐进 |
| 发热 | 高热（≥38℃） | 一般没有高热 |
| 临床表现 | 浑身酸痛、干咳、头痛、四肢乏力、呕吐、没有食欲等 | 鼻塞、流清水样鼻涕、打喷嚏、咽喉痛等 |
| 严重程度 | 重度 | 轻度 |
| 病程 | 1～2 周 | 2～5 天 |
| 传染性 | 强 | 弱 |
| 并发症 | 较严重，可引起肺炎、中耳炎等 | 较轻 |

当出现鼻塞、咳嗽、咽喉痛等症状时，请对照着表 4-2，判断自己所患疾病是流行性感冒还是普通感冒。

### 1. 流行性感冒的预防

（1）接种流感疫苗，这是全球公认的防控流感的有效手段。

（2）平衡膳食、加强锻炼、保证睡眠，并根据气温变化及时增减衣物。

（3）教室、寝室和家中应保持环境清洁，并定时开窗通风。

（4）保持良好的个人卫生习惯，打喷嚏或咳嗽时，用上臂或纸巾遮住口鼻，然后洗手。

（5）在流感流行季节，避免去人群密集的场所；外出时规范佩戴口罩，减少与他人近距离接触；外出回来后应及时用洗手液（肥皂）、流动的水洗手。

### 2. 流行性感冒的治疗

当出现流行性感冒相关症状时，要及时就医。目前尚无特效的抗病毒药物，患者应遵照医嘱卧床休息、饮水和口服清热解毒类中成药等进行治疗，同时注意隔离，以免传染他人。

**温馨提示**

尽管患过流感或接种流感疫苗可使人体获得一定免疫力，但由于流感病毒变异频繁，人体不能产生固定免疫，因此，人一生可多次患病。

## （二）肺结核

肺结核俗称“肺痨”，是由结核杆菌侵入人体肺部引起的一种慢性呼吸道传染病。肺结核患者主要表现出低热，尤其是持续低热（体温多在 37～38℃）2 周以上，咳嗽，有时咳痰伴咯血，以及夜间盗汗、疲倦乏力、食欲缺乏等症状。

肺结核的传染源主要是痰中带菌的肺结核患者，传播方式主要是飞沫传播，因此在居住环境拥挤的情况下，极易引发同寝室或密切接触者感染和发病，也易引起校园里的暴发流行。

认识肺结核

**温馨提示**

为减少结核病在校园内传播流行，国家卫生健康委发布了《中国学校结核病防控指南》。其中明确，各级各类学校应在新生入学体检和教职员工常规体检中开展结核病相关检查，并将结果纳入学生和教职员工的健康档案。

#### 1. 肺结核的预防

避免接触肺结核患者是预防肺结核的关键，除此之外，还应注意以下几个方面：

（1）平时注意锻炼身体，以增强体质，提高自身免疫力。

（2）每天最少开窗通风半小时，以保持空气清新，减少患病机会。

（3）遇有不戴口罩咳嗽的人，应尽量避开。

#### 2. 肺结核的治疗

肺结核的治疗应遵循早诊断、早治疗，联合用药，用药规律、剂量适当，以及全程用药、不中途停药等原则。患者经过科学、规范的治疗，一般均可治愈。肺结核的治疗方式主要为化学治疗，即用化学合成药物进行治疗，具体用药及用量要谨遵医嘱。

### （三）麻疹

麻疹是由麻疹病毒引起的急性呼吸道传染病。患麻疹后，患者常出现发热、流鼻涕、刺激性干咳、精神不振、厌食、出皮疹等症状。麻疹主要通过飞沫传播，传染性极强，易在人口密集且未普种疫苗的地区流行。我国自 1965 年开始普及麻疹疫苗接种后，已控制住麻疹的流行。

#### 1. 麻疹的预防

除接种麻疹疫苗外，预防麻疹应从以下几个方面做起：

（1）积极锻炼身体，增强机体抵抗力。

（2）避免去人流密集、空气不流通的公共场所，避免与患者接触，外出佩戴口罩。

（3）养成每天开窗通风的习惯，保持室内空气清新。

#### 2. 麻疹的治疗

麻疹患者应遵照医嘱服用退热剂、维生素 A、镇咳剂、抗生素等药物进行治疗。此外，患者应注意皮肤、口腔和鼻腔的卫生，同时放松心情，不要过分紧张，以免加重病情。大部分患者半个月至一个月左右即可治愈，愈后大多可获得终身免疫。

## 二、常见的消化道传染病

### （一）感染性腹泻

感染性腹泻是指由各种病原体引起的以腹泻为主要临床表现的一种肠道传染病。目前，引起感染性腹泻的病原体主要有四大类，即细菌、病毒、真菌和寄生虫，在我国主要以细菌和病毒为主。患上感染性腹泻后，患者常出现恶心、呕吐、发热等症状，且粪便多为黏液便或脓血便。

#### 1. 感染性腹泻的预防

感染性腹泻主要通过粪口传染，有不洁饮食（水）或与腹泻患者、带菌动物有接触史的人易感染此病。因此，要预防感染性腹泻，应从以下几个方面做起：

（1）注意环境卫生，如厕后应将粪便冲洗干净，并及时消灭室内苍蝇。

（2）注意个人卫生，养成饭前便后洗手的好习惯。

（3）注意饮食卫生，生吃的瓜果要冲洗干净，不喝生水，不吃腐烂、不洁的食物。

（4）身边有腹泻患者时，要注意饮食隔离，做好餐具的消毒，尤其要对患者的粪便、呕吐物等做好消毒处理，避免造成水源和食物污染。

#### 2. 感染性腹泻的治疗

大学生患有感染性腹泻后，不要滥用止泻药、止吐药或抗菌药等，应及时去医院就诊，在医生的指导下治疗。治疗过程中，患者饮食宜清淡，应食用营养丰富且易消化的流质或半流质食物。

### （二）病毒性肝炎

#### 1. 病毒性肝炎的基础知识

病毒性肝炎是由多种肝炎病毒引起的、以肝脏损害为主的一组传染病。患者常出现疲倦乏力、食欲减退、肝脏肿大、肝功能异常等症状。

根据不同的病毒类型，常见的肝炎病毒可分为甲、乙、丙、丁、戊型肝炎病毒，分别引起甲、乙、丙、丁、戊型病毒性肝炎。其中，甲型和戊型肝炎主要表现为急性肝炎，不会转为慢性肝炎；乙、丙、丁型肝炎主要表现为慢性肝炎，并可发展为肝硬化和肝癌。此外，还有一种较为少见的庚型病毒性肝炎。

扫一扫

了解病毒性肝炎

在传播途径上，甲型与戊型肝炎病毒主要通过被污染的水、食物和与患者日常接触传播；乙型与丙型肝炎病毒主要通过血液、性接触和母婴垂直传播；丁型肝炎病毒不能独立进行复制和传播，需要借助乙型肝炎病毒为它提供外膜蛋白，因此往往与乙型肝炎病毒同时感染或继发于乙型肝炎病毒感染。

#### 2. 乙型病毒性肝炎及其防治

乙型病毒性肝炎简称“乙肝”，是感染乙型肝炎病毒所致的一种病毒性肝炎。

大多数乙肝患者起病隐匿，常见的临床表现有肝区隐痛、全身疲倦乏力、食欲减退、恶心、厌油等。病毒活动期患者须卧床休息，遵照医嘱进行药物治疗。经过科学、有效的治疗，约有85%的乙肝患者可治愈。此外，还有些患者没有明显症状，仅在血清病毒检测中发现乙肝表面抗原阳性，为病毒的携带者。

在日常生活中，乙肝患者和无症状乙肝病毒携带者应做到：① 正确对待疾病，保持乐观情绪；② 生活规律，劳逸结合；③ 加强营养，适当增加蛋白质摄入，但要避免长期高热量、高脂肪饮食，戒烟酒；④ 不滥用药物，以免加重肝损害；⑤ 食具、洗漱用品等应专人专用。

普通人要预防乙型病毒性肝炎，应从以下几个方面做起：① 接种乙肝疫苗；② 洁身自爱，维护生殖健康；③ 避免不安全的性行为，正确使用安全套；④ 避免使用不必要的血液制品，如必须使用，要使用检测合格的血液和血制品；⑤ 不去非正规的医疗机构或其他场所打针、拔牙、穿耳洞、文身、针灸等；⑥ 不与他人共用有可能刺破皮肤的用具，如牙刷、电动剃须刀等；⑦ 到干净、卫生的餐馆就餐，使用经过严格消毒的餐具。

# 第三节 新型冠状病毒肺炎

## 一、新型冠状病毒肺炎的基础知识

### （一）冠状病毒

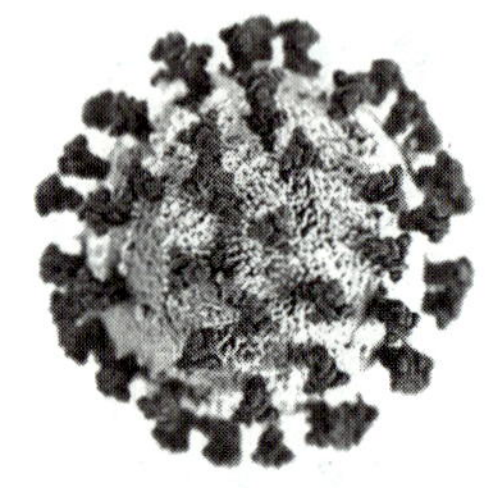

图 4-1 冠状病毒

冠状病毒是在自然界中广泛存在的一类病毒，因其形态类似王冠而得名（见图 4-1）。目前研究发现，冠状病毒仅感染脊椎动物，可引起人和动物在呼吸道、消化道、神经系统，以及心血管系统等多方面的疾病。

目前已发现感染人的冠状病毒有 7 种，其中 SARS 病毒（重症急性呼吸综合征病毒）、MERS 病毒（中东呼吸综合征病毒）和新型冠状病毒可引起较为严重的人类疾病。

### （二）新型冠状病毒

新型冠状病毒是指以前从未在人类中发现的冠状病毒新毒株。2019 年导致病毒性肺炎疫情暴发的病毒即为新型冠状病毒，世界卫生组织将该病毒命名为“2019-nCoV”。

通常来说，新型冠状病毒潜伏期基本在 14 天以内，但有时也因人而异。此外，其在潜伏期也具有传染性。也就是说，个体在已经感染新型冠状病毒但未发病的这段时间，也有传染他人的可能性。

新型冠状病毒对紫外线和热比较敏感，在 56℃条件下，30 分钟就能将其杀灭。此外，乙醚、医用酒精（75%乙醇）、含氯消毒剂、过氧乙酸和氯仿（三氯甲烷）类脂溶剂等均可有效杀灭该病毒。

### （三）新型冠状病毒的传播与感染途径

新型冠状病毒的传染源主要是新型冠状病毒肺炎患者和无症状感染者，传播途径主要为呼吸道飞沫传播、接触传播和气溶胶传播，人群普遍易感。

**温馨提示**

新型冠状病毒无症状感染者指无临床症状，呼吸道等标本新型冠状病毒病原学检测阳性者，主要通过聚集性疫情调查和传染源追踪调查等途径发现。

无症状感染者要集中隔离14天，原则上集中隔离满14天，经两次连续、间隔24小时核酸检测阴性可以解除隔离，如果核酸检测仍为阳性，要继续集中隔离医学观察。集中隔离医学观察期间如果出现了临床症状，要及时转为确诊病例，及时转送到定点医院进行规范治疗。

1. 呼吸道飞沫传播

患者或无症状感染者通过打喷嚏、咳嗽、说话等产生的飞沫，进入易感者黏膜表面导致病毒的传播与感染。

2. 接触传播

在接触病原体污染的物品后，触碰自己的口、鼻或眼睛等部位导致病毒传播。

3. 气溶胶传播

飞沫在空气悬浮过程中失去水分而剩下的蛋白质和病原体组成的核，形成飞沫核，可以通过气溶胶的形式漂浮至远处，造成远距离的传播。在相对密闭的环境中长时间暴露于高浓度气溶胶情况下，存在经气溶胶传播的可能，如医疗场所。

**温馨提示**

气溶胶是悬浮在空气中大小为0.001～100 μm的固体或液体小粒子形成的胶体分散体系，是空气的一种物理状态。因为处于这个大小范围内的颗粒不易沉降，所以可以长时间悬浮在空气中，可以作为病毒、细菌等病原微生物的载体而传播疾病。

## 二、新型冠状病毒肺炎的预防

### （一）接种新型冠状病毒疫苗

接种新型冠状病毒疫苗是预防病毒感染、降低发病率和重症率的有效手段，符合接种条件者均可接种。接种新型冠状病毒疫苗需要注意以下事项：① 接种前，提前了解相关知识及接种流程；② 接种时，携带相关证件，做好个人防护，如实向工作人员提供本人健康状况和接种禁忌等信息；③ 接种后，需留观30分钟，避免用手搔抓接种部位，如发生疑似不良反应，及时报告。

**温馨提示**

严重危及生命安全的急性过敏反应多在接种后 30 分钟内发生，留观便于及时采取救治措施，避免出现危险。

### （二）科学佩戴口罩

正确戴口罩

对于大学生来说，进入人员密集或密闭场所、与人碰面、乘坐公共交通工具、上课时，均应佩戴口罩；无特殊情况，不要摘下口罩。正确的戴口罩的方法（见图 4-2）如下：① 鼻夹朝上，外层深色面朝外，将口罩两侧的橡皮筋挂在耳朵上。② 上下拉开褶皱，将口罩覆盖口、鼻、下颌。③ 用双手指尖沿着鼻梁金属条由中间至两边慢慢向内按压，直至紧贴鼻梁。④ 适当调整口罩，使口罩周围充分贴合面部。

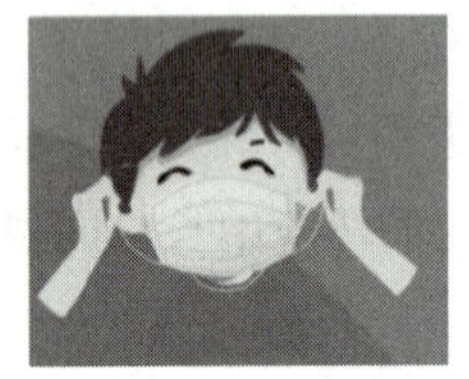
（a）将口罩的橡皮筋挂在耳朵上

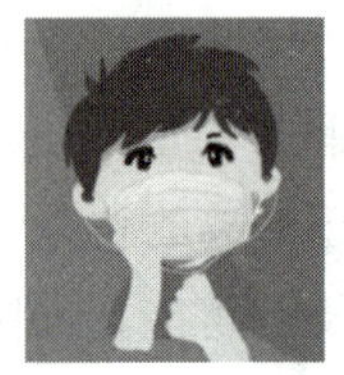
（b）拉开口罩，完全覆盖口鼻、下颌

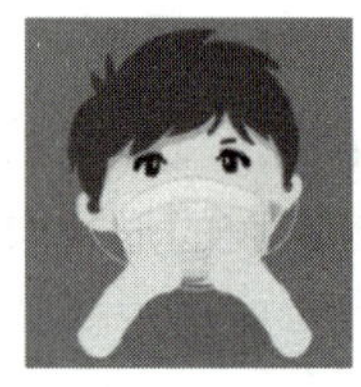
（c）按压金属条，使其紧贴鼻梁两侧

图 4-2　戴口罩的方法

用过的口罩的丢弃方法主要取决于使用场景：① 如果是在医疗机构、发热门诊、新冠肺炎疑似病例观察场所等场景使用过的口罩，属于医疗垃圾，应投入专用垃圾桶；② 如果是在安全的场景使用过的口罩，应按照生活垃圾分类处理，投入其他垃圾桶。

#### 佩戴口罩的注意事项

（1）佩戴口罩前和脱摘口罩后都应洗手。

（2）佩戴口罩时，注意不可内外面戴反，更不能两面轮流戴。

（3）佩戴多个口罩并不能有效增加防护效果，反而会增加呼吸阻力，并可能破坏口罩的密合性。

（4）需要临时摘下口罩时，不可将口罩拉至下巴处、直接放进包里或口袋里、挂在手臂或手腕上、挂在耳朵一侧或随意放置桌子上，错误的收纳方法可能会增加口罩被污染的可能性。应自备收纳袋或信封袋（需消毒并定期更换），将取下的口罩

存放其中。

（5）需要重复使用的口罩，使用后宜悬挂于清洁、干燥、通风处。

（6）一次性医用口罩和医用外科口罩均为限次使用，当口罩出现脏污、变形、损坏、异味时需及时更换，且累计使用时间不超过8小时。

（7）在跨地区公共交通工具上，或医院等环境使用过的口罩不建议重复使用。

资料来源：http://www.whb.cn/zhuzhan/yiliao/20200203/320117.html

### （三）有效洗手

接触体育器材、学校电脑等公共物品，咳嗽或打喷嚏、接触垃圾、外出返回后，以及饭前和便后，都要及时使用肥皂或洗手液洗手。洗手时，应使用流水，同时遵循正确的步骤与方法。为了方便记忆，现将正确洗手的步骤与方法简单归纳为“内、外、夹、弓、大、立、腕”七字口诀（见图4-3）。

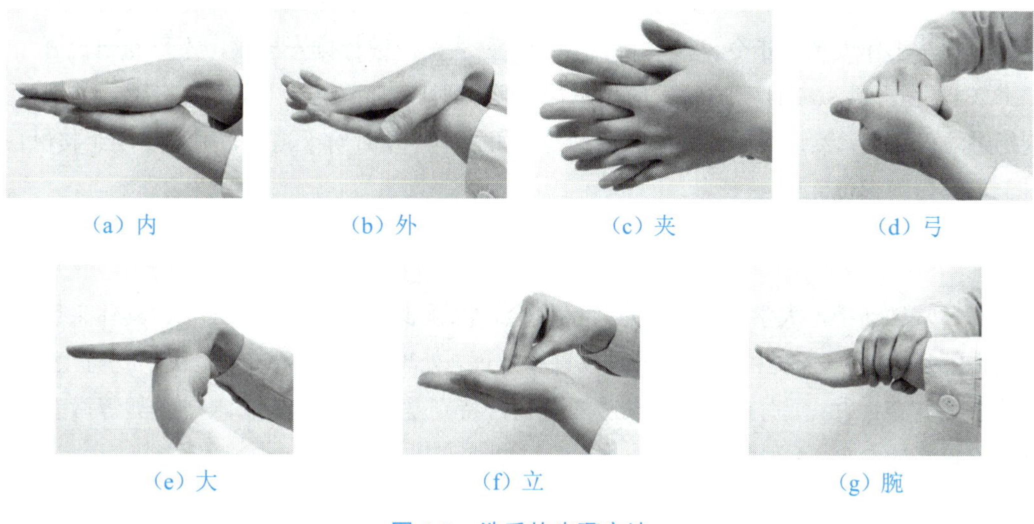

（a）内　（b）外　（c）夹　（d）弓

（e）大　（f）立　（g）腕

图4-3　洗手的步骤方法

（1）内：洗手掌。在流水下把双手润湿，涂抹上肥皂或洗手液，手心相对，手指并拢，相互揉搓。

（2）外：洗手背侧指缝。掌心对手背沿指缝相互揉搓，洗完一只手的手背侧指缝洗另外一只手的手背侧指缝。

（3）夹：洗掌心侧指缝。掌心相对，双手手指在指缝间交叉，沿指缝相互揉搓。

（4）弓：洗手指背。一只手半握拳把手指背放在另一只手的掌心中旋转揉搓，洗完一只手的手指背再洗另外一只手的手指背。

（5）大：洗大拇指。一只手握住另外一只手的大拇指旋转揉搓，洗完一只手的大拇指再洗另外一只手的大拇指。

（6）立：洗指尖。把手指尖捏在一起成锥子型，立在另一只手的掌心中旋转揉搓，洗完一只手的手指尖再洗另外一只手的手指尖。

（7）腕：洗手腕。一只手去揉搓另外一只手的手腕，洗完再洗另外一只手的手腕。

### （四）做好外出防护

外出或返校途中，大学生应做好自身安全防护。具体来说，应注意以下几点：

如何预防新冠肺炎

（1）乘坐公交车、地铁、长短途客车、火车、飞机时，尽量不要触碰扶手、车门、扶手等，尽量减少在车站、机场的滞留时间。

（2）尽量避免与多人同乘电梯，时间充裕时可耐心等待下一班电梯。等候电梯时，应站在厅门两侧，不要离厅门过近，不要面对面接触从电梯轿厢中走出的乘客。出电梯后，及时洗手或使用免洗型消毒剂进行手部消毒。

（3）返校途中，若发现可疑症状人员，要远离并及时报告。当有疑似或确诊病例出现时，听从工作人员的指令，及时自我隔离，听从安排进行排查检测，不可私自离开。

（4）在外咳嗽或打喷嚏时，应用纸巾或胳膊肘将口鼻完全遮住，并将用过的纸巾立刻扔进垃圾箱内，然后洗手。需要注意的是，如果不能及时对手消毒，则不要用手接触口、眼、鼻等黏膜部位。

### （五）注意食品安全

在日常生活中，大学生还要注意食品安全，以减少食源性传染的发生。具体来说，应做到以下几点：① 生食和熟食要分开放置和处理，处理前要洗手；② 坚决不吃野生动物，不接触活禽畜；③ 要吃完全煮熟煮透的食物，特别是肉、禽、蛋和水产品类等微生物污染风险较高的食物；④ 少吃凉拌菜，不吃过期、变质的食物。

## 三、新型冠状病毒肺炎的诊疗常识

### （一）新型冠状病毒肺炎的临床表现

新型冠状病毒肺炎主要以发热、乏力、干咳为主要表现，部分患者以嗅觉、味觉减退或丧失等为首发症状，少数患者伴有鼻塞、流涕、咽痛、结膜炎、肌痛和腹泻等症状。多数患者预后良好，少数患者病情危重，老年人、患有慢性基础病者易出现严重症状，甚至死亡。

新型冠状病毒肺炎临床上可分为四种类型，即轻型、普通型、重型和危重型患者。不同类型患者的临床表现也有所不同，具体如下。

（1）轻型患者，临床症状很轻微，仅表现为低热、轻微乏力、嗅觉及味觉障碍等，在影像学诊断上没有肺炎表现，多在 1 周后恢复。

（2）普通型患者，以发热、乏力、干咳为主要表现，少数伴有鼻塞、流涕、腹泻等症状，影像学可见肺炎表现。

（3）重型患者，多在发病一周后出现呼吸困难，严重者快速发展为急性呼吸窘迫综合征、脓毒血症休克、难以纠正的代谢性酸中毒和出凝血功能障碍及多器官功能衰竭等。

（4）危重型患者，会出现呼吸衰竭，需要机械通气或无创通气，或出现休克、多脏器衰竭，需要 ICU 监护治疗。

### （二）新型冠状病毒肺炎的就医指引

大学生未返校前，若体温≥37.3℃，或出现咳嗽、咽痛、胸闷、呼吸困难、乏力、恶心呕吐、腹泻、肌肉酸痛等可疑症状，应尽快前往就近定点医院的发热门诊就诊，尽量选择开车、骑车、步行等相对独立的交通方式，避免搭乘公共交通工具。路上打开车窗，时刻佩戴口罩并随时保持手卫生。在路上和医院，尽可能远离其他人（1 米以上）；若路途中污染了交通工具，建议使用含氯消毒剂或过氧乙酸消毒剂，对被污染的表面进行消毒。

在校期间，大学生若出现可疑症状，应立即向学校报告，并在校医院的指导和协助下，按规定到定点医疗机构进行诊治。

就医时，应如实详细讲述患病情况和就医过程，尤其是必须告知医生近期旅行史和居住史、新型冠状病毒肺炎患者或疑似病例的接触史、动物接触史，以及发病后接触过什么人等，积极配合医生进行各项调查与检查。

**健康指导**

#### 新型冠状病毒肺炎疫情心理调适

面对新型冠状病毒肺炎疫情，产生焦虑和恐慌等负面情绪是很正常的。这是人体自然的应激反应，适度应激能够帮助我们采取积极的措施应对疫情。但是，如果应激反应过于强烈或持久，则会影响我们的健康和正常生活。对此，我们可以采取以下措施进行自我调适:

（1）适度关注疫情信息。了解疫情的发展趋势能够帮助我们抵抗失控感，但如果反复阅读带有负面情绪色彩的信息，则容易消耗我们的心理能量。因此，面对大量的疫情信息，应理性分析信息的可靠性，寻求正规渠道发布的疫情信息，从中汲取战胜疫情的正能量，保护自己免受负面情绪影响。

（2）了解疾病相关知识。系统全面地学习新型冠状病毒疫情防控知识，做到心里有底，能更有效地缓解恐慌焦虑情绪，更好地保护自己和周围的人。

（3）保持乐观的心态，充实自己的生活。疫情虽然可怕，但我们仍要保持平和、积极的心态，同时可以通过制订生活计划保持健康的作息，如坚持每天锻炼、保证正常的睡眠规律和健康的饮食，还可以通过读书、做饭等充实自己。

资料来源：http://www.doc88.com/p-08639789062625.html

## 【健康一起来】

### 传染病防控知识进校园

学校是传染病的易发场所，为了向广大师生普及传染病的防控知识，进一步增强广大师生对传染病的防控意识，请以小组为单位搜集、整理相关资料，并制作“传染病防控知识进校园”宣传手册。

**1. 活动实施**

（1）4～6 人为一组，组长将小组成员信息及分工情况填入表 4-3 中。

表 4-3　小组成员信息及分工情况

| 小组成员 | 姓名 | 学号 | 任务分工 |
|---|---|---|---|
| 组长 | | | |
| 组员 | | | |
| | | | |
| | | | |
| | | | |

（2）根据本次活动主题，结合所学知识，搜集、整理相关资料，并制作宣传手册。

（3）各组派一位代表轮流进行宣传手册展示。

**2. 考核评价**

采取自评、小组互评和教师评价相结合的方式完成考核评价，并填写表 4-4。

表 4-4　考核评价表

| 项目名称 | 评价内容 | 分值 | 评价分数 | | |
|---|---|---|---|---|---|
| | | | 自评 | 互评 | 师评 |
| 知识、技能考核（60%） | 宣传手册内容紧扣主题 | 15 | | | |
| | 所搜集资料兼具科学性、准确性和实用性 | 20 | | | |
| | 宣传手册设计新颖、合理、有吸引力 | 15 | | | |
| | 语言规范，逻辑清晰 | 10 | | | |

（续表）

| 项目名称 | 评价内容 | 分值 | 评价分数 | | |
|---|---|---|---|---|---|
| | | | 自评 | 互评 | 师评 |
| 综合素质考核（40%） | 积极实施任务 | 10 | | | |
| | 勤于思考，善于总结 | 10 | | | |
| | 态度认真，做事细致 | 10 | | | |
| | 有较好的团队合作意识 | 10 | | | |
| 合计 | | 100 | | | |
| 总评 | 自评（20%）+互评（20%）+师评（60%）= | 教师（签名）： | | | |

## 【健康中国·精彩故事】

### “最美防痨人”马玙

马玙，结核病防治专家、首都医科大学附属北京胸科医院主任医师。2018 年 3 月，世界卫生组织结核病和艾滋病防治亲善大使彭丽媛为她颁发了“最美防痨人”证书。

从 1955 年至今，马玙一直坚守在结核病诊疗、防治一线，以救死扶伤为己任。马玙最常说的一句话是“结核病医生最忌讳治病只盯着结核，只管病不管人。”每次听诊前，马玙都会贴心地用手把听诊器焐热，避免冰凉的听诊器给患者带来不适。为了充分了解患者的病情，她非常看重与患者的沟通，哪怕只是几句“闲话”，也可以在聊天中观察患者的细微变化，用暖心的话语打开医患信任的关口。

很多患者成了马玙的朋友，遇到马玙不出诊的时候，他们就直接拿着片子跑到实验室找她。实验室成了马玙的“第二诊室”，她常对身边的同事说：“患者千里迢迢来找我看病，就是信得过我，我有什么理由拒绝他们？”新冠肺炎疫情期间，医院防控政策要求院外人员不能随意出入实验室，碰到有需求的患者，这位九旬老人就亲自到楼下，为他们耐心讲解。

“曾经有人对我说，您今年 90 岁了，应该退休享受生活了。我想说，胸科医院就是我的家，党和人民还需要我，我还不想退，还要为实现终止结核病的目标奉献余热。我相信，只要努力，我们的事业一定会前进，也一定能够战胜结核病！”

资料来源：http://health.people.com.cn/n1/2021/0426/c14739-32088121.html

# 第五章

# 健康体检与保健医疗

## 本章导读

健康是我们最珍贵的财富，是我们生活、学习、工作的基本保障，是我们每个人的共同追求。随着现代生活节奏的加快和人们心理压力的增加，很多疾病的发作呈现出年轻化趋势。在这种情况下，定期进行健康体检、有效利用医疗卫生服务资源、掌握用药常识并规范用药行为是我们每个人维护身体健康、提高生命质量的必要手段。

## 学习清单

完成一项学习任务后，请在对应的方框中打勾。

| | | |
|---|---|---|
| 课前预习 | □ | 1．预习课本知识，了解本章内容的知识框架 |
| | □ | 2．思考健康体检的必要性 |
| | □ | 3．通过实地调查、网络搜查等途径，了解医疗卫生服务资源的相关知识，并思考如何利用医疗卫生服务资源使自己获得健康保障 |
| | □ | 4．思考在日常生活中怎样做到合理用药，并与课本知识互相印证 |
| 课本学习 | □ | 1．了解健康体检的意义，熟悉一般体检项目，能够解读常见的体检指标 |
| | □ | 2．学会有效利用医疗卫生服务资源 |
| | □ | 3．树立安全用药、正确用药的意识，养成良好的用药习惯 |
| 任务训练 | □ | 1．积极参加课后实践活动 |
| | □ | 2．在课后实践活动中，与同学协调配合，提高团队合作能力 |
| | □ | 3．能将课本知识学深悟透、学以致用 |

## 【健康问答】

随着市面上药品种类和购药渠道的增加，人们就医用药的态度越来越随意，对于一些常见病往往根据个人经验自行购药进行治疗。但毕竟临床用药是一件专业性极强的事情，在用药过程中稍有不慎，就会发生危险。尤其对于生活经验不足、医药知识相对匮乏的大学生来说，一定要树立安全用药、合理用药的意识。以下是关于用药常识和用药行为的一些问题，请仔细阅读题目后如实回答。

（1）你是否认为中药无不良反应，可随意使用？（　　）

A. 是　　B. 否　　C. 不知道

（2）你是否认为新药的毒副作用更小？（　　）

A. 是　　B. 否　　C. 不知道

（3）你是否认为药价越高，药效越好？（　　）

A. 是　　B. 否　　C. 不知道

（4）口服可能引起过敏反应的药物（如青霉素、头孢）时，是否需要做皮试？（　　）

A. 是　　B. 否　　C. 不知道

（5）你主要通过（　　）获得用药常识。

A. 电视、广播等媒体　　B. 医师、药师指导　　C. 家长或同学介绍

D. 药品说明书　　E. 科普书籍　　F. 其他途径

（6）服药前，你会阅读说明书上的用药禁忌、不良反应及注意事项吗？（　　）

A. 会　　B. 不会　　C. 会稍微注意一下

（7）你会注意药物的最佳服用时间和用药方式吗？（　　）

A. 会　　B. 不会　　C. 会稍微注意一下

（8）你在服用自行购买的药物时，如何确定服药剂量？（　　）

A. 询问药师　　B. 看说明书　　C. 自己判断

（9）在用药过程中，你能否按时服药？（　　）

A. 能　　B. 不能

（10）口服药物时，你常用（　　）送服。

A. 白开水　　B. 牛奶、饮料或其他

（11）在用药过程中，你会根据自己的症状增减药量吗？（　　）

A. 会　　B. 不会　　C. 有时会

（12）如服药一段时间后病情仍不见好转，你会（　　）。

A. 再次就诊　　B. 自行增加药量　　C. 自行换药

D. 自行联合用药　　E. 按原来的服用

**思考**

通过用药自测，你学到了哪些用药知识？你的用药习惯存在哪些问题？

**【健康课堂】**

# 第一节 健康体检

## 一、健康体检的意义

体检的重要性

健康体检指通过医学手段和方法对健康人群进行身体检查，了解受检者的健康状况、及早发现疾病线索和健康隐患的诊疗行为。健康体检也称“预防保健性体检”，是一种主动检查、积极防病的自我保健方式。定期进行健康体检具有重要意义，具体表现在以下几个方面：

（1）有利于疾病的及早发现和治疗。许多疾病（如高血压、胆囊病变、糖尿病等）在初期甚至中期可能没有任何症状，或者症状很轻微，因此，患者不能过于依赖自己的感觉。通过健康体检及早发现潜在的疾病，及时进行治疗，对缩短治疗时间、减少医疗费用、提升生命质量有着重要的意义。

（2）有利于生活习惯的检视与改善。很多时候体检指标的异常、疾病的发生都与不健康的生活方式息息相关。通过健康体检，受检者可以充分了解自己的身体状况，并及时调整、改善自己的生活方式和饮食习惯，如保证睡眠时间、合理运动、保持良好稳定的情绪、改变饮食结构等，以改善亚健康状态，达到主动管理健康的目的。

（3）建立个人健康档案。通过查阅医院上传的健康体检材料和建立的个人健康档案，受检者可以及时了解身体状况及其变化情况，有助于及早预防和发现潜伏于体内的疾病。

## 二、体检项目的选择

### （一）一般检查项目

#### 1. 身高

身高是反映人体骨骼发育状况和身体纵向发育水平的重要指标。测量身高时，受检者要先脱去鞋子、摘掉帽子，然后以立正姿势站在测量计的台板上，两眼平视前方，胸部稍挺起，轻收腹部，双臂自然下垂，两脚跟靠拢，脚尖分开约 60°，枕部、臀部和脚后跟成一条线接触测量计立柱。检测者手扶滑测板轻轻向下移动，直到滑测板与受检者的头顶相触，检测者平视滑测板读取测量数值。

**温馨提示**

在同一天内，人的身高是会变动的。一般来说，晨起最高、睡前最低，早晚可相差 1.5 cm 左右。这是因为经过一天的活动，人的椎间盘被压缩，椎体间隙变小，同时由于肌肉和韧带的疲劳，脊柱的弯曲增加，足弓变浅，所以晚间身高有所缩减。在清晨或上午测量身高为宜。

#### 2. 体重

体重是反映人的肌肉、骨骼发育情况和营养状况的重要指标。测量体重时，需将体重计放在平坦的地面上，受检者脱鞋、穿单衣站在体重计上，待数值稳定后，读取数值。

#### 3. 视力

视力又称“视敏度”，指眼分辨最小目标的能力，是衡量视机能的重要指标。检查视力时，先查右眼，后查左眼。查右眼时，受检者需用遮眼板将左眼完全遮住，但注意切勿压迫眼球。如果受检者佩戴眼镜，则先查裸眼视力，再查戴镜视力。

#### 4. 血压

心脏是推动血液循环的器官，它就像一个水泵，日夜不停地、有节奏地搏动着，使血液在血管内川流不息。血液在血管内流动会对血管壁产生一定的压力。心脏收缩时血管壁的压力最大，这时的血压称为收缩压（又称“高压”）；心脏舒张时血管壁的压力最小，这时的血压称为舒张压（又称“低压”）。

血压正常对于供血和维持人体正常的新陈代谢有重要意义；血压过低或过高都会对人体产生不良影响。因此，血压是健康体检的必检项目。

血压易受年龄、性别、情绪、活动情况等诸多因素影响，因此测量血压时需注意以下事项：① 测量前的半小时内禁烟、禁饮浓茶或咖啡、排空小便；② 在安静环境下休息 5 分钟，以消除身体活动、紧张情绪等对血压的影响；③ 测量时将右手臂伸直、轻度外展，裸露右上肢，并将肘部置于与心脏同高的位置（见图 5-1）。测量过程中保持安静、放松，平稳呼吸。

#### 5. 心肺

医生常借助听诊器，为受检者进行心肺听诊（见图 5-2）。听诊时，受检者全身放松，配合医生变换呼吸方式，如均匀呼吸、深呼吸、咳嗽后呼吸等。

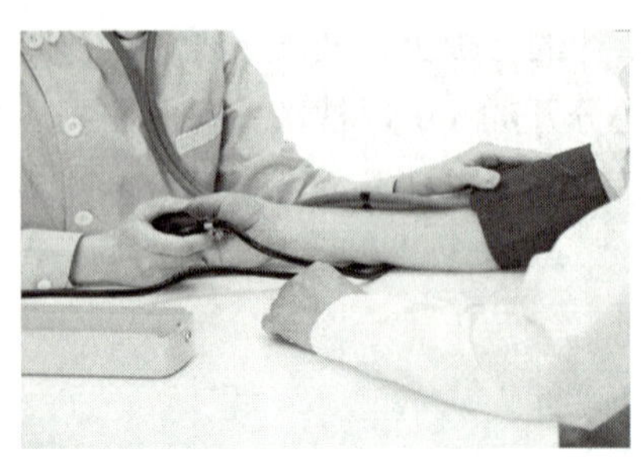

图 5-1　测血压

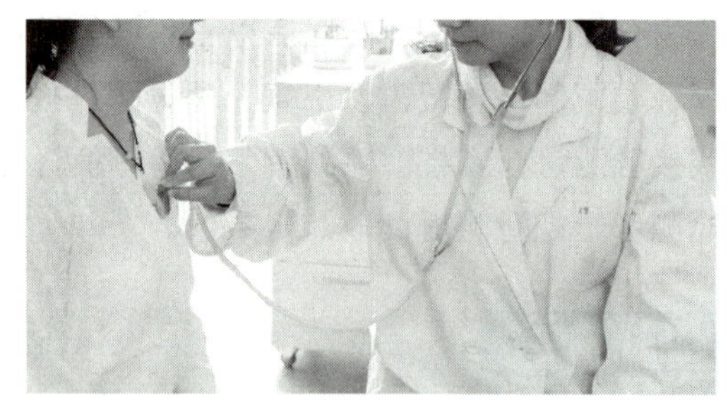
图 5-2　听诊

### （二）实验室检查项目

#### 1. 血常规检查

血常规检查的全称为血细胞常规检查，是指对血液中的白细胞（WBC）、红细胞（RBC）、血小板（PLT）、血红蛋白（HGB）及其相关数据进行的计数检测分析。血常规检查是健康体检中最常用、最重要的项目之一，其结果既是诊断各种血液病的主要依据，也是诊断和鉴别诊断其他疾病的重要信息。

做血常规检查时需要注意以下事项：① 采血前 3～5 天避免食用高脂肪、高蛋白食物，避免饮酒，保证良好的睡眠。② 采血前一天的晚上八点以后禁食，可以喝少量的水。③ 采血时握紧拳头（见图 5-3），平稳呼吸，不要过度紧张，以免造成血管收缩，增加采血难度。④ 采血后要及时松开拳头，用消毒棉签持续按压针孔及孔上 2 cm 处约 5 分钟，直至针孔不出血。

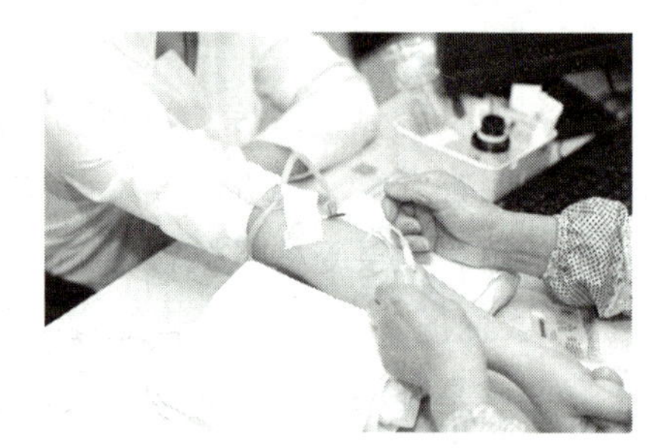
图 5-3　采血

**温馨提示**

按压时一定要均匀地持续用力，不可来回揉擦针孔，否则会出现局部出血或淤血青紫等情况。

#### 2. 尿常规检查

尿常规检查是健康体检中最重要的项目之一，其结果是诊断肾炎、结石等泌尿系统疾病的重要依据，也是协助诊断和鉴别诊断糖尿病、肝病、血液病等其他疾病的重要信息。正确采集尿液标本是保证检查结果准确的前提。在留取尿液样本时，需要注意以下几点：

（1）查晨尿。晨尿是指在膀胱里留存 6 小时以上，由受检者清晨起床后在未进早餐、未做运动的情况下第一次排出的尿液。晨尿不受进食及服药的影响，其尿量和有机成分比较稳定。

（2）留中段尿。前段尿经过尿道和尿道口时可能被污染，后段尿可能带有膀胱内的杂质，而中段尿最能反映肾脏的真实情况，因此适合用于尿常规检查。

（3）尿液送检时间不应超过 2 小时。尿液放置时间太长会影响检查结果，一般来说送检时间不应超过 2 个小时。

**温馨提示**

尿常规检查受外界因素的影响较大。例如，剧烈运动会使尿蛋白的排出量显著增加；喝水过多会稀释尿液，从而降低尿蛋白浓度。发现尿检结果异常时可复查尿常规，根据复查结果再做分析，必要时可向全科医生或专科医生寻求帮助。

### 3．粪便常规检查

粪便主要由食物残渣、纤维素、消化道分泌物、消化道脱落细胞、细菌、无机盐和水组成，其颜色和性状受食物种类、进食量及消化功能等因素的影响。通过粪便常规检查，可初步了解消化系统有无炎症、出血、寄生虫感染等病变，还可间接判断胃肠、胰腺、肝胆的功能状况。

留取粪便标本时应注意以下事项：

（1）检查前 3 天应限制食用肉类、动物内脏、动物血，绿叶蔬菜，以及铁剂、维生素 C 等药物。

（2）留取粪便的器皿要洁净干燥，同时，应避免留取的粪便标本被尿液污染。

（3）学会正确留取标本。如果粪便异常，应留取肉眼看上去异常的部分，取黄豆粒大小即可。如果是腹泻稀便，可适当多取一些；如果粪便没有明显异常，则应在 3 个以上不同部位留取标本，即“多点取材”。

（4）粪便送检时间不应超过 1 小时。

**健康案例**

在单位组织的一次体检中，宋先生打算跳过粪便常规检查，因为觉得太麻烦。后来医生在询问中得知宋先生近半年来排便不规律，于是建议他完成这项检查。做完粪便检查几个小时后，宋先生的检查结果就出来了，好几项指标都异常，宋先生疑似患上了胰腺疾病，之后他住院进行了进一步的检查和治疗。他心里很感谢劝他做粪便常规检查的医生。因为只有早发现早治疗，他才能早日恢复健康。

**点评**　粪便常规检查是健康检查的三大常规项目之一，在临床上有着重要的意义，受检者应予以重视。

## 三、体检常见指标解读

### （一）体重指数

体重指数（body mass index，简称 BMI），也称“体质指数”，是一种衡量人体胖瘦程度的指标。体重指数的计算方法是体重除以身高的平方，即体重指数（BMI）=体重（kg）/身高（m）^2。中国成人体重指数对照表如表 5-1 所示。

表 5-1　中国成人体重指数对照表

| 身体状况 | 偏瘦 | 正常 | 超重 | 肥胖 |
|---|---|---|---|---|
| BMI | ≤18.4 | 18.5～23.9 | 24～27.9 | ≥28 |

### （二）腰臀比

研究表明，内脏脂肪的含量与肥胖性相关疾病有很强的关联。内脏脂肪是指围绕在内脏周围的脂肪，主要堆积在腹部。内脏脂肪多的人多为苹果形身材，其腰臀比较高。

腰臀比（waist–hip ratio，简称 WHR）即腰围和臀围的比值（腰围÷臀围）。例如，某人的腰围是 80 cm，臀围是 100 cm，那么他的腰臀比就是 0.8。男性、女性的腰臀比参考值范围如表 5-2 所示。

表 5-2　腰臀比参考值范围

| 健康风险 | 男性 WHR | 女性 WHR |
|---|---|---|
| 低 | ≤0.95 | ≤0.8 |
| 中 | 0.96～1 | 0.81～0.85 |
| 高 | ≥1 | ≥0.86 |

测量腰围时，自然站立，两腿并拢，两臂自然下垂，将软尺放在肚脐上方 3 cm 的位置（即腰最细的部位）水平围上一圈，然后测量呼气时的腰围。测量腰围时需要测 2 次，如果 2 次测量结果的误差小于 1 cm，那么取平均值；如果 2 次测量结果的误差大于 1 cm，则需重新测量。

测量臀围时，自然站立，两腿并拢，两臂自然下垂，将软尺放在胯骨凸起的位置（即臀部最宽处）水平围上一圈，然后读取数值。测量腰围、臀围时，注意不要把软尺拉得太紧或太松。

## 健康指导

### 科学瘦腹

腹部肥胖是威胁公众健康的隐形杀手，极有可能诱发高血压、糖尿病、冠心病、心肌梗死等心血管疾病，其对健康的危害程度高于一般性肥胖。

消除腹部肥胖应采用科学减脂的方法，从增加消耗和减少摄入两个方面入手：

**1．增加消耗**

增加消耗的根本理念是让身体活动起来，具体包括：① 改变久坐的不良习惯，每坐半小时要起身站立或活动 5 分钟；② 根据实际情况安排运动，保证每周运动 2～3 次，每次运动时间不少于 30 分钟；③ 充分利用零碎时间做俯卧撑、靠墙撑、蹲起、开合跳等动作练习，在条件允许的情况下增加卷腹（仰卧起坐）、两头起等动作练习；④ 周末多进行户外活动，如骑行、打篮球等。

**2．减少摄入**

减少摄入的根本理念是吃好、睡好，具体包括：① 早餐要吃好，午餐要适量，晚餐要吃少，保证营养均衡，切忌暴饮暴食或节食式减脂；② 非就餐时间应杜绝零食，尽量减少外出用餐的次数；③ 应养成良好的睡眠习惯，睡前两小时不要进食，尽量早睡，避免熬夜。

资料来源：http://www.ciss.cn/kxcb/kpwz/201907/t20190722_503056.html

## （三）血压与心率

### 1．血压

血压会受情绪、身体活动等因素影响而发生变化，所以凭单次的测量结果不能确认是否患高血压或低血压。一般应连续观察 2～3 天或数周后，才可确认是否患高血压或低血压。血压的参考值范围如表 5-3 所示。

表 5-3　血压的参考值范围

| 状况 | 理想血压 | 正常血压 | 高血压预兆 | 高血压 | 低血压 |
|---|---|---|---|---|---|
| 血压 | 收缩压（高压）<120 mmHg，舒张压（低压）<80 mmHg | 收缩压<130 mmHg，舒张压<85 mmHg | 收缩压 130～139 mmHg 和（或）舒张压 85～89 mmHg | 收缩压≥140 mmHg 和（或）舒张压≥90 mmHg | 收缩压≤90 mmHg 和（或）舒张压≤60 mmHg |

### 2．心率

心率是指正常人安静状态下每分钟心跳的次数。正常成年人安静时的心率有显著的个体差异，一般为 60～100 次/分。如心率低于 60 次/分，则为心率偏低，即心动过缓；如心率高于 100 次/分，则为心率偏高，即心动过速。

大学生如果发现自己的心率异常，出现了心动过速、心动过缓等情况，应进行连续观察，并针对具体的原因采取改善措施。此外，平时要注意多运动，增强心肺功能，提高抗压能力。

**温馨提示**

心率会因年龄、性别或其他生理因素产生个体差异。一般来说，年龄越小，心率越快；女性的心率比同龄男性快；身体活动较多的人群心率偏慢，运动员的心率可能低至 40 次/分，这都属于正常现象。

# 第二节 医疗卫生服务资源利用

## 一、大学生与医疗卫生服务资源利用

### （一）大学生利用医疗卫生服务资源的现状

医疗卫生服务资源包括门诊服务资源、住院服务资源、预防保健服务资源和康复服务资源等。

大学生在医疗卫生服务资源利用方面主要存在以下问题：

（1）在门诊服务资源和住院服务资源利用方面，很多地区的高校大学生对医疗服务资源的利用率较低，普遍存在应去医院就诊而未就诊的现象，主要原因是学生的健康维护意识不强，自认为有抵抗力，抱有侥幸心理或是经济拮据等。

（2）在疫苗接种方面，个别大学生健康意识淡薄，主动预防观念差，把学校组织的免疫接种看作是在赚学生的钱，于是抱有明显的抵触情绪；还有一些大学生没有树立科学预防的意识，出于从众心理错过了最佳接种时机，一旦校园内发生传染病流行，则追悔莫及。

（3）在生活方式方面，有些大学生的营养保健意识与体育锻炼意识不强，对于生活方式对健康的影响认识不足，这是造成大学生体质状况下降的主要原因。大部分大学生对健康的认知仍停留在关注层面，还没有付诸行动。

### （二）大学生利用医疗卫生服务资源的途径

大学生是祖国的未来、民族的希望，大学生的健康对个人、家庭、社会都具有非常重要的意义。大学生应充分意识到健康的重要性，高度关注、身体力行，并利用一切可以利用的医疗卫生服务资源来增进自己的健康，可以从以下几个方面入手：

第一，积极参保。国家将大学生全部纳入城镇居民基本医疗保险范围，无论是否有疾

病史或正在患重大疾病，均可以入保且可以享受多项政策优惠。作为大学生，应充分利用国家给予的优惠政策，积极参保，这样既可以保障住院医疗，又可以解决门诊就诊问题。家庭条件较好的学生还可以购买商业保险，作为基本医疗保险的补充，进一步解决患病的后顾之忧。

第二，患病后应及时到校医院就诊，以便得到妥善处理。即使遇到较为严重的病情，也能及时转诊治疗，不耽误病情。发生急症的情况下，要及时拨打 120 急救电话请求帮助。

第三，充分利用学校提供的各类医疗保健服务，包括体检、疫苗接种、心理咨询等，积极进行疾病预防。

第四，通过多种途径获取医疗保健知识，包括积极参加大学生健康教育课程、健康教育讲座及利用网络搜索保健知识等，从而掌握常见病、多发病、传染病的预防方法和急救常识，并遵循科学理念培养健康的生活方式。

## 二、大学生与医疗保险

### （一）医疗保险的基础知识

医疗保险是为了抵御疾病风险而建立的一种保险，其运作方式是预先向受疾病威胁的人群收取医疗保险费，建立起医疗保险基金，当被保险人患病并去医疗机构就诊而发生医疗费用时，由医疗保险机构给予一定的经济补偿。医疗保险的作用是转移风险和补偿损失，从而降低个人的风险水平，同时提高医疗服务的普及程度。

大学生医保

### （二）大学生选择医疗保险的方法

作为大学生，在选择医疗保险种类时，应充分考虑险种的保险范围、保障水平、政策支持、自身身体状况、参保费用、特殊条款等综合因素，以基本医疗保险为基础，以商业医疗保险为补充。

#### 1. 以基本医疗保险为基础

基本医疗保险是目前我国社会保险制度中覆盖范围最广的险种之一，而大学生医保是国家政策支持力度最大的疾病险之一，两者应该作为大学生参保的首选。基本医疗保险基本可以覆盖日常的门急诊医疗费用、住院治疗的医疗费用，以及抢救留观、恶性肿瘤治疗等方面的部分费用。也就是说，它既保大病又保小病，不仅对住院费用给予一定补偿，而且对门诊费用也给予一定比例的补偿。同时，参保大学生不论参保前是否患有某种疾病均可享受相应的待遇而不会被拒赔。此外，参保大学生还享有缴费优惠，基本医疗保险做到了以比较低廉的费用获取比较优质的医疗服务，满足了基本医疗服务的需要。

### 2．以商业医疗保险为补充

基本医疗保险具有普惠性，能提供有限责任的、最普遍的医疗保障，但并不能完全满足所有大学生的实际医疗需求。在这种情况下，要使自身所面临的健康风险能获得更大程度的保障，并转移自身在发生超过大学生医保保障范围的损失，可以选择商业医疗保险作为基本医疗保险的补充，从而使基本医疗保险制度中的个人自费部分和超过封顶线以上的部分医疗费用也可以得到补偿。

此外，对基本医疗保险不能报销的非基本医疗项目的检查、治疗、用药等费用，如某些先进的治疗技术和药物、某些特需治疗的疾病等产生的费用，都可以通过商业医疗保险来报销。因此，对于家庭经济状况比较好的大学生来说，可以通过投保一些商业医疗保险来满足自身的医疗需求。

需要注意的是，根据医疗保险的补偿原理，医疗费用的理赔是以实际医疗费用支出为最高限额的。对基本医疗保险做出补偿后的剩余医疗费用，商业保险公司将按照保险条款理赔，两项理赔款相加，最高不超过实际医疗费用的 100%。

**温馨提示**

社会医疗保险是国家根据一定的法律法规，为向保障范围内的劳动者提供患病时基本医疗需求保障而建立的社会保险制度。商业医疗保险是指由保险公司经营的营利性医疗保险。

## 第三节 用药常识

药品是指用于预防、治疗、诊断人的疾病，有目的地调节人的生理功能并规定有适应证或者功能主治、用法和用量的物质，包括中药材、中药饮片、中成药、化学制剂、抗生素、生物化学药品、放射性药品、血清、疫苗、血液制品和诊断药品等。

在我国，药品包装的显著位置印有“国药准（试）字 H（Z、S、J）+批号”，其中，“准”代表国家批准生产的药品，“试”代表国家批准试生产的药品；“H”代表化学药品，“Z”代表中药，“S”代表生物制品，“J”代表进口药物分包装。消费者可在国家食品药品监督管理总局的网站上查询药物的生产厂家、规格、剂型及真伪等。

### 一、药品的分类

生活中常见的药品分类方法主要有两种：一是按管理体系分类，二是按理论体系分类。

### （一）按管理体系分类

按管理体系分类，药品可分为处方药和非处方药。

#### 1. 处方药

处方药是指凭医生处方才能从药房或药店获取，并要在医生指导下使用的药品。处方药一般包括4种：一是刚上市的新药，其不良反应还有待进一步观察；二是可产生某些依赖性的药品，如吗啡类镇痛药和某些催眠安定药；三是本身毒性很大的药品，如抗癌类药品；四是必须由医生确诊后才能使用的药品，如治疗心血管疾病的药品。

#### 2. 非处方药

非处方药是指符合公众用药和安全用药要求，且经过国家卫生行政部门审定，不需要医师或其他医疗专业人员开处方即可购买的药品，其包装的显著位置印有“OTC”（over the counter）标识。

非处方药又分为甲类非处方药和乙类非处方药两种。甲类非处方药是指只能在具有药品经营许可证、配备执业药师或药师以上药学技术人员的社会药店、医疗机构药房零售的非处方药，使用红色专有标志。乙类非处方药是指可以在社会药店、医疗机构药房和经过批准的普通零售商业企业零售的非处方药，使用绿色专有标志。

### （二）按理论体系分类

按理论体系分类，药品可分为中药和西药。

#### 1. 中药

中药是指在中医理论指导下应用的药品，包括中药材、中药饮片和中成药等。中药一般来源于自然界，以植物成分为主，也包括动物成分和矿物成分。

#### 2. 西药

西药是指西医所用的药品，通常用合成的方法制成，或从天然产物中提制，包括阿司匹林、碘酊、青霉素等。

## 二、合理用药

合理用药是指根据疾病类型、身体状况和药理学知识来选择最佳的药品及其制剂，制定或调整给药方案，按合理的时间间隔完成正确的疗程，从而安全、有效、经济的防治和治愈疾病的措施。

### （一）不合理用药的主要表现

大学生普遍存在用药知识缺乏、用药行为随意等不合理用药现象。不合理用药会影响身体健康，甚至危及生命。不合理用药的常见表现主要包括以下几点：

### 1. 把保健食品当药品，贻误病情，危生命

所有药品从研发到临床应用都经过了科学而严谨的论证和试验，被证明有治疗效果。而保健品只是有保健功能的食品，它不是药品，没有临床治疗作用，无法代替药品来治疗疾病。

大学生要学会识别保健品。保健品包装的显著位置印有蓝帽子形状的保健品标识，且标注“国（卫）食健字+批号”，其中“国”和“卫”分别代表国家批准和国家卫生健康委批准，如图 5-4 所示。

图 5-4　保健品标识

大学生购买保健食品时要理性，不要轻信商家夸大的宣传内容。患病时，必须严遵医嘱，科学用药。擅自停药或用保健食品控制病情，都会贻误病情。

### 2. 多种药品叠加用，欲求疗效反伤身

很多人认为生病了多吃几种药，疗效会更好，病会好得更快，这种观点是错误的。要知道，用一种药能治好的病就不要用两种药。

在选购药品时，应识别药品的通用名，判断该药的成分，弄清楚该药是不是自己要买的，与自己正在服用的药是否存在成分相同的情况，以免买错药或重复用药，导致严重后果。

#### 健康案例

小王因为淋雨感冒了，一想到第二天有一个重要面试，他心里就很着急。为了尽快缓解症状，他随意搭配了三种感冒药吃，结果半夜恶心、呕吐，伴有血尿。他吓得赶紧去医院就诊，医生说他对乙酰氨基酚中毒，必须住院治疗。最终，他错过了面试。

**点评** 不能将几种感冒药混在一起吃。市面上的感冒药大多是由好几种成分制成的复方药，虽然药名不同，但大多都含有对乙酰氨基酚成分。当多种感冒药混吃时，服下的对乙酰氨基酚严重超标，会影响肾脏功能。

### 3. 盲目相信非处方药，认为没有副作用

相对于处方药而言，非处方药有较高的安全性，不易引起药物依赖性、耐药性或耐受性，也不易在体内蓄积，不良反应发生率较低。但非处方药本身也是药，有些非处方药在少数人身上也能引起严重的不良反应，有时甚至能引起死亡。因此，服用非处方药时，要严格按照药品使用说明书的规定服用，既不能随便增加剂量或增加服用次数，也不能改变用药方法或用药途径。

### 4. 送服药品图方便，使用饮料隐患多

口服用药应该用白开水送服，但在日常生活中，为图方便随手用咖啡、果汁、牛奶等饮料送服药品的现象并不少见。用咖啡、饮料、牛奶等送服药品会影响药效，甚至对健康

造成严重影响，是完全错误的做法，大学生应杜绝此类现象。

### 课堂互动

随着互联网及电商的发展，一些境外药品通过海淘、微商代购等渠道在国内市场“走俏”，有的患者想方设法自行购买和服用国外生产的药品。这种做法是否存在安全隐患？为什么？

### （二）合理用药的内容

合理用药应当遵循安全性、有效性、经济性、适当性四大原则。其中安全性是重中之重，只有在安全的前提下，才能谈及合理用药。具体来说，合理用药的内容主要包括以下几点：

（1）优先使用基本药物是合理用药的重要措施。基本药物是指《国家基本药物目录》收录的药品。这些药品是从我国目前临床应用的各类药品中遴选出来的适应基本医疗卫生需求、剂型适宜、价格合理、能保障供应，使公众公平获得的药品。

合理用药

（2）用药时遵循能不用就不用、能少用就不多用、能口服就不肌肉注射、能肌肉注射就不静脉输液的原则。

（3）购买药时要到正规的医疗机构或药店购买，注意区分处方药和非处方药。

（4）仔细阅读药品说明书是正确用药的前提，阅读时特别要注意药品的禁忌、注意事项、不良反应和药物间的相互作用等事项。如有疑问要及时咨询药师或医生。

### 温馨提示

很多大学生认为不良反应多的药品不安全。其实不然，药品说明书中对不良反应的记载越详细，代表业界对该药品的研究越透彻，对药品疗效和不良反应了解得越清楚。医生和患者在使用该类药品时也就能明确需要注意哪些事项，从而更好地权衡用药利弊。

（5）使用处方药时要严格遵医嘱，切勿擅自使用。特别是对于抗菌类药品和激素类药品，不能自行调整用量或停用。

（6）任何药品都有不良反应，长期、大量使用非处方药会导致不良后果。用药过程中如有不适要及时咨询医生或药师。

（7）存放药品时，一定要仔细阅读说明书，按照说明书上“贮藏”一项的要求储存药品。否则，药品很容易受温度、湿度和光线等外界环境因素的影响而发生物理、化学变化，从而丧失药效。储存药品时最好用记号笔标记药品的保质期，每隔 3～6 个月应清理一次药箱，及时丢弃过期药品。

### 正确理解说明书上的用药时间和频次

选择合适的时间服用药物，不仅能保证药物的治疗效果，还能降低药物的副作用。不同药品的用药时间和用药频次是不同的。用药的间隔时间是依据药物在体内代谢的动力学而定，只有按说明书规定的时间间隔服药，才能确保药物在人体内保持相对稳定的治疗浓度。说明书中常见的用药时间和用药频次如下。

（1）晨服：指早晨起床后、进食早餐前1小时服药。调节人体的基础代谢、体温变化、血糖含量和激素分泌等功能的药品适合晨服，如抗抑郁药、抗高血压药。

（2）空腹服药：指在餐前或餐后1至2小时服药。空腹可促进药物的吸收。很多人认为只要在吃药时保持空腹就可以了，吃完药就可以立马去吃饭，这其实是一种错误的观点。

（3）餐前服药：指在餐前30至60分钟服药。餐前胃内食物少，有利于药物发挥作用。对胃无刺激或刺激性小的药品适合在餐前服用，如胃黏膜保护剂、促胃肠动力药、抑酸药、头孢类、止泻药等。

（4）餐中服药：指进餐少许后服药，药服完后可继续用餐。餐中服药的主要目的是促进药物吸收，减少药物的不良反应。适合餐中服药的药品有降糖药、助消化药等。

（5）餐后服药：指餐后15至30分钟服药。对胃刺激性大的药物适合餐后服用。

（6）睡前服药：指睡觉前15至30分钟服药。部分平喘药、血脂调节药、催眠药、抗过敏药等，晚间睡前服用效果更佳。

（7）一日一次：指每日清晨或者晚上服药一次，并保持每天的同一时间服药。

（8）一日两次：指每日早餐、晚餐时段各服药一次，两次间隔12小时。

（9）一日三次：指三餐前或三餐后服药。有些药物的说明书中会明确规定服药间隔时间，如“每8小时服药一次”，这时应该严格按照说明书执行。

资料来源：https://news.gmw.cn/2020-11/22/content_34388479.htm

## 【健康一起来】

### 开展“健康体检与保健医疗”咨询服务活动

为了向广大师生普及健康体检、合理利用医疗卫生服务资源、合理用药的相关知识，进一步加强广大师生的健康管理意识，请以小组为单位，在校园内设置“健康体检与保健医疗”咨询服务站，为广大师生提供咨询服务。

1．活动实施

（1）4～6 人为一组，组长将小组成员信息及分工情况填入表 5-4 中。

表 5-4　小组成员信息及分工情况

| 小组成员 | 姓名 | 学号 | 任务分工 |
|---|---|---|---|
| 组长 | | | |
| 组员 | | | |
| | | | |
| | | | |

（2）根据本次活动主题，结合所学知识搜集、整理相关资料，并制作图文展板、宣传材料（如知识手册）等。

（3）在校园内摆放图文展板，发放宣传材料，向路过的师生介绍健康体检、合理利用医疗卫生服务资源、合理用药的相关知识，解答他们提出的问题。

2．考核评价

采取自评、小组互评和教师评价相结合的方式完成考核评价，并填写表 5-5。

表 5-5　考核评价表

| 项目名称 | 评价内容 | 分值 | 评价分数 | | |
|---|---|---|---|---|---|
| | | | 自评 | 互评 | 师评 |
| 知识、技能考核（60%） | 图文展板内容丰富、有趣，符合大学生的年龄特点 | 10 | | | |
| | 宣传材料内容兼具科学性、准确性和实用性 | 20 | | | |
| | 能为广大师生提供有效的咨询服务 | 20 | | | |
| | 语言规范，逻辑清晰 | 10 | | | |
| 综合素质考核（40%） | 积极实施任务 | 10 | | | |
| | 态度认真，做事细致 | 10 | | | |
| | 有较强的团队合作意识 | 10 | | | |
| | 能将课本知识运用于实践 | 10 | | | |
| 合计 | | 100 | | | |
| 总评 | 自评（20%）+互评（20%）+师评（60%）= | 教师（签名）： | | | |

## 【健康中国·精彩故事】

### 抗击新冠肺炎疫情，中医中药建新功

“人民英雄”国家荣誉称号获得者、中国工程院院士、天津中医药大学校长张伯礼认为，中医药在抗击新冠肺炎疫情中作出了重要贡献：一是隔离人群普遍服用中药汤剂，有效阻断了疫情的扩展和蔓延；二是中药进方舱治疗轻症/普通型患者，控制了转重率，效果显著；三是采用中西医结合救治重症患者，降低了死亡率，提高了治愈率；四是在患者恢复期采用中西医结合的方法进行康复治疗。

随着新冠肺炎疫情在全球蔓延，中国在做好自身疫情防控的同时，本着人类命运共同体的理念，积极投入全球抗疫合作。海外人民也越来越认可中医理念和中药疗效，中医专家不仅亲赴意大利、柬埔寨等国家，还通过网络等渠道与美国、日本等几十国的专家进行交流。中医药诊疗方案也被翻译成英文，在国家中医药局官网全文公开。

连花清瘟成了此次抗疫的“明星产品”，由此获得了泰国、厄瓜多尔等多国的销售许可。在我国向意大利援助了10万盒连花清瘟胶囊后，意方提出希望再追加10万盒。中国许多药企的中医药产品海外订单激增，仅安徽省在一季度就出口中药材及中成药2.3亿元，同比增长15.7%，产品销往美国等数国。

“谈到中医，大家会先想到它古老，它确实古老，但它的很多理念并不落后。现代医学前沿讲的系统科学、精准医疗、预防医学、组合药品。虽然提法与中医药不同，但理念却是趋同。”张伯礼说，“中医药和西医药相互补充、协调发展，是我国卫生健康事业的显著优势。两套医学优势互补，能更好地抗疫和治疗其他慢性病、重大疾病，也能更好地服务人民健康事业和健康中国建设”。

资料来源：http://www.xinhuanet.com/world/2020-04/30/c_1210599662.htm

# 第六章

# 心理健康

## 本章导读

对大学生来说，心理健康是其适应新环境、建立和谐人际关系的重要前提，也是其智力正常发挥、提高学习效能的必要条件，更是其身体健康的重要保障。大学生正处于人生发展的转折期，面临着学习、交友、求职等各方面压力，加之现代社会竞争激烈，难免会出现各种各样的心理问题。因此，加强大学生心理健康教育，促进其身心健康全面发展至关重要。

## 学习清单

完成一项学习任务后，请在对应的方框中打勾。

| | | |
|---|---|---|
| 课前预习 | □ | 1．预习课本知识，了解本章内容的知识框架 |
| | □ | 2．通过网络搜索等途径，了解心理健康的标准，并与课本知识互相印证 |
| | □ | 3．思考心理健康的重要性 |
| | □ | 4．列举大学生可能会遇到的心理问题，并思考应对方法 |
| 课本学习 | □ | 1．了解大学生心理健康的标准 |
| | □ | 2．了解心理健康与身体健康的关系 |
| | □ | 3．熟悉大学生常见的心理问题 |
| | □ | 4．掌握大学生心理问题的应对方法 |
| 任务训练 | □ | 1．积极参加课后实践活动 |
| | □ | 2．在课后实践活动中，与同学协调配合，构建和谐人际关系 |
| | □ | 3．能将课本知识学深悟透、学以致用 |

## 【健康问答】

张丹性格比较内向、敏感，对自己缺乏信心。进入大学后，因为离家远，又和一些陌生人生活在一起，让她觉得很不舒服。她把自己的物品摆放得井井有条，生怕别人动她的东西。晚上睡觉时，她很反感室友打游戏时外放声音，每天都睡不着觉，但又不好意思与其发生正面冲突，心里很纠结。

慢慢地，张丹开始觉得周围的同学都很不友好。听到有人窃窃私语，她就会认为那是在议论自己，说自己的坏话；看到别人不经意的一个眼神，她就会认为那是在嘲讽自己；同学们偶尔开句玩笑，她也认为那是有意针对自己。由于长时间不能摆脱这种心理困扰，张丹开始失眠，并且经常感到头晕、心悸，每天的精神状况很不好，也无心学习。但她还是把所有事情都放在心里，想着自己能解决问题，这导致她的状态越来越糟糕。

**思考**

张丹的生活状态出现了什么问题？你能给她一些建议吗？

## 【健康课堂】

# 第一节 心理健康概述

心理健康是指个体具有完善的个性特征，在认知、情绪反应和意志行为等方面处于积极状态，并能够保持正常的情绪调控能力，能够适应变化着的环境。在生活实践中，个体能够正确认识自我，自觉控制自己，正确对待外界影响，并使心理保持平衡与协调，就已具备心理健康的基本特征。

**温馨提示**

每年的5月25日为全国大学生心理健康日。“5·25”的谐音为“我爱我”，意在提醒大学生要了解自我、关爱自我、接纳自我，关注自身的心理健康和心灵成长，提高自身的心理素质，进而关爱他人和社会。

## 一、心理健康的标准

明确心理健康的标准，有利于大学生衡量自己的心理健康状态，进而采取相应的调整措施。心理健康的标准主要包括以下几个方面：

### （一）智力正常

智力正常是指个体具有认识和理解客观事物、获取和记忆经验与知识的能力，并能够运用经验、知识等解决问题。智力正常是大学生生活、学习与工作的基本条件，也是其适应周围环境变化的必要保障。智力正常的个体通常表现出强烈的求知欲望和浓厚的探索兴趣，乐于学习并能够克服学习过程中的困难，能够保持一定的学习效率并能从中体验到快乐和满足。

### （二）情绪健康

情绪健康是指个体情绪稳定和心情愉快，其内容包括：善于控制与调节自己的情绪，既能适当地克制情绪，又能合理地宣泄情绪；在不同的时间和场合，有恰当的情绪表达和适度的情绪反应；乐观开朗、富有朝气，对生活充满希望。

### （三）意志健全

意志是指个体有选择性地在自己的活动中设置一定目的，并为达到该目的而自觉决定和组织自己的行为的心理过程。意志健全是指个体在行动的自觉性、果断性、顽强性和自制力等方面都表现出较高水平，即在各种活动中都有目的性，能自觉适时地做出决定并以切实、有准备的方式解决所遇到的问题，在困难和挫折面前能采取合理的反应方式，能在行动中控制情绪和言行，而不会盲目行动、轻率鲁莽、畏惧困难或顽固执拗。

### （四）人格完整

人格是指个体比较稳定的心理特征的总和。人格完整是指个体有健全统一的人格，即个体的所想、所说、所做都是协调一致的。人格完整的主要标志包括：人格结构的各要素完整统一；具有正确的自我意识，不产生自我同一性混乱；以积极进取的人生观作为核心，把自己的需要、目标和行动统一起来。

### （五）自我意识完善

自我意识完善是指个体能正确地认识自己、评价自己和接纳自己。自我意识完善的个体能够合理地认识自己，客观地评价自己并摆正自己的位置，既不因自己在某些方面高于别人而自傲，也不因自己在某些方面低于别人而自惭；能够自我悦纳，表现出适度的自尊、自强、自制和自爱。

### （六）人际关系和谐

和谐的人际关系是心理健康的重要条件。个体人际关系和谐的主要表现如下：乐于与人交往，并能够以友好、尊重、理解的态度与他人相处；交往态度积极，且交往动机端正；在交往中保持独立而完整的人格，有自知之明，不卑不亢；能够客观地评价自己和他人，并善于取人之长以补己之短；宽以待人，乐于助人，能与集体保持协调的关系。

### （七）社会适应良好

社会适应能力是指个体为了更好地在社会上生存而进行的心理和生理上的各种适应性改变，并根据改变做出相应行动的能力。具有良好社会适应能力的个体能够与社会保持良好的接触，对社会现状有清晰而正确的认识，其思想和行动能跟得上时代的步伐，且能以有效的方法应对环境中的各种困难；当发现自己的需求与社会需求发生矛盾时，能够迅速地改变自我，以适应环境，与社会保持协调一致。

### （八）心理行为符合年龄特征

人的一生要经历各个不同的年龄阶段，每个年龄阶段的心理行为都应符合该年龄阶段的特征。对于大学生来说，精力充沛、勤学好问、反应敏捷、乐观向上、善于探索等是其应有的心理行为表现，而过于老成、过于幼稚、过于依赖或过于叛逆等心理行为表现都是不健康的。

## 二、心理健康与身体健康的关系

人的心理健康与身体健康是相互联系、相互制约、相互影响的。心身医学研究表明，任何身体病变，都有可能引起心理的消极变化，导致抑郁、悲观、焦虑、恐惧甚至绝望等消极心理，严重者可能出现各种形式的伴发性精神障碍。同样，任何过激的心理反应或异常的心理变化，也有可能导致身体病变，产生心因性疾病。例如，如果一个人性格孤僻，心理长期处于一种抑郁状态，就会影响体内激素分泌，导致抵抗力下降，从而易患某种疾病。

**课堂互动**

在期末备考期间，不少同学会因过度紧张、焦虑甚至恐惧，加之熬夜、睡眠质量差、饮食不规律等，导致急性胃肠炎、口腔溃疡等疾病。你是否有过类似的经历？

# 第二节 大学生常见的心理问题

大学生正处于一个心理和生理迅速发展变化的时期，对各种事物还缺乏客观的认识和评价，在面对学习、生活、人际交往等问题时，难免会出现各种心理问题，产生各种心理困惑。具体来说，大学生常见的心理问题主要表现在校园生活适应困难、学习压力带来焦虑心理、人际关系失调引起社交障碍、异性交往发生问题、就业压力造成心理障碍等方面。

## 一、校园生活适应困难

进入大学后，无论是自然环境、生活环境还是学习环境，都发生了迅速而巨大的变化。面对环境的快速变化，以及现实和理想间的巨大差距时，很多大学生会出现一系列的心理问题。

例如，有的大学生不习惯住校，觉得集体宿舍太拥挤，且不知道如何处理与舍友的关系，从而流露出对家人的思念之情，并产生难以消除的苦闷和忧虑；有的大学生自理能力较差，难以适应一切生活细节都需独立完成的现状，从而感到迷茫和无所适从；有的大学生怀揣着憧憬和理想步入校园，然而种种原因使其不能顺利实现理想，这令他们感到悲观失望或心理失衡，从而产生消极颓废、排斥自我、逃避现实等心理问题。

关注大学生心理健康

## 二、学习压力带来焦虑心理

不少大学生在进入校园后，发现身边的同学都很优秀，自己昔日那种“众星捧月”的优越感荡然无存，从而产生失落、焦虑、恐惧等心理问题。此外，进入大学后，学习的内容和方式都发生了巨大变化，如学习不局限于课本、学习时需要进行自我管理等。对此，一些大学生感到无从下手或者无法克服学习过程中的困难，找不到适合自己的学习方式，致使学习效率低下、学习任务不能完成、学习动力不足，久而久之便出现苦闷、焦虑等心理问题。还有一些大学生因对所学专业不感兴趣，对本专业知识的学习产生抵触情绪，心理矛盾突出。

**温馨提示**

焦虑对大学生的影响是复杂的，它既可以成为大学生成才的内驱力，起促进作用，也可以起阻碍作用。实验证明，中等焦虑能使大学生维持适度的紧张状态，注意力高度集中，提高学习效率；但过度焦虑则会给大学生带来不良影响，如有些大学生在考试前夜失眠或考试时“怯场”，发挥失常，多是过度焦虑所致。

## 三、人际关系失调引起社交障碍

同高中阶段相比，大学阶段的人际交往活动在校园活动中所占的比重较大。大学生必须在适应新环境和新学习方式的同时，以新的身份独立地进入准社会群体的交际圈。部分大学生因缺乏必要的交往技巧、不会处理人际矛盾、不知道如何与他人建立良好的人际关系等，不善与人交往，甚至还会被同学孤立，因此容易产生心理困惑或者孤单、无助、苦闷、焦虑等心理不适感。

## 四、异性交往发生问题

大学生的年龄通常为 18～25 岁，他们处于性发育和性成熟的重要时期，其生理和心理都有重大变化，所以他们会不可避免地遇到恋爱和性心理问题。在实际生活中，大学生会对异性产生爱慕之情，对爱情心怀憧憬，对两性问题充满好奇。一些大学生在追求爱情或经营爱情的过程中，可能会遇到单恋、沟通困惑、失恋、情感报复、性困扰等问题，从而产生郁闷、焦虑、恐惧等心理。

## 五、就业压力造成心理障碍

当前，大学生的就业形势依然严峻，竞争压力也日益剧增。很多大学生为了能在毕业时找到一份满意的工作，便盲目地考证、考研，这在无形中增加了其心理压力。当压力过大而无法承受时，便会出现一系列心理问题。

一些大学生在面对激烈的求职竞争时，认为自己没有一技之长，感到一筹莫展，久而久之便演变为心理障碍，如择业恐惧、持续紧张、焦虑、抑郁等。还有一些大学生渴望找到一份理想的工作，但求职所得的工作往往不如意，这给他们带来很大的心理落差，致使他们产生抑郁、颓废、悲观、丧失自信心、自暴自弃等心理障碍。

# 第三节 大学生心理问题的应对方法

## 一、自我调适

### （一）保持积极的情绪

积极的情绪对大学生的影响极大，它不仅与大学生的身心健康密切相关，而且与大学生能否适应社会、获得事业成功和更好地享受生活有紧密联系。为保持积极的情绪，大学生需要掌握一些情绪自我调控的方法，具体如下：

### 1．放松训练法

常见的放松训练法有呼吸放松法、想象放松法、肌肉放松法等。

（1）呼吸放松法。呼吸放松训练的操作要领如下：① 把注意力集中在腹部；② 用鼻孔慢慢地吸气，感受腹部慢慢地鼓起来；③ 吸足气后，稍微屏气；④ 用口和鼻同时把浊气慢慢地、自然地吐出来，感受腹部慢慢地瘪下去。如此重复 2～3 次，就可起到放松的作用。

（2）想象放松法。选择一个优雅、宁静的环境，闭上眼睛想象一些美好的事物，如广阔的大草原、慢慢涨落的海水、平静的湖面等，也可以回忆一些美好的经历，在想象的同时不断调整呼吸的节奏，然后慢慢睁开眼睛。

（3）肌肉放松法。这一方法主要通过反复收紧、放松全身各部分肌肉，达到放松身心的目的。其最基本的动作是收紧肌肉，保持 3～5 秒，并注意这种紧张感；然后放松 10～15 秒，体验肌肉放松时的感觉。选择一个安静的环境，放置一张舒适的椅子或床，坐或躺在上面，使身体有所支撑，然后按照基本动作进行各部分肌肉的放松训练。

#### 健康指导

进行肌肉放松训练时，各部分肌肉的收紧、放松需重复 2～3 遍，直至完全放松。身体各部分肌肉放松的顺序如下：

（1）足部：把脚趾向后伸，收紧足部的肌肉；然后放松。

（2）腿部：伸直腿，跷起脚趾（指向你的脸）；然后放松。

（3）腹部：向里向上收紧腹部肌肉，然后放松。

（4）背部：拱起背部，然后放松。

（5）肩部/脖子：尽可能地耸起双肩，向内向上，头部向后仰；然后放松。

（6）手臂：举起双臂，然后放松。

（7）面部：紧锁眉头，咬紧牙关；然后放松。

（8）全身：收紧全身肌肉，保持全身紧张，然后放松。

做完一组训练后，若仍感到肌肉紧张，可再做一组；若感到局部肌肉紧张，可进行局部练习。完成练习后，想象一些让自己感到舒适、宁静的情景，把注意力集中在呼吸上，深深地吸气、缓缓地呼气，持续三分钟左右，然后缓慢、轻柔地起身。

资料来源：http://blog.sina.com.cn/s/blog_89c6a9ab0100t077.html

### 2．音乐疗法

音乐具有显著的调节情绪的功能。音乐的节奏、旋律、音色、速度、力度等都可以影响人的情绪变化，因此可用不同的乐曲去诱发倾听者相应情绪的产生。节奏明快、铿锵有力的音乐能振奋人的情绪；旋律优美、悠扬婉转的乐曲能使人情绪安定、轻松和愉快。

例如，忧郁烦恼时，可以听《蓝色多瑙河》《卡门》《渔舟唱晚》等意境广阔、充满活力、轻松愉快的乐曲；情绪浮躁时，可以听《小夜曲》《月光》等舒缓、安静的乐曲。

### 3. 合理情绪疗法

合理情绪疗法，也称“理性情绪疗法”，是一种帮助个体解决因不合理信念产生的情绪困扰的情绪调控方法。其基本步骤如下：

（1）认真思考自己的不良情绪和不良行为反应是否由不合理信念引起，然后再决定是否采取合理情绪疗法。

（2）要使自己认识到，对于自身面临的问题，自己应当负主要责任，从而使自己能够从改变自身做起。

（3）找出不合理信念，改变自己的不合理信念，并建立起合理信念。例如，某位同学的不合理信念是：“我应该并且一定要得到我想要的东西，这是我的权利。”对应的合理信念应该是：“尽管我非常想得到某件东西，但我只是有权利去争取，并不意味着我一定要得到才行。”

（4）矫正过去在不合理信念支配下形成的不良行为反应，使自己的认知与行为协调一致，建立起良好的行为反应。

## 拓展阅读

### ABC 理论

ABC 理论是合理情绪疗法的基本理论。在 ABC 理论中，A 是指诱发事件；B 是指个体在遇到诱发事件后产生的信念，即其对诱发事件的看法、解释和评价；C 是指特定情景下，个体的情绪及行为反应。

ABC 理论

ABC 理论指出，诱发事件 A 只是引起情绪及行为反应 C 的间接原因，而个体对诱发事件所持的信念 B 是引起情绪及行为反应 C 的更直接的原因。合理的信念会引起个体适当的、适度的情绪及行为反应；而不合理的信念则会引起不适当的情绪及行为反应。当个体坚持某些不合理的信念，长期处于不良的情绪状态中时，最终将会导致情绪障碍的产生。

诱发事件 A、情绪及行为反应 C 是比较容易发现的，而不合理信念 B 则难以发现。不合理信念的主要特征是绝对化的要求、过分的概括化及糟糕至极的想法等。

（1）绝对化的要求是指个体以自己的意愿为出发点，认为某一事物必定会发生或不会发生的信念。因此，当某些事物的发生与其对事物的绝对化要求相悖时，个体就会感到难以接受和适应，从而极易陷入情绪困扰之中。

（2）过分概括化是一种以偏概全的不合理的思维方式。它是指个体对自己或别人不合理的评价，其典型特征是个体以某一件或某几件事来评价自身或他人的整体价值。

（3）糟糕至极的想法是一种把事物的可能后果想象、推论到非常可怕、非常糟糕，甚至是灾难性后果的非理性想法。当个体坚持这样的想法，遇到他认为糟糕透顶的事情发生时，就会陷入极度的负面情绪体验中。

资料来源：https://baike.so.com/doc/5637857-5850484.html

### 4. 宣泄疏导法

对情绪变化剧烈、心理反应敏感的大学生来说，宣泄疏导法是一种简捷、易操作、见效快的情绪调控方法。具体方式主要有哭泣、倾诉和运动。

（1）哭泣。感到特别痛苦悲伤时，不妨痛痛快快地大哭一场。哭能有效释放积聚的消极情绪，调节心理状态。

（2）倾诉。心中的不快、郁闷、愤怒、困惑等消极情绪，可以向老师、家人或信得过的朋友倾诉，也可以写在日记本里。

（3）运动。运动能够促使大脑产生更多让人兴奋和快乐的物质——内啡肽，有助于释放不良情绪，减缓心理压力。运动还可以使人转移注意力，给愤怒等不良情绪一个合理的发泄渠道。在受到不良情绪困扰时，可以尝试跑步、游泳、跳绳等运动。

不良情绪的宣泄方法还有很多，如看电影、画画、玩纸牌游戏、旅游等。但任何有效的、良性的宣泄方法都不应损伤自己，也不应危害他人。

### 课堂互动

准备一张白纸、一支签字笔、一个圆规、一盒彩色画笔。现在请你静下心来，仔细回忆过去 5 天自己经历了哪些情绪，将这些情绪记录在纸上，并计算各种情绪的占比。例如，在过去的 5 天中，累计有 2 天持有愉悦的情绪，则愉悦情绪的占比为 40%。

在纸张空白处用圆规画一个大圆，这个圆代表你最近 5 天的情绪拼盘。根据各种情绪所占的百分比，将整个情绪拼盘分割成若干部分，并用彩色画笔涂上不同的颜色，如“愉悦”涂成绿色、“愤怒”涂成红色、“伤感”涂成灰色、“恐惧”涂成黄色等。

制作好情绪拼盘后，你对自己的情绪状态有什么新的认识？接下来你会如何调整自己的情绪？

## （二）合理调节压力

面对压力时，个体通常会出现一系列身体和心理上的反应，这些反应在一定程度上能够激发机体的潜能。但是，如果这些反应过于强烈或持久，可能会导致机体神经系统、内分泌系统和免疫系统的紊乱和崩溃，也有可能会导致过度敏感、注意力难以集中等，甚至可能导致不良的行为反应，如过度饮食、攻击、失眠等。

因此，大学生需要掌握一些合理调节压力的方法，以减轻压力带来的消极影响。常见的调节压力的方法有以下几种：

### 1. 悦纳自我

悦纳自我就是乐于接受自己，喜欢自己，承认自己价值的一种积极心理状态。要做到悦纳自我，需要做到以下几点：

（1）坚信“只要真正付出努力，同等条件下，别人行，我也一定能行”，以此来增强自信心。而强烈的自信心能够促进成功，成功后的愉悦感又可以使大学生进一步增添自信，欣赏自己，实现良性循环。

（2）铭记“尺有所短，寸有所长”。不苛求自己，恰当地认同自己。

（3）正视自己的短处，既努力扬长更注意补短。

### 2. 合理制定目标

大学生遇到的各方面的压力，多是源于自己制定的目标过高，而现实与目标存在一定的差距。因此，大学生在制定目标时，要避免完美主义，要尽可能地在正确、客观、全面的自我认知基础上，合理制定目标。当出现压力时，也不要怨天尤人，而应及时调整目标、降低期望，从而避免强烈的心理失衡。

### 3. 科学管理时间

相比中学，大学的时间比较充裕，多数时间需自己安排。合理的时间安排可以使繁杂的事情变得井井有条，提高效率，从而有效缓解紧张情绪，调节心理压力。因此，大学生要学会科学管理时间，具体可从以下几个方面做起：

（1）制订整个大学阶段的总体规划。例如，规划专业学习、考取职业证书、参加各类培训、参与社会实践等的时间，以使各个阶段的学习和生活更有针对性。

（2）运用时间管理的“四象限”法则（见图 6-1），分清事情的轻重缓急。如果你总是有重要且紧急（第一象限）的事情要做，说明你在时间管理上存在问题，应调整自己的时间管理。

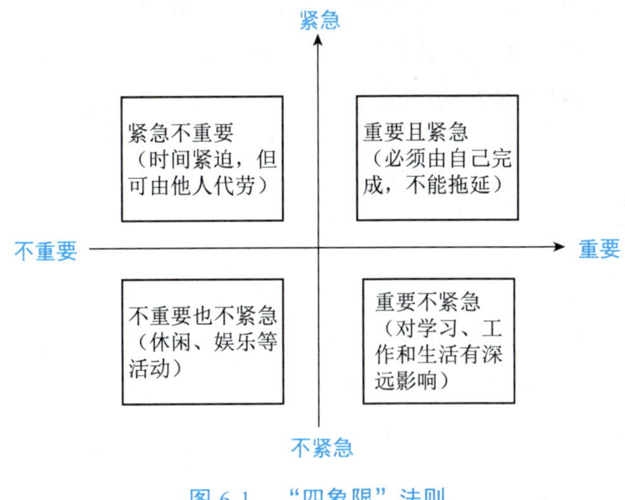


图 6-1 “四象限”法则

（3）合理利用零碎时间。例如，走路时听英语、背单词，晚上睡觉前回忆一天的学习内容等。

**课堂互动**

目前你面临的最大压力是什么？为什么会出现这个压力？面对压力，你采取了哪些措施？采取的措施是否有效？

### （三）处理好人际关系

心理学家认为，人类的心理适应，最主要的在于对人际关系的适应。大学生正处在学习知识、了解社会、探索人生的重要发展时期，主要活动都是在人际交往的过程中进行的。良好的人际关系是大学生心理发展的重要基础，因此大学生必须处理好人际关系。一般来说，可以从以下几个方面做起：

**1. 尊重他人，宽以待人**

在日常生活中，我们会遇到各种各样的人，有与我们性格相同的人，也有与我们性格不同甚至完全相反的人；有与我们观念类似的人，也有与我们观念不同的人；等等。我们要学会接纳差异性的存在，在交往中尊重他人，对他人与自己不一样的地方和对方的缺点多一点宽容和理解。

**2. 敞开心扉，真诚待人**

真诚是对人对事的一种实事求是的态度，是待人友善的表现。在人际交往中，真诚是相互信赖和友好交往的基础。只有做到敞开心扉，真诚待人，才能赢得对方的信赖，建立良好的人际关系。

**3. 改变观念，客观对待**

之所以人际关系会紧张，是因为人们很多时候以主观观念预设了很多场景，一旦外界的人和事不能随自己意愿的时候，就会觉得对方难以沟通。这时候如果我们能够转变思想观念，不要以自己的主观观念去预设别人，除去先入为主的偏见，客观对待他人，便能有助于人际关系的发展。

**温馨提示**

人际关系不是交际应酬或逢迎巴结，这些行为也许可以帮助你建立良好的公共关系，却不一定能帮助你建立良好的人际关系。人际关系也不是人脉，良好的人际关系可以帮助你建立人脉；但是，人脉广却不一定就表示你有良好的人际关系。

## 二、寻求帮助

### （一）求助家人与朋友

遇到问题时，要记住自己并不是一个人在面对问题。每个人都是在一个环境系统中成长起来的。除了自然环境，这个系统还包括社会支持统，系统中有自己的家人、朋友等。可以向他们分享自己的经历，讲述自己的困难，往往能够得到一些有效的建议。即使没有有效的方法提出，倾诉及从他人那里获得理解和支持也能够帮助我们缓解压力，使我们能够更勇敢地面对心理问题。

### （二）心理咨询

当心理压力过大、内心矛盾冲突激烈、自我调节难以奏效，又无法从家人、朋友或同学处得到合适的帮助时，大学生可以积极利用学校的心理咨询资源，及时主动地寻求心理咨询老师的帮助和指导，提高自身心理健康水平。

**拓展阅读**

### 心理咨询常见的误区

心理咨询是心理咨询师运用心理学的知识、理论和方法，为来访者提供帮助的过程。但是，很多大学生由于对心理咨询不了解而存在偏见，往往不愿意寻求心理咨询师的帮助。心理咨询常见的误区有以下几点：

**误区一　心理咨询是件丢人的事**

很多大学生认为心理咨询是一件难为情的事，怕因此受到周围人的歧视和猜疑，甚至怕被当成精神病人看待。其实每个人都会时常出现一些心理困扰，而心理咨询是预防心理障碍的有效方法，是促进人的成长与发展的最佳途径之一。

**误区二　心理咨询就是聊天**

心理咨询是心理咨询师基于心理学的专业理论和技能知识，结合医学、社会学、教育学等多方面的知识与来访者进行的谈话，有着科学的理论体系和严格的操作规程。因此，心理咨询完全不同于朋友间的聊天、亲友的劝解安慰、老师的教育等。

**误区三　一次心理咨询就可以解决问题**

由于对心理咨询不了解，大学生往往幻想着一次心理咨询就能把自己长期的压抑与痛苦一扫而光。然而“冰冻三尺非一日之寒”，许多心理问题都是长时间累积的产物，甚至已经性格化，难以在短时间内有所改变。此外，心理咨询师可以协助来访者学会用更有效的方式对待自己、对待他人和生活中的各种困惑，但不可能包办解决来访者的问题。

资料来源：http://jdxl.jiangnan.edu.cn/info/1019/1884.htm

【健康一起来】

## 创作“健康心理，悦享生活”短视频

围绕“健康心理，悦享生活”的主题，聚焦心理健康知识的传播和分享，设计制作相关短视频。视频内容不限，可以是情景剧、相声、访谈、讲述等，时长不超过15分钟。完成视频制作后，上传到网络平台。

**1．活动实施**

（1）4~6人为一组，组长将小组成员信息及分工情况填入表6-1中。

表6-1　小组成员信息及分工情况

| 小组成员 | 姓名 | 学号 | 任务分工 |
|---|---|---|---|
| 组长 | | | |
| 组员 | | | |
| | | | |
| | | | |
| | | | |

（2）根据本次活动主题，结合所学知识搜集、整理相关资料，并制作视频脚本、录制视频。

（3）将视频上传到网络平台，然后分享至班级微信群。

**2．考核评价**

采取自评、小组互评和教师评价相结合的方式完成考核评价，并填写表6-2。

表6-2　考核评价表

| 项目名称 | 评价内容 | 分值 | 评价分数 | | |
|---|---|---|---|---|---|
| | | | 自评 | 互评 | 师评 |
| 知识、技能考核（60%） | 视频主题明确、框架清晰 | 10 | | | |
| | 视频内容丰富，兼具科学性、准确性和实用性 | 20 | | | |
| | 视频传播心理健康知识，具有一定的教育意义 | 20 | | | |
| | 视频具有吸引力，在网络平台上有一定的播放量 | 10 | | | |
| 综合素质考核（40%） | 积极实施任务 | 10 | | | |
| | 态度认真，做事细致 | 10 | | | |
| | 有较强的团队合作意识 | 10 | | | |
| | 思维活跃，有创新意识 | 10 | | | |
| 合计 | | 100 | | | |
| 总评 | 自评（20%）+互评（20%）+师评（60%）= | 教师（签名）： | | | |

## 【健康中国·精彩故事】

### 马弘：不忘医者初衷，打赢疫情防控心理战

马弘，北京大学第六医院精神科主任医师，国家卫健委应急办专家，首批灾后心理危机干预医疗队队员，多次担任联合国各组织灾后精神卫生项目的负责人。

马弘是中国心理危机干预的践行者、开拓者和领军人，她几乎参与了所有国内重大灾难后的心理危机干预和救助行动，如1994年克拉玛依大火、2002年大连空难、2003年“非典”、2008年汶川大地震、2015年天津爆炸事故等。在每一次行动中，马弘心中始终抱着一个坚定的信念：“人们可以从灾难中走出来，回归正常生活。”

新冠肺炎疫情暴发后，马弘积极按照国家卫生健康委的要求开展防控工作，自觉承担国家卫生健康委指派的各项心理危机干预任务。同时，她充分发挥专业优势，在国家卫生健康委的指导下牵头主编了《应对新型冠状病毒肺炎疫情社区服务心理支持技巧50问》一书。这本书正式出版后，成为各地开展社区心理服务实战培训的主要教材和灾后心理救援的工作指南。

2020年3月24日，受国家卫生健康委委派，马弘赶赴武汉执行心理危机干预任务。援鄂过程中，马弘全身心投入抗疫工作，协助武汉市新冠肺炎疫情防控指挥部涉疫大数据和流行病学调查组心理专班建设武汉市心理应急体系“三专网”，配齐、配足心理疏导服务队伍，分级、分类提供心理疏导服务，积极开展心理健康宣传。此外，马弘还发起武汉市心理专班例会并使之成为常规机制；参加核心专家组视频会议，了解武汉市各区的社会支持情况；为武汉市各区心理专干开展心理咨询和灾后心理干预等方面的技巧培训。2020年4月27日，驻扎武汉35天的马弘在圆满完成驰援任务后平安返京。

回想当初为何选择精神病学，马弘说：“当年实习时，我的第一节精神病学课是沈渔邨（cūn）院士讲的。我一直牢牢记得她开场的话，‘当医生需要同情心，当精神科医生需要更多的同情心。如果你们觉得自己的同情心不够，建议不要选择做精神科医生。’实习结束后，一半人放弃了精神科，而我选择了留下来。至今，我依然认为这是正确的选择。”

资料来源：

https://article.xuexi.cn/articles/index.html?art_id=2250128584263162595&t=1607936222747&showmenu=false&study_style_id=feeds_default&source=share&share_to=copylink&item_id=2250128584263162595&ref_read_id=b788d879-c95c-40cb-8910-fa5f5a80f884_1638239822444

# 第七章

# 性与生殖健康

## 本章导读

性与生殖健康是人体健康的重要组成部分。大学生处于性生理成熟与性观念形成的关键时期，他们对异性充满好奇，渴望美好的爱情，同时表现出对性问题的思索和困惑。对大学生来说，掌握正确的性与生殖健康的知识不仅有助于维护自身生殖健康，而且有利于形成正确的性观念和性态度，提升保护自身与尊重他人的意识，培养自尊自爱、有担当的优良品质。

## 学习清单

完成一项学习任务后，请在对应的方框中打勾。

| | | |
|---|---|---|
| 课前预习 | □ | 1. 预习课本知识，了解本章内容的整体框架 |
| | □ | 2. 通过查阅书籍、网络搜索等途径了解性与生殖健康的相关知识 |
| | □ | 3. 列出自己了解的性与生殖健康的相关知识，并与课本知识相互印证 |
| 课本学习 | □ | 1. 了解男性、女性生殖系统的结构与功能，懂得如何做好生殖系统的卫生与保健工作 |
| | □ | 2. 了解科学避孕的重要性，掌握正确的避孕方法 |
| | □ | 3. 掌握性传播疾病的预防措施，提高自我防范意识 |
| 任务训练 | □ | 1. 积极、认真地参与课后实践活动 |
| | □ | 2. 在实践活动中，与同学协调配合，提高人际交往能力与解决问题的能力 |
| | □ | 3. 通过实践活动，树立尊重科学保健和为自己负责的意识，提升自身对性与生殖健康的认知水平 |

【健康问答】

2019 年 11 月至 2020 年 2 月期间，中国计划生育协会、中国青年网络、清华大学公共健康研究中心共同发起并实施了“全国大学生性与生殖健康调查”。调查问卷中设置了几道关于性与生殖健康的判断题，如“蚊虫叮咬能够传播艾滋病病毒”“在发生性行为时，安全套是唯一一种既能预防怀孕，又能预防性病、艾滋病的方式”“生殖器疱疹是一种性传播疾病”等。来自全国 5 万多名大学生参加了健康调查，但他们的平均得分只有 4.16 分（满分 9 分），远低于及格线，且其中有 8.18%的大学生甚至连一道题都没答对。

不仅如此，从调查结果还能了解到这样一些事实：目前仍有部分大学生并不完全了解自己的生殖结构，仍有部分大学生发生性行为时不采取任何保护措施，甚至有些大学生认为“亲吻会导致怀孕”……这样的调查结果令人震惊，同时也让我们认识到普及性与生殖健康知识的重要性和紧迫性。

思考

你对性与生殖健康知识的掌握程度如何？作为大学生，应该如何提升自身对性与生殖健康的认知水平？

【健康课堂】

# 第一节 生命的起源

## 一、性成熟

性成熟是指男性、女性的生殖器官发育成熟，具备了正常的繁殖功能。从生物学意义上看，性成熟标志着个体已从儿童发育为成人。

男性、女性的生殖器官在青春期之前，发育较为缓慢，但进入青春期后，发育迅速。女性性成熟的标志是第一次月经来潮，男性性成熟的标志是是第一次夜间遗精。女性月经初潮的平均年龄为 10～16 岁，男性首次遗精的平均年龄为 14～16 岁。女性性器官及其功能成熟的平均年龄为 16～17 岁，男性性器官及其功能成熟的平均年龄为 18 岁。男性、女性的性发育历程如表 7-1 所示。

表 7-1　男性、女性的性发育历程

| 年龄/岁 | 男性的性发育历程 | 女性的性发育历程 |
|---|---|---|
| 8～9 | 无变化 | 子宫发育，骨盆开始变宽，臀部逐渐饱满，皮脂腺分泌增多 |
| 10～11 | 睾丸开始增大 | 乳房、乳头开始发育，阴毛生长 |
| 12 | 喉结开始增大，前列腺开始发育 | 阴道黏膜出现变化，乳头、乳晕突出，内外生殖器发生变化 |
| 13 | 阴毛生长，睾丸、阴茎增大 | 乳头色素沉着，乳房显著增大 |
| 14 | 声音变粗，喉结突出 | 出现月经初潮，腋毛生长 |
| 15 | 阴囊色素增强，腋毛生长，开始长胡须，睾丸发育成熟，出现遗精 | 月经周期逐渐规律，与排卵周期保持一致，骨盆明显变宽 |
| 16～18 | 面部长痤疮，面部和身体的汗毛增多 | 面部长痤疮，骨骼闭合，身高不再增长 |
| 19～22 | 骨骼闭合，身高不再增长，身体发育成熟 | 身体发育成熟，表现出特有的曲线美 |

当然，性成熟不仅包括生理上的性成熟，也包括心理上的性成熟，即个体性观念的成熟。性观念的成熟主要表现为以下两点：一是适应社会对性别特征、性行为及性关系的规范要求；二是可以理性地认识和控制性冲动，使性行为遵循个人的价值观和道德观。

## 二、生殖系统的构造与功能

### （一）男性生殖系统

男性生殖系统包括男性外生殖系统和男性内生殖系统两个部分，如图 7-1 所示。

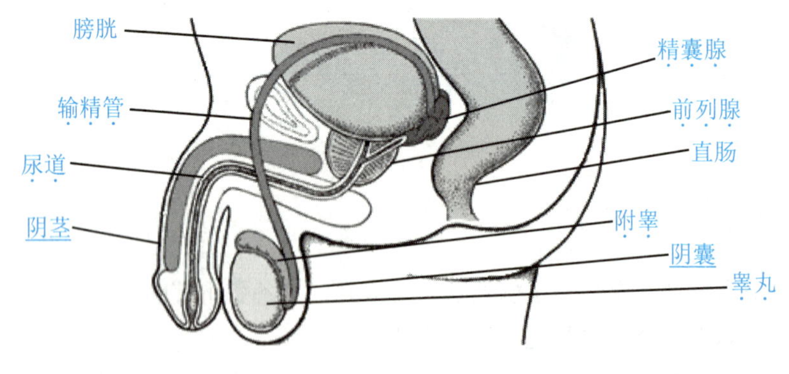


— 外生殖系统　　·· 内生殖系统

图 7-1　男性生殖系统

#### 1. 男性外生殖系统

男性外生殖系统包括阴茎、阴阜及阴囊。

（1）阴茎。阴茎是男性的主要性器官，包括阴茎根、阴茎体和龟头 3 个部分，内部包裹尿道，外包筋膜和皮肤，具有射精和排尿功能。

（2）阴阜。阴阜是指阴茎根部前上方隆起的三角区，上面长有阴毛。

（3）阴囊。阴囊是指阴茎根部的皮肤囊袋。

### 2. 男性内生殖系统

男性内生殖系统包括睾丸、附睾、输精管、尿道及腺体等。

（1）睾丸。睾丸位于阴囊内，左右各一，具有产生精子和分泌雄激素的功能。

人的生殖系统

（2）附睾。附睾具有分泌营养物质、促进精子成熟的功能。

（3）输精管。输精管是精囊腺的排泄管，与尿道相连。

（4）尿道。尿道具有排尿和射精的双重功能。

（5）腺体。腺体包括精囊腺、前列腺和尿道球腺，其分泌物是精液的主要成分，可增强精子的活动能力。

## （二）女性生殖系统

与男性生殖系统相比，女性生殖系统无论在构造上还是在功能上都更为复杂。女性生殖系统包括女性外生殖系统和女性内生殖系统两个部分。

### 1. 女性外生殖系统

女性外生殖系统包括阴阜、大小阴唇、阴蒂、阴道前庭、尿道口、阴道口及处女膜，如图 7-2 所示。

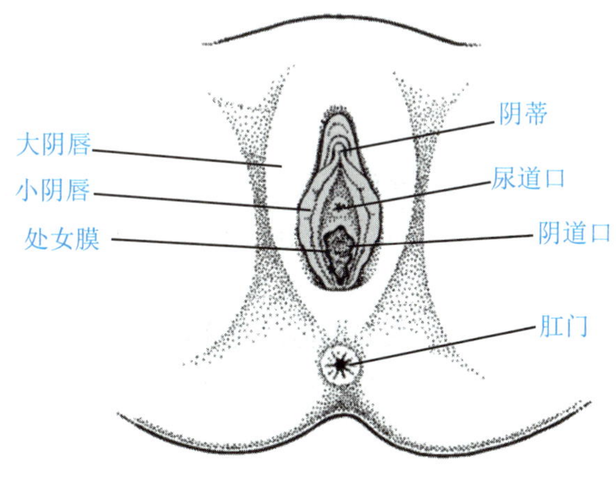


图 7-2 女性外生殖系统

（1）阴阜。阴阜为耻骨联合处隆起的脂肪垫，长有阴毛，阴毛呈尖端向下的三角形分布。

（2）大阴唇。大阴唇是指靠近两股内侧的一对皮肤皱襞，前接阴阜，后连会阴。两侧大阴唇呈自然合拢状态，遮盖阴道口及尿道口。

（3）小阴唇。小阴唇是指大阴唇内侧的一对薄皱襞，表面湿润，内侧面呈淡红色，皮内含有丰富的神经末梢，故感觉敏锐。

（4）阴蒂。阴蒂位于两侧小阴唇的顶端，是一个圆柱状的小器官。

（5）阴道前庭。阴道前庭是指两侧小阴唇之间的菱形区，在此区域内，前有尿道口，后有阴道口。

（6）尿道口。尿道口是指呈椭圆形的尿道开口，是细菌容易滋生的场所。

（7）阴道口及处女膜。阴道口位于尿道口下方，其形状、大小不规则。阴道口覆盖有一层薄膜，称为处女膜。正常的处女膜中央有一个裂口，经血就由裂口流出。

### 2. 女性内生殖系统

女性内生殖系统包括阴道、子宫、输卵管和卵巢，后两者也称为子宫附件。女性内生殖系统如图7-3所示。

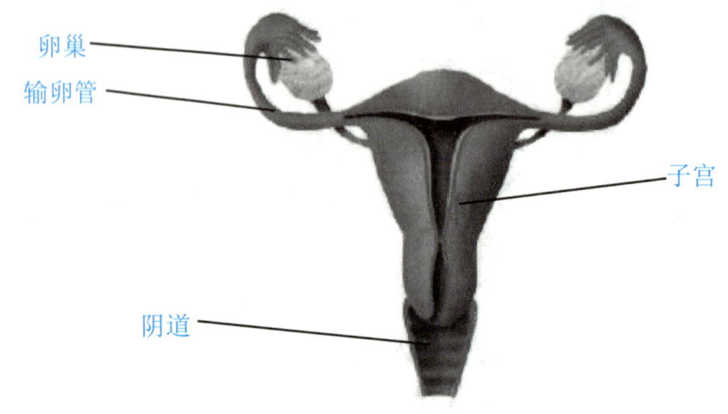


图7-3 女性内生殖系统

（1）阴道。阴道位于子宫与外阴之间，是性交器官，也是经血流出与胎儿娩出的通道。

（2）子宫。子宫是一个空腔器官，呈倒置扁梨状，是受精卵和胎儿生长发育的处所。子宫壁厚、腔小，分娩时子宫的收缩力量可迫使胎儿产出。子宫内膜会周期性脱落，这就是月经形成的原因。

（3）输卵管。输卵管左右各一，细长而弯曲，是输卵管道。

（4）卵巢。卵巢左右各一，为灰白色扁平椭圆体，有产卵和分泌雌激素的功能。

## 三、生命的孕育

性成熟是产生新生命的基础，整个生命的孕育过程一般持续280天左右，主要包括受精与着床、胎儿生长、分娩等阶段。

### （一）受精与着床

受精是指成熟的精子与卵子结合为受精卵；着床是指受精卵附着在子宫内壁。

性成熟女性的月经周期对应排卵期，每个排卵周期内都会排出一个成熟的卵子，而男性一次射精就可排出 2 亿～5 亿个精子。在受精过程中，精子会进入阴道，并借助其尾部运动游向输卵管，通常能接近卵子的精子有 200 个左右，而最后进入卵子的只有一个。只有生命力最强的精子才能和卵子结合，形成受精卵，并着床于子宫内。受精和着床的过程如图 7-4 所示。

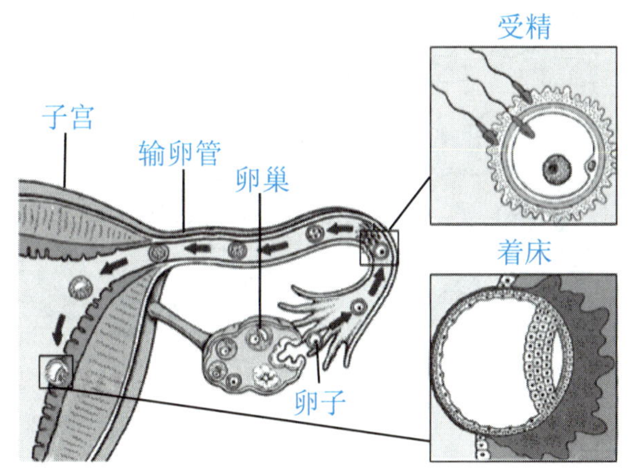


图 7-4　受精与着床的过程

### （二）胎儿生长

胎儿通过脐带和子宫相连，并从胎盘中吸收大量营养，然后才能不断生长发育。一般来说，胎儿的生长过程持续 9 个月左右。

第 1 个月：胎儿的脑部和消化系统开始发育，心脏也开始跳动。

第 2 个月：胎儿的面部、肘部、膝部、手指及脚趾开始成形，骨骼变得强健。

第 3 个月：胎儿已会踢脚、握拳、转头、眯眼和蹙额。

第 4 个月：胎儿的头发、眼眉、睫毛、指甲及脚趾甲开始生长，声带及味蕾已长成。

第 5 个月：胎动愈来愈强烈，胎儿已长出头发，身体各部分的器官不断生长发育。

第 6 个月：胎儿能够开闭眼睛和听到母体内的声音，手纹和脚纹已形成。

第 7 个月：胎儿的皮肤呈红色，略带皱纹，体重快速增长。

第 8 个月：胎儿骨骼更为强健，能够听到母体外的声音。

第 9 个月：胎儿发育成熟，下移至下腹部，能完成转身动作，准备出生。

### （三）分娩

分娩是指胎儿脱离母体，成为独自存在的个体的过程。分娩的全过程可分为 3 个阶段：

宫颈口张开、娩出胎儿、排出胎盘，如图 7-5 所示。一般来说，从宫颈口张开到娩出胎儿的过程持续的时间较长，可达几个小时，从娩出胎儿到排出胎盘通常只需要几分钟。虽然目前分娩手术技术成熟，但整个分娩过程较为复杂，仍存在一定的风险，可能会发生子宫破裂、产后出血等并发症。

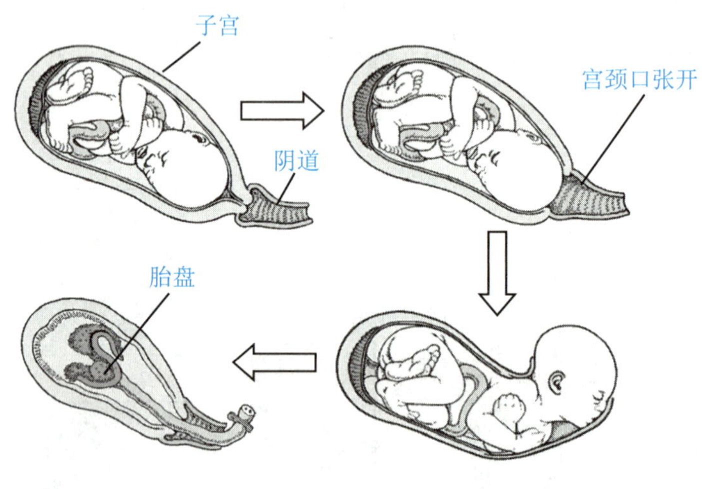


图 7-5　分娩

# 第二节　性与生殖健康的维护

## 一、生殖健康的含义

生殖健康是指生殖系统及其功能所涉及的身体、精神和社会等方面的健康状态。它包括以下四个方面的内容：

（1）人们有生殖和调节生育的能力，有权选择安全、有效、可接受的生殖调节方法。

（2）妇女有安全妊娠和分娩的能力，有权获得卫生保健服务。

（3）新生儿、婴儿能够获得健康和卫生保健服务。

（4）夫妇有满意的性生活，摆脱了对意外妊娠和性传播疾病的恐惧。

从生殖健康的定义与内容可以看出，生殖健康已不仅仅局限于生物医学的范畴，而是扩大到了社会科学的领域。生殖健康与社会的发展、人们的生命质量密切相关。

生殖健康问题涉及生殖健康的方方面面。常见的生殖健康问题包括生殖系统疾病、早孕问题、避孕问题及性传播疾病等。大学生应掌握正确的性与生殖健康知识，提升保护自身与尊重他人的意识。

## 二、生殖系统的卫生保健

### （一）男性生殖系统的卫生保健

男性生殖系统的卫生保健主要包括阴茎的卫生保健、阴囊的卫生保健、睾丸的卫生保健及前列腺的卫生保健。

#### 1. 阴茎的卫生保健

阴茎表面的皮肤（即包皮）褶皱较多，且汗腺、皮脂腺发达，极易藏污纳垢，积聚起来就容易滋生细菌，从而引起炎症或其他疾病。因此，男生应注意保持阴茎的卫生，养成每天清洗阴茎的良好习惯。清洗时，注意要把包皮上翻，将龟头和包皮内侧的污垢彻底清洗干净。

#### 2. 阴囊的卫生保健

阴囊的皮肤极薄且柔软，皮下组织所含脂肪较少，因此，阴囊比较脆弱，容易因不当动作造成损伤。阴囊部位分布着大量汗腺，分泌的汗液不容易散发出去，所以阴囊部位较潮湿，温度也比身体其他部位低一些。为了保证阴囊部位的卫生和利于精子的生长发育，在炎热的夏季，男生应尽量穿着薄且透气、吸汗的内裤，避免穿厚重、紧身、质地较硬的裤子。在寒冷的冬季，则应注意保暖。

#### 3. 睾丸的卫生保健

睾丸深藏于阴囊内，其体积较小，表面附着一层坚厚的白膜（纤维膜）。睾丸是精子的生成器官，若受外伤严重或治疗不及时，则可能导致不育。因此，男生平时不仅要注意保护睾丸，避免睾丸受到撞击、暴力挤压、踢打等，而且要留意其变化，若睾丸出现红肿、坠胀、疼痛等现象，应及时就医。

#### 4. 前列腺的卫生保健

常见的前列腺疾病有前列腺炎、前列腺增生等。男生在日常生活中应注重前列腺的卫生保健，以预防前列腺疾病。例如，平时要注意保持生殖器官的清洁卫生，以防细菌感染；要多饮水，勤排尿，不要憋尿，否则会导致排尿困难；要适量运动，避免久坐，以减轻对前列腺的压迫；要多吃新鲜蔬菜和水果，少食辛辣食物等。

### （二）女性生殖系统的卫生保健

女性生殖系统的卫生保健主要包括保持外阴的清洁与卫生、注意观察阴道分泌物及乳房的卫生保健。

#### 1. 保持外阴的清洁与卫生

女性外阴部褶皱较多，容易藏匿污垢，且尿道口和阴道口靠近肛门，易被污染，如果不注意清洁与卫生，则容易滋生细菌和病原体，从而引起外阴炎症。保持外阴的清洁与卫生的主要方法是清洗外阴和勤换洗内裤。

女生平时应每天清洗外阴一次，月经期应早晚各清洗一次。清洗时，最好使用流动的温水进行冲洗，也可使用干净的盆和毛巾，用温水进行擦洗。注意不要盆浴，以免污水进入阴道内。一般使用清水清洗即可，不要频繁使用肥皂或含药物的清洗剂等，以免破坏阴道正常的酸性环境，从而削弱其抵抗力。洗具一定要单独使用，用后注意消毒。

清洗外阴前，要先用肥皂清洗双手，然后按照从前向后、由里及外的顺序进行清洗。先清洗大阴唇内侧，接着是小阴唇、阴带及阴道前庭，然后再清洗大阴唇外侧、阴阜及大腿根部内侧，最后清洗肛门。

除了清洗外阴，女生应每天换洗内裤，月经期要勤换卫生巾。清洗内裤的用具也应单独使用，不要将内裤与其他衣物混洗。洗干净的内裤要放在太阳下暴晒杀菌。另外，女生在挑选内裤时，应以穿着舒适、透气性好为标准。

### 2. 注意观察阴道分泌物

阴道分泌物又称“白带”，由阴道黏膜渗出物、宫颈管及子宫内膜腺体分泌物等混合而成。正常的生理性白带呈白色糊状，一般无气味，量少。通常在接近排卵期时，白带量会增多，质地变清澈，呈蛋清状。排卵 2～3 天后，白带变混浊，质地稠黏而量少。

在月经期前后，子宫颈内膜分泌旺盛，白带往往会增多。这属于正常的生理现象，无须过度担心，但要注意清洗外阴，保持外阴的清洁与干燥。需要注意的是，当阴道发生炎症或其他疾病时，白带的颜色、质地、气味、分泌量等会发生改变。如果发现白带异常，应尽早前往医院进行检查和诊治。

### 拓展阅读

#### 常见的几种异常白带

（1）透明黏性白带。这种白带在外观上与生理性白带一致，但量明显增多，多是由于卵巢功能失调、阴道腺病或使用雌激素类药物及阴道避孕药。

（2）灰黄色或黄白色泡沫状白带。这种白带为灰黄色或黄白色，呈泡沫状，且有臭味，多见于滴虫阴道炎，常伴有外阴瘙痒等症状。

（3）豆腐渣样白带。这种白带呈凝乳块状，似豆腐渣样，多见于真菌性阴道炎，常伴有严重的外阴瘙痒或灼痛等症状。

（4）灰白色白带。这种白带呈灰白色，且有鱼腥臭味，多见于细菌性阴道病，常伴有轻度的外阴瘙痒等症状。

（5）脓性白带。这种白带呈黄色或黄绿色，质地黏稠，多有臭味，多见于细菌感染所致的阴道炎、急性宫颈炎、宫颈管炎，以及阴道癌或宫颈癌并发感染等疾病。

资料来源：https://yiyuan.120ask.com/art/188491.html

### 3. 乳房的卫生保健

虽然乳房不属于生殖系统，但其是女性哺育后代的重要器官，所以乳房的卫生保健十分重要。健美的乳房是以身体健康为基础的，女生在日常生活中合理饮食，锻炼胸大肌或按摩胸部促进血液循环等，都可以促进乳房健康。在日常的乳房卫生与保健中，女生需要注意以下几个方面：

（1）不抽烟，不喝酒，保持积极乐观的心态。

（2）保持良好的站立、行走及坐卧姿势，不弯腰驼背。

（3）乳房发育定形后要及时穿戴乳罩，勤洗勤换，保持清洁。

（4）乳罩尺寸要合适，以纯棉质地为宜，睡觉时要脱下乳罩，以免造成乳房血运不畅和压迫性疼痛等。

（5）注意乳房的清洁卫生，要经常清洗乳头、乳晕。

（6）可通过健美运动锻炼胸肌或按摩胸部促进血液循环，使乳腺更为发达。

（7）每年至少进行一次体检，并且养成每月进行乳房自检的好习惯，以预防乳腺癌、乳房纤维瘤等疾病的发生。

（8）慎用激素类药物，以免导致身体内分泌紊乱，增加患乳腺疾病的风险。

## 三、与性相关的伦理道德

随着社会的发展和西方文化的渗入，大学生的性观念变得更加开放，大学生恋爱已呈现出公开化、大众化的趋势，大庭广众之下的亲昵行为屡见不鲜。据调查，超过半数的大学生对于婚前性行为、试婚及婚外恋等现象持中立态度，这是婚姻观念淡化的表现。在这种情况下，大学生应学习性方面的伦理道德，培养正确的性观念，应认识到以下几点：

（1）性是自然而健康的，是生命的组成部分。有些人认为“性是肮脏的、不道德的和羞耻的”“性只可意会、不可言传”等，这些都是性无知的表现。

（2）性不只包含肉体层面，还包含心理和精神层面。只有把这些层面完整地结合起来，才是健康的性表达。

（3）每个人在性取向和性行为方式上可能不同，但人人均有自己的尊严和价值，一切形式的性歧视、性虐待及性暴力等都是对人权的侵犯。

（4）用贞操观约束女性、用传统观念维护男性等都属于违背性别平等与性别公正的现象。

（5）任何性行为都是有后果的，每个大学生都应对自己和别人高度负责。

（6）任何性行为都不应当带有强制性和剥削性。

（7）大学生心理尚未成熟就涉足性关系是冒险之举。

（8）大学生进行性交易、恶意地以发生性关系为目的去交友或者放纵自己，都应该受到谴责。

## 四、优生优育与正确避孕

优生优育是计划生育的关键环节，是提高出生人口素质的主要途径。优生优育有利于降低遗传病的发病率，减少和消除出生缺陷，是促进人类健康、家庭幸福和社会发展的重要途径。避孕是实现优生优育的途径之一，采用正确的避孕方法有助于降低多种传染病的感染率。

### （一）遗传病的预防

遗传病是指遗传物质发生改变（如基因突变和染色体畸变）而导致的疾病，具有先天性、终身性和家族性的特点。遗传病的种类很多，目前已发现的遗传病超过 3 000 种，常见的有先天性心脏病、先天性聋哑、哮喘、唇裂、癫痫等。

遗传病严重威胁着人类的健康，是影响人口素质的重要因素。防范遗传病以预防为主。遗传病的预防措施包括遗传病群体普查、遗传病携带者的检出、婚姻与生育指导、遗传咨询、产前诊断和选择性流产等。这些措施均可以从某个环节切断致病基因的传递，从而减少以至消除出生缺陷，以达到提高出生人口素质的目的。

### （二）避孕的方法

避孕是指采取科学的方法，使女性暂时不受孕。避孕的原理是控制生殖过程中的三个环节：① 抑制精子与卵细胞的产生；② 阻止精子与卵细胞的结合；③ 使子宫环境不利于精子活动、生存，或者不适于受精卵着床和发育。日常生活中常见的避孕方法有 3 种，分别为使用安全套、服用避孕药和放置宫内节育器。

#### 1. 使用安全套

安全套又称避孕套或阴茎套，可以把男性排出的精液储留于小囊内，阻止精子进入子宫腔，从而达到避孕的目的。同时，安全套还具有防止性传播疾病的作用，故应用较为广泛。

使用安全套时，应注意以下几点：选择大小合适的型号，使用前检查安全套是否过期、有无霉变与破损等；切忌在即将射精前才使用安全套；取下安全套时要注意防止滑脱和精液外溢，取下后要检查安全套是否破裂。

#### 2. 服用避孕药

避孕药由雌激素和孕激素配伍而成，既可以通过抑制排卵与改变宫颈黏液质地来阻碍精子活动，又可以改变子宫内膜形态与功能来阻碍受精卵着床。服用避孕药是全世界公认的一种有效的避孕方法，育龄期女性可在医生的指导下选择适合自己的避孕药。

### 3. 放置宫内节育器

宫内节育器简称节育器，是一种放置在子宫腔内的避孕装置。一次性放置即可避孕多年，是一种安全、有效、简便、经济、可逆的避孕方法。放置宫内节育器避免了使用药物避孕的不良反应，且取出后不影响正常生育。但需要注意的是，放置宫内节育器可能会引起月经量增多、月经期延长等不良反应。

拓展阅读

#### 常见的避孕误区

（1）安全期避孕法。安全期是指女性排卵日及其前后4～5天以外的时间。许多人认为在安全期进行无保护的性行为不会导致怀孕，因此可以不采取任何避孕措施。但是，安全期计算错误或安全期不规律等极有可能导致避孕失败，因此该方法不能作为常规的避孕措施。

（2）体外射精避孕法。这种方法是指男性将精液排在阴道外以达到避孕的目的。这种方法失败率极高，不能作为常规的避孕方法。

（3）初次发生性行为不会怀孕，因此不用避孕。这种说法毫无科学依据，是错误的观念。

资料来源：http://tag.120ask.com/jibing/jhsy/812588.html

## 五、非意愿妊娠的预防与人工流产

### （一）非意愿妊娠的预防

非意愿妊娠是指在没有准备、没有计划的情况下发生的妊娠。非意愿妊娠发生的原因有多种，如未采取避孕措施、避孕措施不当、性侵害（强奸）等。预防非意愿妊娠的方法有以下几种：

#### 1. 不发生性行为

不发生性行为，确切地说就是避免一切可能导致精子进入阴道的行为，这是避免非意愿妊娠最有效的方法。

#### 2. 正确使用避孕措施

每次发生性行为时都要采取正确的避孕措施，这样才能避免非意愿妊娠的发生。反之，错误地使用避孕措施，如射精前未佩戴安全套、佩戴方法错误导致安全套滑脱、没有按时按量服用避孕药等，都可能导致非意愿妊娠。

健康指导

## 如何识别和预防性侵害

性侵害是指各种非意愿的和带有威胁性质的性骚扰和性攻击行为，包括性骚扰、猥亵和强奸等。一般认为，只要是一方通过语言或形体上的有关性内容的侵犯或暗示，给另一方造成心理上的反感、压抑和恐慌的，即构成性骚扰。猥亵包括除强奸、乱伦外所有妨害社会风化的色欲行为，如公开暴露生殖器官，强制在对方性敏感区进行抠摸、搂抱等行为。强奸是指违背受害者的意愿，使用暴力、威胁或其他手段强行与受害者进行性交的强制性行为。性侵害源于不正常的占有欲，其重点是暴力侵害，而不是性行为。

大学生无论在何时何地，一定要筑起思想防线，不要轻信他人，要增强自我保护的意识。具体来说，大学生应注意以下几个方面：

（1）不要单独去僻静无人、光线昏暗的地方，实在不可避免要去，应结伴而行。

（2）不要单独和异性在隐秘、封闭的场所相处，尤其是到异性家中。

（3）不要接受他人无故赠送的钱财及其他贵重物品。

（4）不要出入电子游戏厅、台球厅、歌舞厅、酒吧等娱乐场所，更不要随便吃或喝陌生人给的食品或饮料。

（5）独行时要提高警惕，注意观察。如果发现有人尾随，就尽快改变行走路线，想办法甩掉对方。

（6）不要随便说出自己的真实情况。

（7）不管对方是谁，只要做出让自己感到不舒服的行为，就立刻反抗，要敢于说“不”。

资料来源：https://www.thepaper.cn/newsDetail_forward_6397480

### （二）人工流产

由于各种各样的原因，多数人在非意愿妊娠后会选择人工流产。在妊娠早期，可采取药物流产和手术流产的方式终止妊娠。妊娠满 14 周以后，实行人工流产的风险较大。

#### 1. 药物流产

药物流产是指通过服用药物进行流产，适用于妊娠 49 天以内、年龄为 18 岁～40 岁、自愿要求终止妊娠的健康女性。药物流产的方法简便，无须施行手术。但是，药物流产存在一定的风险，其主要的不良反应有子宫收缩痛、出血、感染等。另外，如果药物流产失败或不彻底，就需要进行手术流产。

药物流产必须在正规医院进行，切忌自行实施药物流产，尤其是异位妊娠（受精卵着床于子宫体腔以外的地方，如输卵管、卵巢等）者误用药物流产可能会出现休克，甚至危及生命。

### 2. 手术流产

手术流产是指通过负压吸引术和钳刮术等手术终止妊娠。负压吸引术和钳刮术的适用范围及特点如表 7-2 所示。

表 7-2 负压吸引术与钳刮术

| 手术流产方法 | 适用范围 | 特点 |
| --- | --- | --- |
| 负压吸引术 | 适用妊娠 10 周以内、自愿要求终止妊娠且无禁忌症者 | 手术时间短，可能引起发热、腹痛等不良反应 |
| 钳刮术 | 适用妊娠 10 周～14 周、自愿要求终止妊娠且无禁忌症者 | 手术时间较长，出血较多，恢复较慢 |

## 拓展阅读

### 人工流产的危害

人工流产是避孕失败后的一种迫不得已的补救措施，不能当做避孕措施。人工流产会对女性的身心造成很大的伤害，具体包括以下几个方面：

（1）人工流产综合反应。在施行人工流产手术中，有部分女性会出现恶心、呕吐、头晕、胸闷、气短、面色苍白、大汗淋漓、四肢厥冷、血压下降及心率不齐等症状，严重者可能会出现晕厥、抽搐、休克等现象。

（2）月经不调。人工流产可能会导致女性出现月经不调的现象，如月经期提前或推迟、月经期延长、月经量过多或过少、痛经、闭经等。

（3）不孕。人工流产方式不当或多次采用人工流产措施可能导致女性不孕，因此，大学生一定要采取正确、有效的避孕措施。若不得已需要进行人工流产，必须尽早前往正规医院接受专业处理，以免造成更大的伤害。

除了生理上的伤害，人工流产对女性心理也会造成严重的影响。据调查，多数女性在经历人工流产后会产生抑郁、沮丧、烦躁、失眠等一系列精神障碍。因此，对一些人工流产后心理创伤严重的女性进行心理疏导是十分必要的。

资料来源 https://www.haodf.com/zhuanjiaguandian/wangyumeidr_2499161449.htm

# 第三节　常见的性传播疾病及预防

## 一、常见的性传播疾病

根据《性病防治管理办法》的规定，我国目前重点防治的性传播疾病共有 8 种，分别是淋病、梅毒、尖锐湿疣、非淋菌性尿道炎、性病性淋巴肉芽肿、生殖器疱疹、软下疳和艾滋病。

### （一）淋病

在我国，淋病是发病率最高的性传播疾病。淋病一般有 2～14 日的潜伏期，发病时病菌会通过感染尿道、宫颈、直肠、咽部及眼结膜等处的内膜进行快速传播，然后经过血液蔓延至全身，引发尿痛、尿道口红肿及尿道化脓等，女性患者还伴有白带增多、白带发黄等症状。

在发病过程中，淋病病菌还会作用于皮肤与关节，引发一些并发症，如关节肿痛、关节炎、斑疹、脓疱疹、全身发热、疲乏无力等。对于女性患者，淋病病菌还可沿阴道上行感染盆腔内膜，从而导致下腹痛及不孕。

### （二）梅毒

梅毒是指人体感染苍白螺旋体所引起的一种性传播疾病。梅毒的潜伏期为 2～4 周，感染可以持续很多年。按照病程来分，梅毒可分为一期梅毒、二期梅毒和三期梅毒，其临床表现各不相同。一期梅毒的临床表现为阴茎、外阴或阴道部位出现无痛性硬结、溃疡，腹股沟淋巴结肿大；二期梅毒的临床表现为全身皮疹、口腔溃疡、软弱无力、食欲缺乏、恶心、发热及贫血；三期梅毒的临床表现为心血管、骨骼、关节、眼及神经系统等的功能损害，直至死亡。

### （三）尖锐湿疣

尖锐湿疣是由人类乳头瘤病毒引起的一种性传播疾病。尖锐湿疣的潜伏期平均为 3 个月，发病时的主要临床表现为生殖器、乳房部位出现增生物，初期为柔软的淡红色小丘疹，为肉质赘生物，后来逐渐增大，表面呈颗粒状且粗糙不平；中期表现为皮肤鳞状上皮增生；最后皮肤糜烂，出现渗液，甚至导致生殖系统癌变。患者常感到阴部瘙痒，并出现性交疼痛或生殖器出血等。

### （四）非淋菌性尿道炎

非淋菌性尿道炎是由沙眼衣原体、支原体等病原体引起的一种性传播疾病，潜伏期平均为 1～3 周。男性患者有尿频、尿痛、尿道烧灼感及尿道口出现黏液性分泌物等症状；女性患者症状不明显，一般有阴道分泌物增多、下腹不适等症状。

### （五）性病性淋巴肉芽肿

性病性淋巴肉芽肿是由沙眼衣原体 L1、L2 或 L3 血清型引起的一种性传播疾病。性病性淋巴肉芽肿的潜伏期平均为 7～10 天，发病初期的临床表现为生殖器皮肤出现 5～6 毫米的小水疱或丘疹，可形成溃疡，单侧腹股沟淋巴结肿大等；数周后淋巴结破溃，排出浆液或脓液，形成多个连接体表和体内器官的病理性管道；数月后管道愈合，形成疤痕组织。

### （六）生殖器疱疹

生殖器疱疹是由疱疹病毒引起的一种性传播疾病。生殖器疱疹的潜伏期平均为 6 天，发病初期的临床表现为生殖器部位出现多个丘疹、小水疱或脓疱，继而破溃糜烂、疼痛，可伴有全身症状，如发热、头痛等。需要注意的是，生殖器疱疹被治愈后，可能隔一定时间会复发，甚至多次复发。

### （七）软下疳

软下疳是由杜克雷嗜血杆菌感染引起的一种性传播疾病。软下疳的潜伏期一般为 2～5 天，发病初期的临床表现为生殖器部位出现一个或数个炎症性丘疹或结节，周围绕以鲜红色斑点，一般 1～2 天后形成脓疱，继而糜烂、溃疡。患者可明显感觉生殖器皮肤疼痛。

### （八）艾滋病

艾滋病又称获得性免疫缺陷综合征，分为 HIV-1 型和 HIV-2 型，是人体感染了人类免疫缺陷病毒（又称艾滋病病毒）所导致的传染病。艾滋病的患者以青壮年居多，其临床表现多种多样，一般初期症状类似流感，患者全身疲劳无力、食欲减退、发热、体重减轻；随着病情的加重，症状日见增多，如皮肤和黏膜出现疱疹、紫斑、血肿、血疱、滞血斑，皮肤容易损伤，伤后出血不止等；病毒侵入内脏器官后，患者会出现原因不明的持续性发热，可持续 3～4 个月，还会出现咳嗽、气短、持续性腹泻、便血、呼吸困难等症状。

艾滋病其实没有想象中的那么可怕

此外，艾滋病患者还可出现以下几种并发症：① 细菌、真菌或病毒感染，可导致病毒性肝炎；② 全身性淋巴结肿大，特别是颈部、腋窝和腹股沟处的淋巴结肿大更为明显，严重者可并发恶性肿瘤；③ 出现中枢神经系统症状，如头痛、意识障碍、痴呆、抽搐等。

拓展阅读

### 正确认识艾滋病

艾滋病也称“超级癌症”和“世纪杀手”。对于艾滋病，很多人仍存在一些错误的认识。具体来说，主要有以下几点：

（1）外表健康就没有感染艾滋病病毒。艾滋病病毒在人体内的潜伏期平均为 9～10 年。在潜伏期内，患者可能没有任何症状，所以外表健康并不意味着没有感染艾滋病病毒。

（2）艾滋病患者都是生活不检点的人。很多人认为艾滋病患者以吸毒者、性乱交者或同性恋者居多，于是对他们避之不及。实际上，大部分艾滋病患者只是不慎染病的普通人，他们也是受害者，不应遭受歧视。从社会层面上说，歧视阻碍了艾滋病的发现和治疗。只有消除歧视，才能终结艾滋病。

（3）与艾滋病患者进行日常接触就会被传染。许多人认为与艾滋病患者进行日常接触，如共用马桶、浴室、游泳池，拥抱，握手，一起就餐，或接触其使用过的物品就会感染艾滋病。事实上，艾滋病的传播渠道有性接触传播、血源性传播和母婴传播，与艾滋病患者进行正常的日常接触，并不会感染艾滋病。

（4）艾滋病无药可救。艾滋病并非绝症，我国已有药物可以有效治疗和控制艾滋病，从而改善艾滋病患者的生活，并延长其生命。

资料来源：https://www.99.com.cn/azb/cs/637940.htm

## 二、性传播疾病的传播途径

根据性传播疾病传播的特点，可将其传播途径分为性接触传播和非性接触传播。

### （一）性接触传播

性接触传播是性传播疾病最常见、最主要的传播途径。多种性传播疾病的病原体（如艾滋病病毒、支原体、衣原体及阴道滴虫等）可存在于阴道分泌物和精液中，性伙伴一方患病就能通过性行为传染给对方；而梅毒、生殖器疱疹及软下疳的病原体虽不存在于精液中，但可通过皮肤黏膜的直接接触传染对方。因此，若在性接触过程中未采取任何防护措施，将大大增加感染性传播疾病的可能性。

**温馨提示**

皮肤黏膜是指人体各腔口位置的黏膜，如口腔黏膜、鼻黏膜、尿道黏膜、阴道黏膜等。

### （二）非性接触传播

非性接触传播主要包括母婴传播、血源性传播和医源性传播等。

#### 1. 母婴传播

母婴传播是指某些性传播疾病的病原体（如梅毒病菌、艾滋病病毒和疱疹病毒等）可通过胎盘、产道接触、哺乳接触等传染给胎儿。母婴传播可引起胎儿流产、早产、死胎或出生后死亡，即使婴儿存活，也常会因感染而患有畸形、脑炎、白内障、先天性心脏病及智力低下等疾病。

#### 2. 血源性传播

血源性传播的途径包括献血和器官移植等。艾滋病、梅毒及淋病等均可通过血液传播。人体在输注含有病原体的血液或血液制品后，其被传染的概率高达 95%，并且呈现潜伏期短、发病快、症状严重及并发症多等特点。

#### 3. 医源性传播

医源性传播是指医疗器械消毒不严造成的性疾病传播。注射器、手术器械及刺破皮肤或黏膜的其他医疗器械如未经消毒或消毒不彻底，可能造成患者之间、医患之间的性疾病传播。

**课堂互动**

许多人认为性传播疾病离自己很远，根本不会发生在自己身上。这种看法正确吗？为什么？

## 三、性传播疾病的预防

性传播疾病是一种危及人类健康，严重影响社会发展的疾病。处于性发育关键期的大学生应充分认识性传播疾病，并加强防范，以确保自身的健康。根据性传播疾病的传播途径，大学生可以从以下几个方面进行预防：

### （一）洁身自好

婚前性行为会增加性传播疾病的传播风险。大学生应洁身自好，树立正确的婚恋观，保持和异性的正常交往，避免发生婚前性行为。

### （二）远离毒品

吸食毒品严重危害身体健康，会让人产生幻觉和思维障碍。一些吸毒者采用静脉注射方式，他们共用未经消毒处理的注射器和针头，大大增加了感染艾滋病、梅毒等性传播疾病的风险。因此，大学生应远离毒品。

### （三）养成良好的生活习惯

大多数性传播疾病的病原体离开人体后不易存活，普通消毒剂就可将其杀灭，因此，为预防性传播疾病，大学生在日常生活中要注意个人卫生，养成良好的生活习惯。例如，大学生应注意自身清洁，不与他人共用毛巾、衣物、碗筷及洗漱用具等。

### （四）接受全面、科学的性教育

全面、科学的性教育是预防性传播疾病的有效途径。通过性教育，大学生能获得性与生殖健康知识，正确认识性传播疾病，并掌握预防性传播疾病的方法及措施，从而提高自身对性传播疾病的防范能力。

## 【健康一起来】

### 认识人体的生殖系统

**1．活动目的**

（1）认识生殖系统的构造，掌握生殖系统的保健方法。

（2）认识避孕的重要性，学会正确使用安全套。

（3）提高发现问题与解决问题的能力。

**2．活动准备**

（1）全班学生分成若干小组，每组 4～6 人。

（2）准备生殖系统的图片、教具及安全套。

**3．活动过程**

（1）教师结合生殖系统图片、教具向学生提问。例如，某个部位叫什么名字，其功能是什么，其保健方法有哪些，安全套如何使用，等等。看哪个小组回答正确的次数多。

（2）各组讨论本组在问答过程中遇到的问题，并总结安全套的使用方法及步骤。

（3）各组推选一名代表将本组的总结在班内进行讲解。

（4）教师针对每组的讲解进行补充和总结。

**4．活动评价**

采取自评、小组互评和教师评价相结合的方式完成考核评价，并填写表 7-3。

表 7-3 考核评价表

| 项目名称 | 评价内容 | 分值 | 评价分数 | | |
|---|---|---|---|---|---|
| | | | 自评 | 互评 | 师评 |
| 知识、技能考核（60%） | 能够将所学知识灵活地运用到实践活动中 | 20 | | | |
| | 能够及时发现活动中存在的问题，并提出正确的解决方法 | 20 | | | |
| | 讲解清晰、简洁明了 | 20 | | | |
| 综合素质考核（40%） | 积极、有序地参与活动 | 10 | | | |
| | 态度端正，思路清晰 | 20 | | | |
| | 勤于思考，善于总结 | 10 | | | |
| 合计 | | 100 | | | |
| 总评 | 自评（20%）+互评（20%）+师评（60%）= | 教师（签名）： | | | |

## 【健康中国·精彩故事】

### 赵扬玉：妙手仁心济妇婴

患者高凌（化名）的留言，勾勒出了北京大学第三医院（以下简称“北医三院”）产科主任赵扬玉的形象：“您就是医术高超的‘排雷’专家，保住了我和孩子两个人的命！感恩能遇见您……”

高凌是赵扬玉接诊的一位高危孕妇。在为高凌诊断后，赵扬玉发现她存在高风险的胎盘植入问题，必须紧急住院并进行手术分娩。2020 年 10 月 27 日上午，在北医三院 4 层的产科诊室里，赵扬玉一边嘱咐助手为高凌开住院单，一边在纸上为高凌手绘讲解了手术中可能出血的部位及应对措施。之后，与孩子一起顺利出院的高凌满怀感激地写下了上述留言。

北医三院产科是北京市危重孕产妇转诊救治中心之一。赵扬玉就是这个中心的负责人，她在凶险性前置胎盘的诊治工作上卓有建树。赵扬玉说：“针对既往有剖宫产史并再次妊娠的群体，门诊在她们的妊娠早期就要给予更多的关注。凶险性前置胎盘不可怕，处理的关键在于对剖宫产后凶险性前置胎盘植入进行凶险等级评分，然后进行分层管理。”

这套胎盘植入评估体系的由来，还要从一个案例说起。2012 年，赵扬玉收治了一位从外院转诊来的存在重型胎盘植入问题的孕妇。该孕妇妊娠 34 周突发腹腔内出血，进行手术分娩后仍然大出血。为保障其生命安全，赵扬玉不得已将其子宫切除。虽然这种不幸有时难以避免，但赵扬玉偏偏不信邪。她开始思考对胎盘植入进行凶险等级评分，用以指导临床帮助孕妇选择安全、合适的时机终止妊娠。这样既能避免胎儿过早早产，又可降低孕妇分娩的风险，从而尽可能保全母婴双方。

在不懈地努力下，赵扬玉带领团队率先在国内提出了“胎盘植入凶险预测方法”，并创新了止血九步手术法，提高了患者抢救成功的几率。2019 年 11 月，全套的“胎盘植入围手术期管理策略”荣获了妇幼健康科技奖科技成果一等奖。

如今，已是国家重点专项首席医学家的赵扬玉，依旧坚守在临床第一线。她常年保持电话 24 小时畅通，深夜接到急救电话随叫随到；为了救治重症孕妇，她三天三夜未离开医院；在抢救急诊腹腔内出血患者时，为避免耽误时间，她不穿防护铅衣在 X 射线下进行介入治疗，直到手术结束……

医学有局限，探索无止境。从医三十余载，无数次与死神交锋，赵扬玉的内心依旧坚定：坚持攀登，砥砺前行；丰碑无语，行胜于言。

资料来源：

https://article.xuexi.cn/articles/index.html?art_id=12021431014400367452&ref_read_id=8AD78731-CABB-4572-BFD8-41705069E471&source=share&study_style_id=feeds_default&reco_id=5906423987447109234_1638243971&share_to=copylink&study_comment_disable=0&ptype=100&item_id=12021431014400367452&pid=39287484821258640

# 第八章

# 意外伤害急救

## 本章导读

日常生活中，我们时时刻刻都可能遭受意外伤害。面对意外伤害，很多大学生不能妥善处理，不懂得如何正确地自救和互救。为了预防和应对各种意外伤害，大学生除了要提高自身安全防范意识，还应该学习基本的意外伤害急救知识和技能，掌握安全自救和互救的方法。

## 学习清单

完成一项学习任务后，请在对应的方框中打勾。

| | | |
|---|---|---|
| 课前预习 | □ | 1. 预习课本知识，了解意外伤害的急救常识 |
| | □ | 2. 根据自身经验，列出现场急救的要点，并与课本知识相互印证 |
| 课本学习 | □ | 1. 认识现场急救的重要性，掌握现场急救的原则 |
| | □ | 2. 掌握现场急救的基本技能 |
| | □ | 3. 掌握常见意外伤害的急救方法 |
| 任务训练 | □ | 1. 积极、认真地参与课后实践活动 |
| | □ | 2. 与同学协调配合，演示常见意外伤害发生后应如何进行现场急救，要求演示清楚到位，要点明确 |
| | □ | 3. 与同学交流，讨论演示过程中存在哪些问题，并提出正确的解决方法 |

【健康问答】

生活中，溺水、火灾、食物中毒、交通事故等意外伤害时有发生。当意外伤害发生时，如果每一个人都懂得如何急救，并能伸出援助之手，就能帮助大家脱离危险，甚至拯救生命。2021 年 1 月 5 日下午，山东省泰安市的一名六年级学生在课堂上不慎吞入异物被卡喉，危急时刻，音乐教师孙磊立刻采用海姆立克急救法，上演了一场教科书式急救，帮助这名学生脱离了险境。2021 年 7 月 10 日凌晨，江苏省无锡市某居民楼发生火灾，年仅九岁的女孩李浩冉凭借一句“弯腰低姿摸墙捂口鼻”的急救口诀，成功带领弟弟和妹妹逃离了火场。

意外和危险总是不期而至，在救援现场，多一个人掌握急救知识和技能，就会多一份安全保障。“全民学急救”不只是一句口号，急救已成为我们每一个人的必修课。面对意外伤害时，我们不仅要“敢救”，更要“能救”“会救”。

思考

你如何看待“全民学急救”？日常生活中，我们应该如何防范和应对意外伤害？

【健康课堂】

# 第一节 现场急救概述

## 一、现场急救的重要性

现场急救是指在事故现场对遇到意外伤害而受伤或濒临死亡的伤者进行及时、正确、有效的基础医疗救护，以维持或稳定其基本生命体征，为送医院救治赢得时间。

医学实践表明，事故发生后的最初 4 分钟和 10 分钟是自救或救人的关键时刻，俗称“黄金 4 分钟”和“白金 10 分钟”。在这两个关键时间段，如果能及时、正确地施行现场急救，则能够最大程度地减少伤残和挽救生命。

**温馨提示**

心脏是生命动力之源，一刻不歇地推动血液在全身流动。一旦心脏跳动异常而导致泵血功能丧失（即心跳骤停），生命就会受到严重威胁，数秒钟内患者会出现意识丧失（没有反应），60 秒钟就呼吸停止，4 分钟就会出现脑细胞死亡，超过 10 分钟被抢救存活的可能性几乎为零。

## 二、现场急救的原则

现场急救的任务是采取及时、有效的急救措施和技术，最大限度地挽救伤者的生命，降低致残率，减轻伤者的痛苦，为伤者转送医院后的抢救做好准备。实施现场急救时，应遵循如下几条主要原则。

### （一）先复后固

对于心跳和呼吸骤停且伴有骨折的伤者，应先实施心肺复苏术，直到伤者的心跳和呼吸恢复后，再对其进行骨折固定的处理。

### （二）先止后包

对于大出血且有创伤的伤者，为防止因失血过多而危及生命，应立即采用动脉血管压迫法、止血带止血法等方法为其止血，然后再消毒伤口并进行包扎。

### （三）先重后轻

当伤者较多时，应优先抢救伤病危重者，再抢救伤病较轻者。

### （四）先救后送

为了抢占最佳抢救时机，要先争分夺秒地进行现场急救，然后再送往医院。在送伤者到医院的途中，应继续观察其病情变化，持续实施抢救。

### （五）急救与呼救并重

实施现场急救时，必须急救与呼救并重。救助者在开展急救工作的同时，应及时拨打 120 急救电话，以求尽快争取到急救外援。

**健康指导**

**现场急救的注意事项**

（1）遇到他人发生意外伤害时，不要惊慌，要保持镇静，沉着大胆，细心救护，必要时帮助维持好现场秩序。

（2）在周围环境未危及伤者生命的条件下，不要随便搬动伤者，以免加重其伤情。

（3）暂时不要让伤者饮水或进食。

（4）拨打 120 急救电话时，要保持镇静，讲话要清楚、简明。注意描述清楚意外伤害发生的地点或周围的标志物、发生原因、受伤人数及伤势、有无做现场急救处理等，并留下现场联系电话。

（5）等待救援期间，应清理现场，疏通安全通道，以便于急救人员快速通行。

（6）遇到严重交通事故、多人中毒、火灾时，除拨打 120 急救电话外，还应拨打公安报警电话、火警电话等，以争取更多的支援。

（7）意外伤害往往是突然发生的，伤者没有足够的心理准备，会出现紧张、恐惧、焦虑等各种心理反应。此时救助者应关怀、安慰伤者，使其保持镇静，以积极的心态配合急救工作。

资料来源：https://www.med66.com/linchuanghuli/lj1610204214.shtml

## 第二节　现场急救的基本技能

现场急救需要救助者具备一定的急救技能，若因没有急救技能而一筹莫展或盲目施救，往往会错过最佳抢救时机，致使伤者伤势恶化，甚至死亡。因此，掌握一定的现场急救技能是十分必要的。

### 一、心肺复苏术

心肺复苏术是针对意识丧失、呼吸和心搏骤停的伤者所实施的一种现场急救措施，其目的在于帮助伤者恢复自主呼吸和心跳。

#### （一）心肺复苏术的准备程序

**1. 确认现场安全**

先要观察周围环境，确认现场环境安全，然后再开展救助工作。若现场环境不安全，应先排除不安全因素或帮助伤者脱离危险环境，再实施进一步的救助。

心肺复苏术的操作步骤

**2. 判断伤者有无意识**

轻拍伤者的脸颊或肩部，靠近其耳边大声呼唤，如图 8-1 所示。注意不可剧烈摇晃伤者。如果伤者毫无反应，则可判定其丧失意识。

### 3．高声呼救

高声呼救，请周围的人帮忙拨打 120 急救电话或协助抢救，如图 8-2 所示。

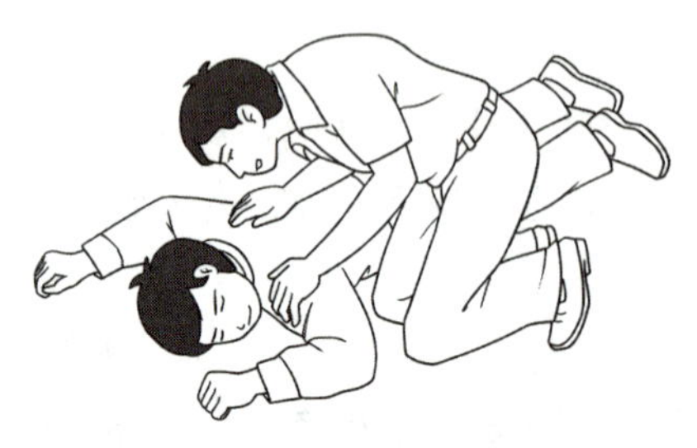

图 8-1　判断伤者有无意识

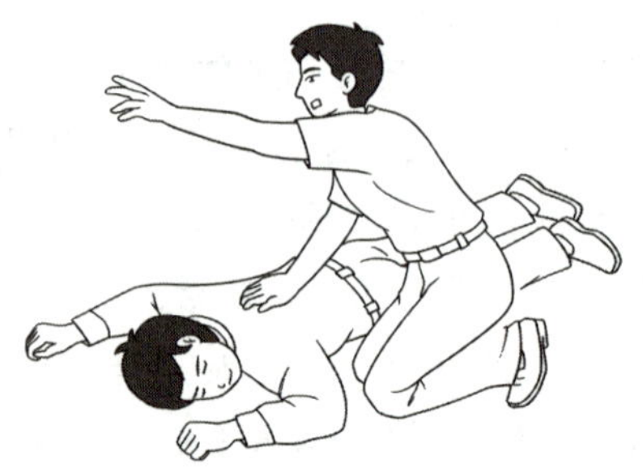

图 8-2　高声呼救

### 4．调整伤者体位

如果伤者是以俯卧位趴在地上，须将其翻转成仰卧位，并将上肢放置于身体两侧。调整伤者的体位时，要注意保护其头部，保证头部、颈部、脊柱整体移动，如图 8-3 所示。

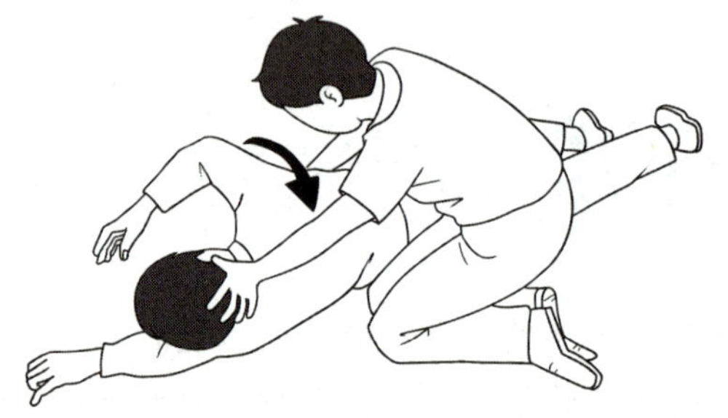

图 8-3　调整伤者体位

### 5．查看呼吸和颈动脉搏动

第一步，迅速清除伤者口、鼻中的异物（如呕吐物、口香糖等），保证其呼吸道畅通。第二部，观察伤者的胸部是否上下起伏，也可将手掌心或耳朵贴在伤者的口鼻处，感受是否有气流进出。第三部，用食指和中指轻摸伤者的喉结处，随后向外侧滑至颈动脉（气管与颈部肌肉之间），查看伤者的颈动脉是否搏动，如图 8-4 所示。

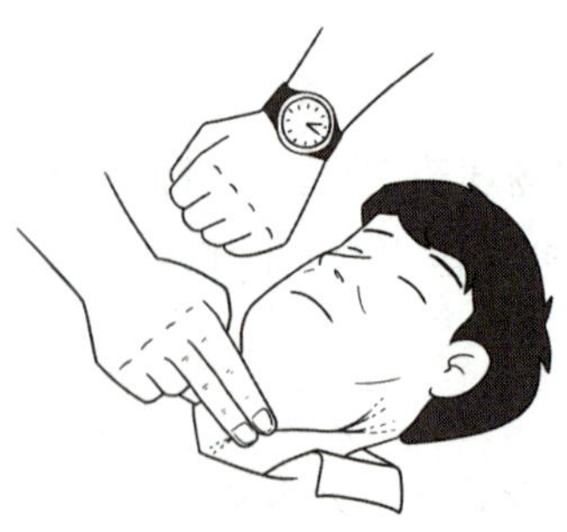

图 8-4　检查颈动脉是否搏动

### （二）心肺复苏术的操作程序

心肺复苏术的操作程序包括采用胸外按压形成暂时的人工循环，同时用人工呼吸代替自主呼吸，必要时采用电除颤设备，促进伤者重新恢复自主循环。

#### 1. 胸外按压

胸外按压的操作方法如下：① 跪于伤者一侧（一般为右侧），将两手上下重叠，并将手掌根部放在伤者胸骨下段 1/2 处（即两侧乳头连线的中点处，见图 8-5）；② 翘起手指，伸直双臂（肘关节不能弯曲），保持双臂与地面垂直，借助自身体重和肩部力量向下按压，按压深度为胸骨下陷 5～6 cm，随后松手使胸骨回弹（手掌不离开胸骨）；③ 如此有节律地（每分钟 100～120 次）反复按压，直至伤者恢复自主心跳。

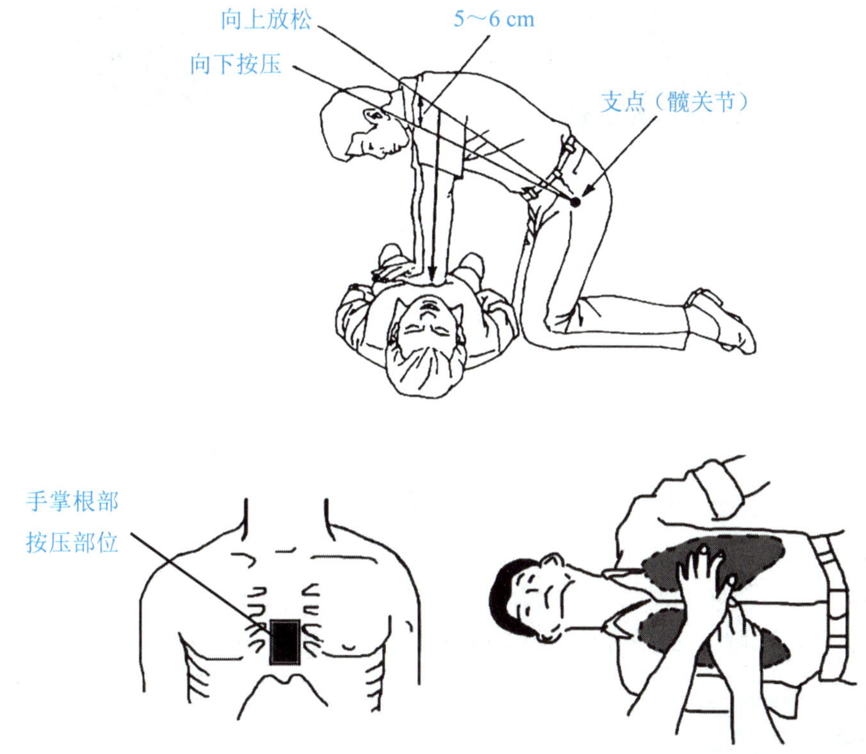


图 8-5　胸外心脏按压的部位

#### 2. 打开气道

进行胸外按压后，伤者可能会出现呕吐的情况，这时需用仰头举颌法帮其打开气道。仰头举颌法的操作方法如下：① 清除伤者口、鼻中的异物；② 一只手置于伤者前额，另一只手的食指和中指置于伤者下颌将下颌骨上提，使下颌尖和耳垂的连线与地面垂直，如图 8-6 所示。

### 3. 人工呼吸

打开伤者的口腔，捏住其鼻孔，先深吸一口气，然后用嘴包住伤者的嘴缓缓向里吹气，同时注意观察伤者的胸部有无隆起，如图 8-7 所示。吹完气后，嘴立即离开，并放开伤者的鼻子，使其将肺内的气呼出。如此有节律地（每分钟 12～16 次）反复进行，直至伤者恢复自主呼吸。

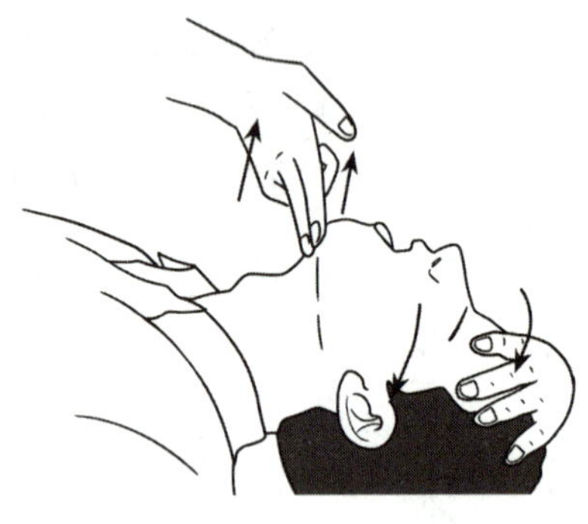

图 8-6　打开气道

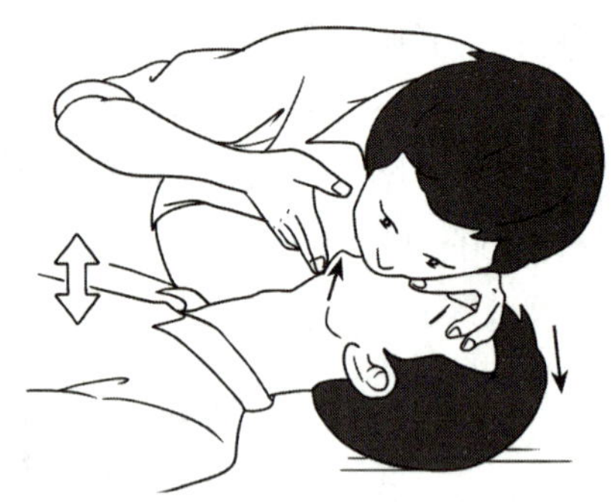

图 8-7　人工呼吸

### 4. 人工呼吸与胸外按压的配合

胸外按压与人工呼吸的比例为 30∶2，即先连续胸外按压 30 次，再做人工呼吸两次，交替进行。做完一轮吹气按压后，迅速检查伤者是否恢复脉搏与自主呼吸，检查所用的时间不得超过 5 s。

### 5. 判断操作是否成功

对伤者实施胸外按压与人工呼吸后，若能感觉到伤者的大动脉搏动，或者发现伤者已经恢复了自主呼吸、双瞳孔由大缩小、肤色（特别是唇与指甲的颜色）由发绀转为红润，则表示操作成功。

另外，如果急救现场有自动体外除颤器（AED），则应在伤者心搏骤停的最初 4 min 内，利用自动体外除颤器对其进行除颤与心肺复苏。

**拓展阅读**

### 自动体外除颤器

自动体外除颤器（AED）又称“自动电击器”“心脏除颤器”，是一种用于抢救心搏骤停伤者的医疗设备。与医院的专业除颤器不同，自动体外心脏除颤器操作简单、易学。全自动的体外除颤器甚至只需要贴好电极片，就能自动分析心率并产生电击。半自动的体外除颤器设有“放电”键，其具体的使用步骤如下。

（1）开启 AED，依据指示灯或声音提示进行操作。

（2）给伤者贴电极片，在伤者的右胸上部和左胸左乳头外侧贴上电极片。具体

位置也可参考 AED 机壳上的图样。

（3）将电极板插头插入 AED 主机插孔。

（4）按下“分析”键，AED 将会开始分析心率。分析完之后，AED 将会发出是否进行除颤的语音建议。当有除颤指征时，救助者远离伤者，然后按下“放电”键除颤。

（5）除颤结束后，AED 会再次分析心律，如未恢复自主心跳，救助者须对伤者进行心肺复苏，然后再次分析心律、除颤，如此反复，直至伤者恢复自主心跳或救护人员赶到。

资料来源：https://baike.so.com/doc/6109133-6322247.html

### （三）心肺复苏术的注意事项

（1）口对口吹气时力度不宜过猛，气量不宜过大，以免造成伤者肺部损伤。

（2）胸外按压的力度要适宜。若力度过猛、过大，可能会使伤者胸骨骨折，造成气胸、血胸；若力度过小，则形成的胸腔压力不足以推动伤者形成血液循环。

（3）对于有胸壁开放性损伤、肋骨骨折、胸廓畸形等症状的伤者，禁止使用心肺复苏术。

## 二、止血

遭受意外伤害致使身体出血时，应立即采取合适的方法进行止血。止血方法的选择与出血的类型和部位等密切相关。

### （一）出血的类型

出血通常可分为外出血和内出血，两者的主要特征如表 8-1 所示。

表 8-1 出血的类型

| 出血类型 | | 主要特征 |
|---|---|---|
| 外出血 | 毛细血管出血 | 血液像水珠一样从伤口表面渗出，一般过一段时间后能自动凝固，危险性较小 |
| | 静脉出血 | 血液呈暗红色，持续不断地从伤口流出，出血迅速，有一定的危险性 |
| | 动脉出血 | 血液呈鲜红色，随心脏搏动呈喷射状一股一股地涌出，出血量较大，短时间内可导致大量失血，危险性较大 |
| 内出血 | | 指深部组织或内脏损伤所引起的出血，如脑出血、胃出血等，危险性极大。伤者体表没有伤口，看不到血液外流，但脸色苍白、呼吸急促、脉搏细弱，严重的可能昏迷、休克 |

### （二）外出血的止血方法

外出血的止血方法主要有加压包扎止血法、动脉血管压迫法和止血带止血法。

#### 1. 加压包扎止血法

扫一扫

出血及一般止血方法

加压包扎止血法适用于毛细血管出血，静脉出血和上下肢、肘、膝等部位的小动脉出血。具体操作方法是先用数层无菌敷料（如消毒纱布、消毒棉花等）覆盖伤口，再用绷带或折成条状的布带加压包扎，包扎松紧度以能止血为宜，如图 8-8（a）所示。当伤口在肘窝、腋窝或腹股沟时，可在加垫敷料后，屈肢固定在躯干上加压包扎止血，如图 8-8（b）所示。

需要注意的是，若伤口处有骨骼损伤（如骨折、关节脱位等），则禁用此法。

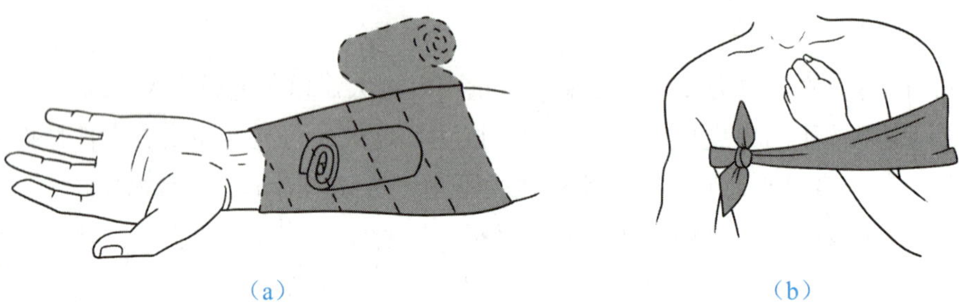

（a）　　（b）

图 8-8　加压包扎止血法

#### 2. 动脉血管压迫法

动脉血管压迫法为短暂应急措施，适用于头部、颈部和四肢的动脉出血。该方法是根据动脉的走向，用手指压住伤口上端（近心端）的血管，以阻断血液流动来达到暂时止血的目的。现根据出血部位的不同，分别介绍以下几种动脉血管压迫法：

（1）头皮前部和头顶出血压迫法：在受伤头皮一侧的耳前，对准下颌关节上方，用拇指压迫颞动脉，如图 8-9 所示。

（2）头皮后部出血压迫法：用拇指压迫耳后突起下方稍外侧的耳后动脉，如图 8-10 所示。

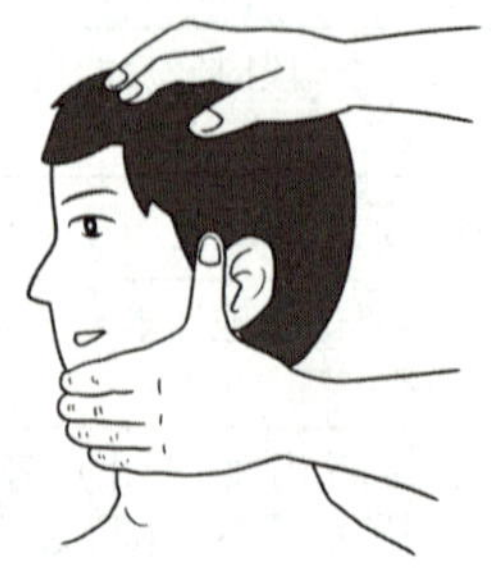

图 8-9　头皮前部和头顶出血压迫法及部位

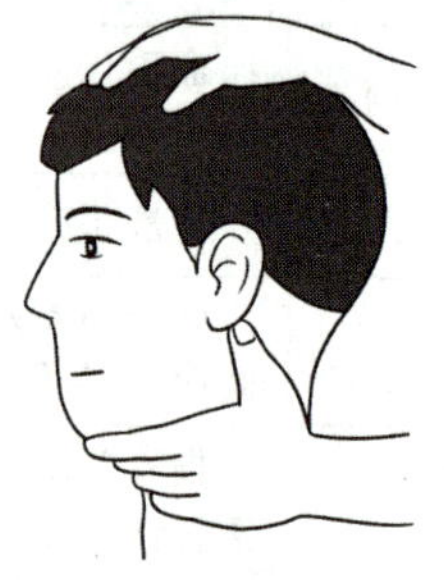

图 8-10　头皮后部出血压迫法及部位

（3）头颈部出血压迫法：用拇指压迫受伤一侧的颈总动脉，如图 8-11 所示。注意不能同时压迫两侧的颈总动脉，否则会造成脑缺血坏死。

（4）面部出血压迫法：用拇指压迫受伤一侧下颌骨下缘、下颌角前方约 3 cm 处的面动脉，如图 8-12 所示。

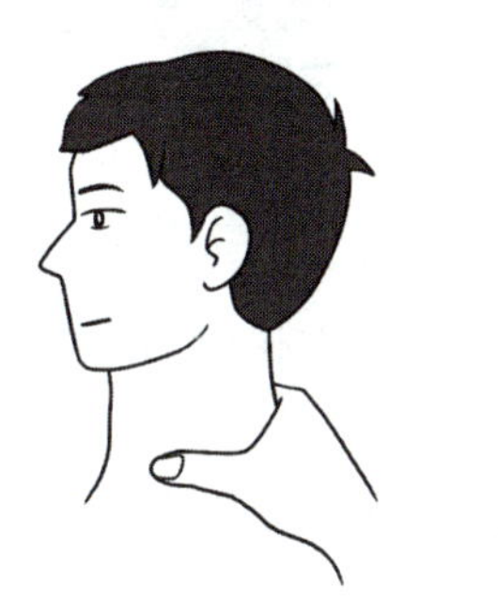
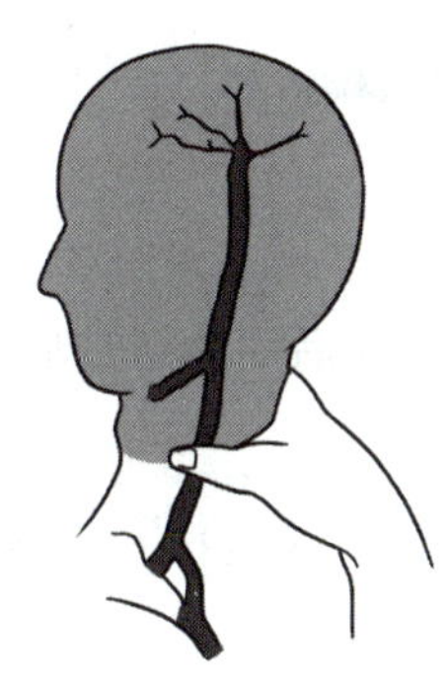

图 8-11　头颈部出血压迫法及部位

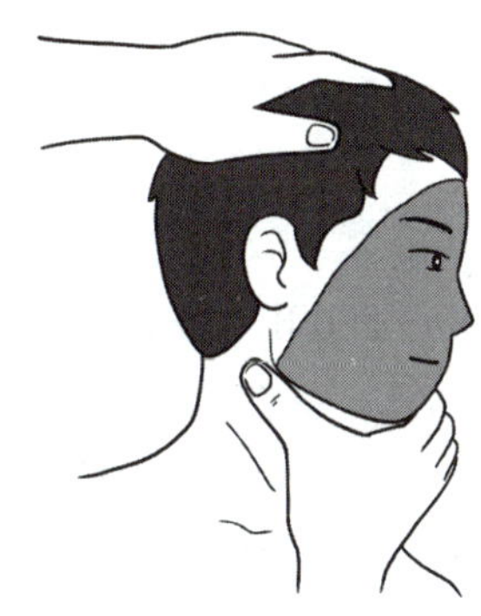

图 8-12　面部出血压迫法及部位

（5）腋窝和肩部出血压迫法：用拇指压迫受伤一侧锁骨上窝中部的锁骨下动脉，如图 8-13 所示。

（6）上臂出血压迫法：一手将伤肢抬高，另一手用拇指压迫上臂内侧的肱动脉，如图 8-14 所示。

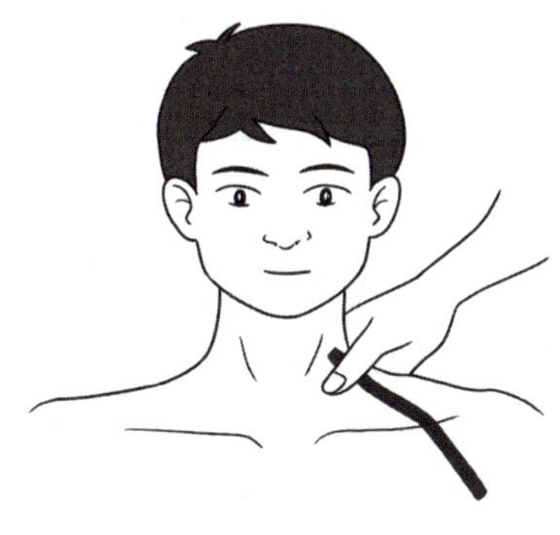

图 8-13　腋窝和肩部出血压迫法及部位

图 8-14　上臂出血压迫法及部位

（7）前臂出血压迫法：用拇指压迫受伤一侧肘窝肱二头肌腱内侧的肱动脉末端，如图 8-15 所示。

（8）手掌出血压迫法：将受伤手掌的手心朝上，用两手拇指分别压迫腕部的尺动脉、桡动脉，如图 8-16 所示。

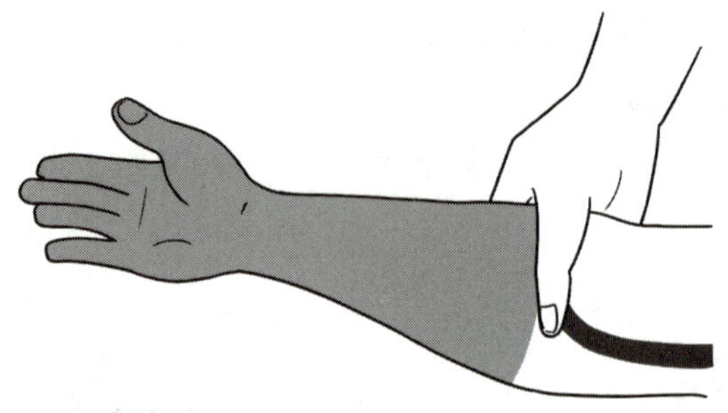

图 8-15　前臂出血压迫法及部位

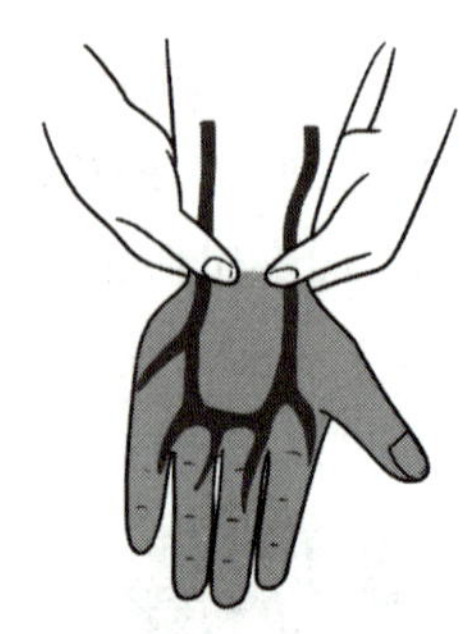

图 8-16　手掌出血压迫法及部位

（9）下肢出血压迫法：用两手拇指重叠向后用力压迫腹股沟（大腿根部）中间稍下方的股动脉，如图 8-17 所示。

（10）足部出血压迫法：用两手拇指分别压迫足背中部近脚腕处的足背动脉，以及内踝与跟腱之间的胫后动脉，如图 8-18 所示。

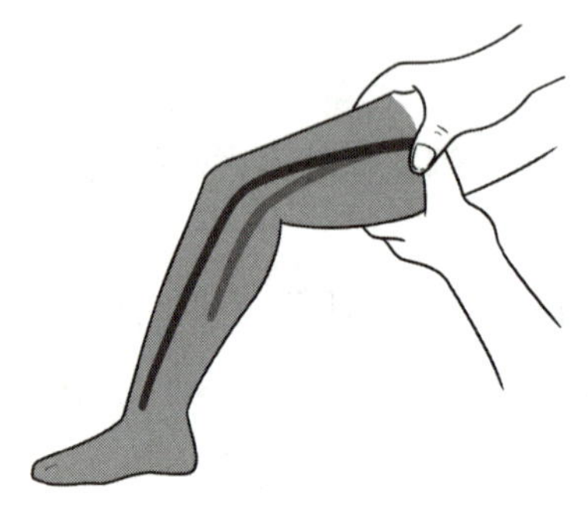

图 8-17　下肢出血压迫法及部位

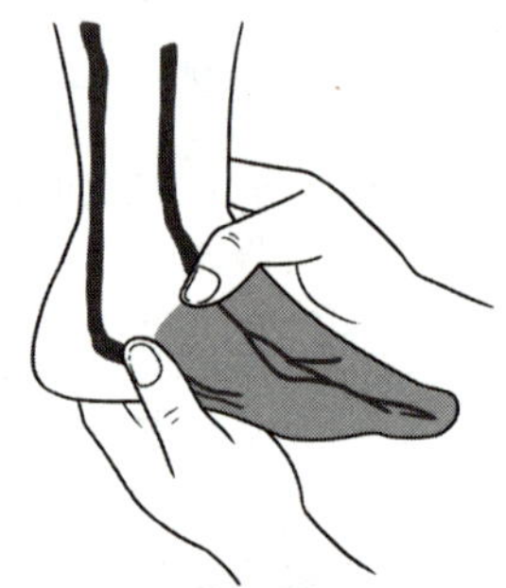

图 8-18　足部出血压迫法及部位

### 3．止血带止血法

止血带止血法适用于四肢大动脉出血。具体操作方法是将伤肢抬高，在伤口的上端（近心端）先用毛巾或棉絮等垫好，再用止血带（如橡皮管、布条等）扎紧，如图 8-19 所示。扎止血带的松紧度以不出血为宜。扎上止血带后，要每隔半小时至 1 个小时放松一次，以防局部组织长时间缺氧而坏死。放松止血带时可用动脉血管压迫法临时止血。

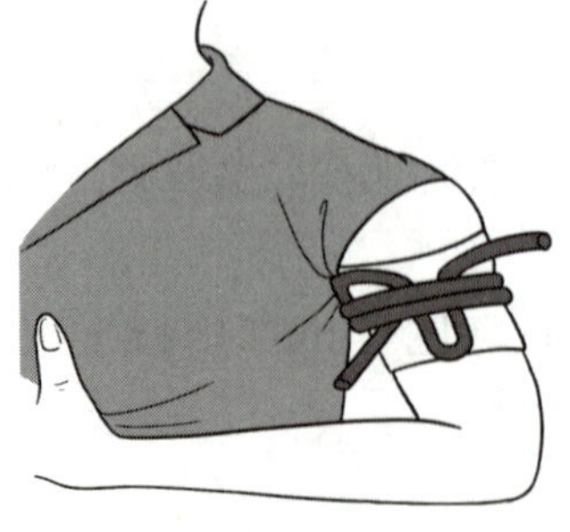

图 8-19　止血带止血法

止血带止血法

**温馨提示**

若上肢出血，止血带应扎在上臂的上 1/3 处，禁止扎在中段，以免损伤桡神经。若下肢出血，则应扎在大腿中部。

### （三）内出血的止血方法

对内出血或疑似内出血的伤者，应使其保持安静不动的状态，同时垫高其下肢，迅速将其送到距离最近的医院进行急救。

## 三、包扎

及时且正确地进行包扎，可以达到止血、减少感染、保护伤口、减少疼痛等目的。包扎的方法主要包括三角巾包扎法和绷带包扎法。

### （一）三角巾包扎法

#### 1. 头部帽式包扎法

将三角巾（见图 8-20）的底边向内折叠约两指宽，放在前额眉上，顶角向后拉，盖住头顶，然后将两底角沿两耳上方往后拉至枕部下方，左右交叉并压住顶角，再绕至前额打结固定，如图 8-21 所示。

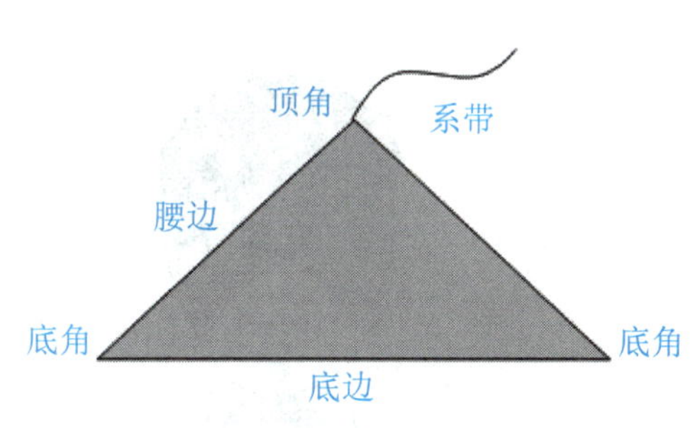


图 8-20　三角巾

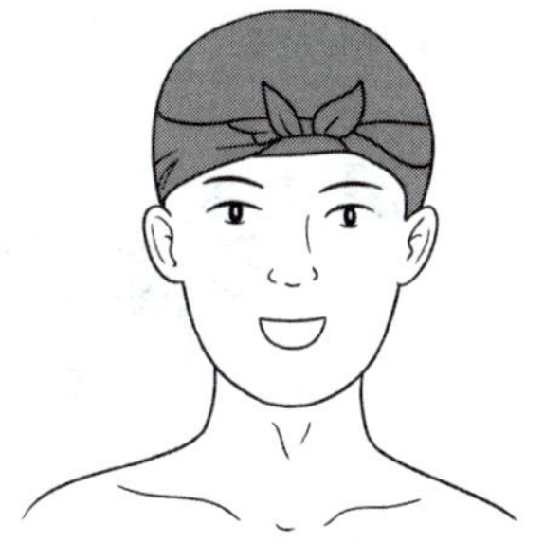

图 8-21　头部帽式包扎法

**温馨提示**

若现场救护时，没有三角巾、绷带等医用包扎材料，则可用干净的衣服、手绢、毛巾等做替代材料进行包扎。

### 2. 头部、耳部风帽式包扎法

将三角巾顶角打一个结，置于前额中央，然后将头部套入风帽内，并向下拉紧两底角，再将底边向外反扎 2～3 指宽的边，左右交叉包绕并兜住下颌，最后绕至枕后打结固定，如图 8-22 所示。

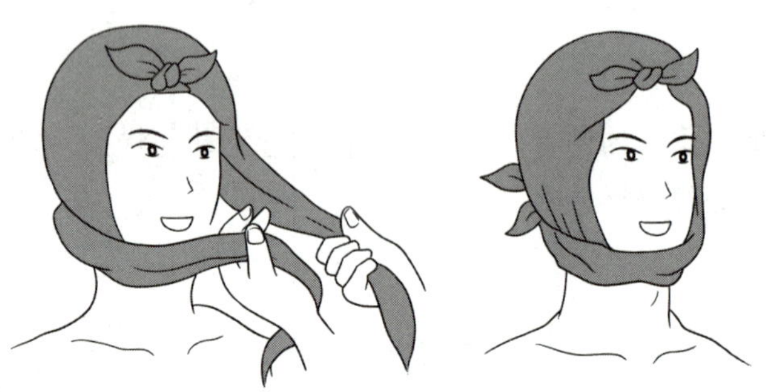

图 8-22 头部、耳部风帽式包扎法

### 3. 眼部包扎法

包扎单眼时，将三角巾折叠成比眼部稍宽的带状，斜置于伤侧眼部，从伤侧耳下绕至枕后，然后经另一侧耳上拉至前额与三角巾的另一端交叉，并反折绕头一周，最后在无伤一侧的耳上端打结固定，如图 8-23 所示。

包扎双眼时，将带状三角巾的中央置于枕部，将两底角分别经耳下向眼部拉，然后在鼻梁处左右交叉并各包住一只眼，形成“8”字形，接着将两底角经两耳上方向后拉，在枕部交叉后，再绕至下颌处打结固定，如图 8-24 所示。

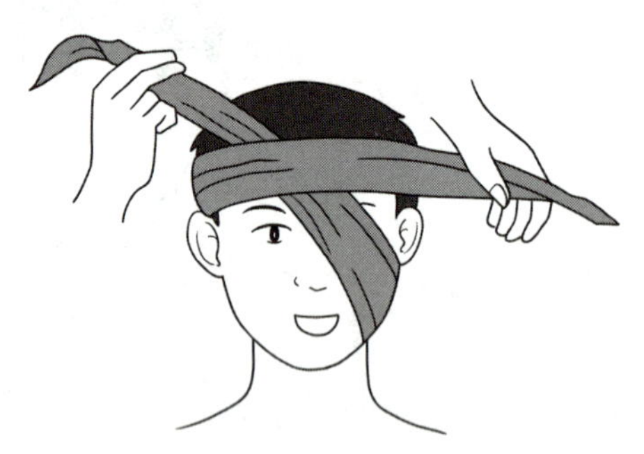

图 8-23 单眼包扎法

图 8-24 双眼包扎法

### 4. 胸部包扎法

将三角巾的顶角置于伤侧肩部，底边置于胸前，然后将两底角横拉至背部打结固定，随后再将顶角与底角打结固定，如图 8-25 所示。

### 5. 下腹部包扎法

将三角巾顶角朝下，底边横放于腹部，然后将两底角横拉至腰后打结固定，再将顶角

从两腿间拉至腰后与底角打结固定，如图 8-26 所示。

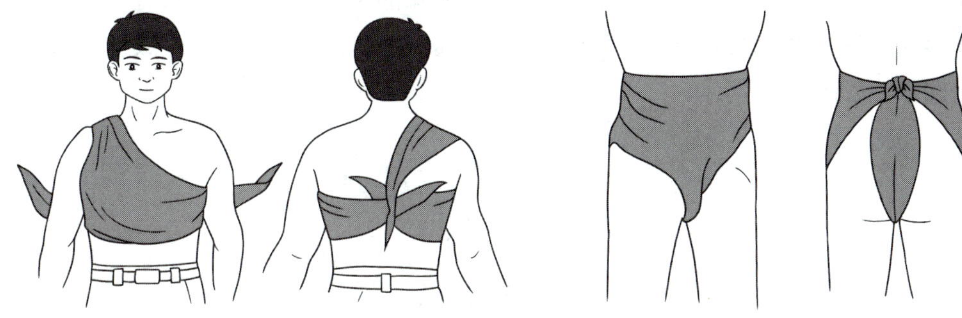

图 8-25 胸部包扎法　　　　图 8-26 下腹部包扎法

### 6. 肩部包扎法

包扎单肩时，将三角巾折成夹角约 80°的燕尾巾（见图 8-27），两底角相当于燕尾，使两底角朝向颈部，向背部的底角压住向胸部的底角，然后将燕尾巾底边绕上臂在伤侧肩部的腋前方与系带打结固定，再将两底角分别经胸部、背部拉到对侧腋下打结固定，如图 8-28 所示。

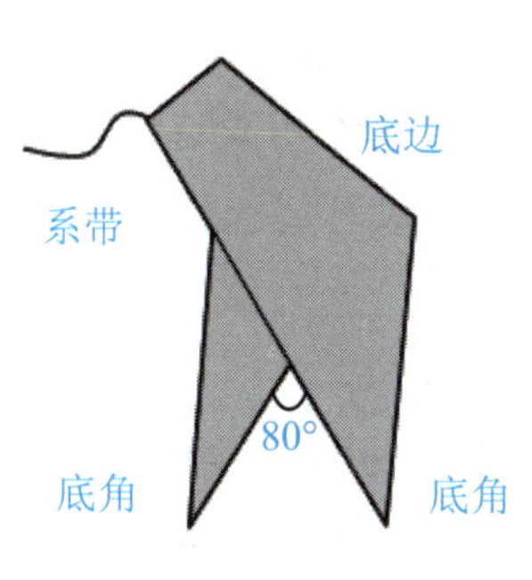


图 8-27 燕尾巾

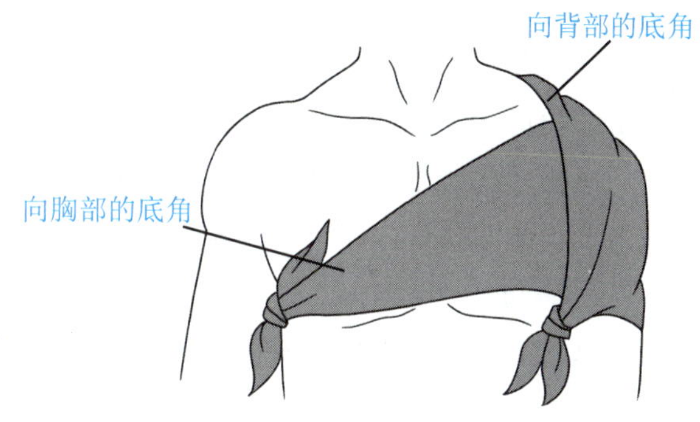


图 8-28 单肩包扎法

包扎双肩时，将燕尾巾底边放在两肩上，两侧底角向前下方绕腋下至背部，分别与系带和顶角打结，如图 8-29 所示。

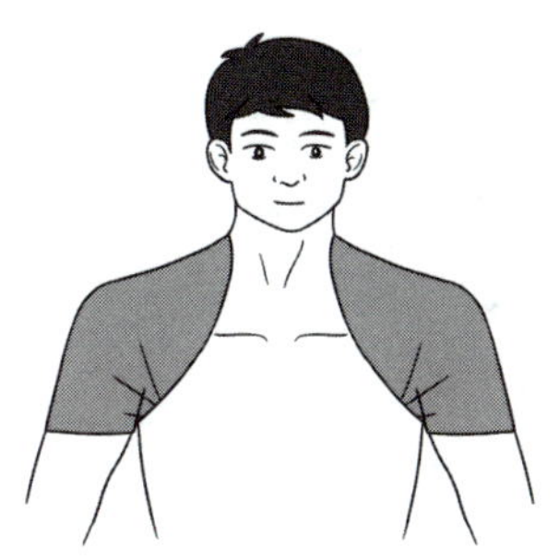

图 8-29 双肩包扎法

#### 7. 膝部、肘部包扎法

包扎膝部、肘部时，将三角巾折叠成比伤口稍宽的带状，斜放在伤口处，然后用三角巾压住膝部、肘部的上边和下边，并各绕两边肢体一周，最后在肢体内侧或远离伤口的一侧打结固定，如图 8-30 所示。

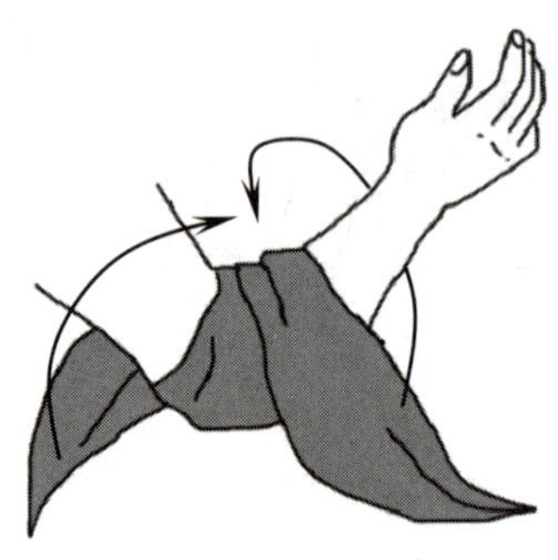

图 8-30　肘部包扎法

### （二）绷带包扎法

#### 1. 环形包扎法

环形包扎法用于包扎手腕、胸部、腹部等粗细均匀的部位。包扎时，将绷带头斜置于伤肢上并用拇指压住，然后将绷带做环形重叠缠绕肢体，在环绕第二圈或第三圈时，将第一圈斜出的带头一角反折并压于环形圈内（见图 8-31），然后继续环绕包扎，每一圈须完全覆盖上一圈的绷带，环绕包扎 3～4 圈后即可固定带尾。

#### 2. 螺旋形包扎法

螺旋形包扎法用于包扎前臂、手指等粗细不均匀但相差不大的部位。包扎时，先在伤口远端做 2～3 圈环形包扎，然后将绷带向伤口近端做螺旋状斜行缠绕。每一圈须覆盖前一圈绷带的 1/3 或 2/3（见图 8-32），缠绕数圈后用胶布固定绷带末端即可。

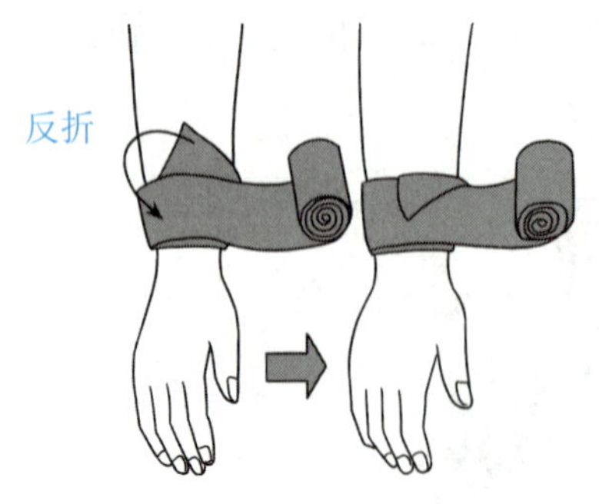


图 8-31　环形包扎法

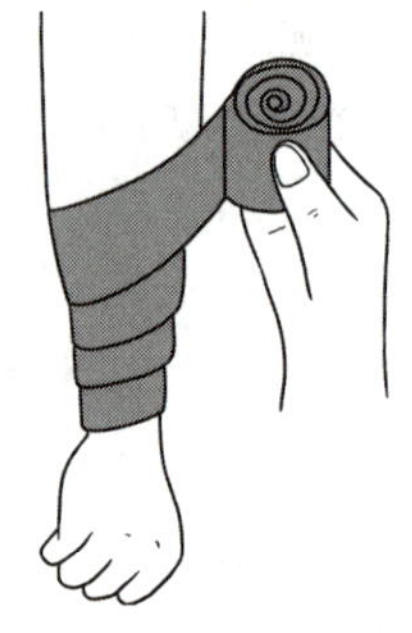

图 8-32　螺旋形包扎法

### 3. 反折螺旋形包扎法

反折螺旋形包扎法用于包扎小腿、大腿等粗细不均匀且相差较大的部位。包扎时，先做 2～3 圈环形包扎，然后做螺旋包扎，注意每做一圈螺旋包扎时须按住绷带上缘，将绷带向下反折一次，并向下拉紧缠绕肢体，每一圈须覆盖前一圈绷带的 1/3 或 2/3，如图 8-33 所示。需要注意的是，绷带反折处要避开伤口和骨突处。

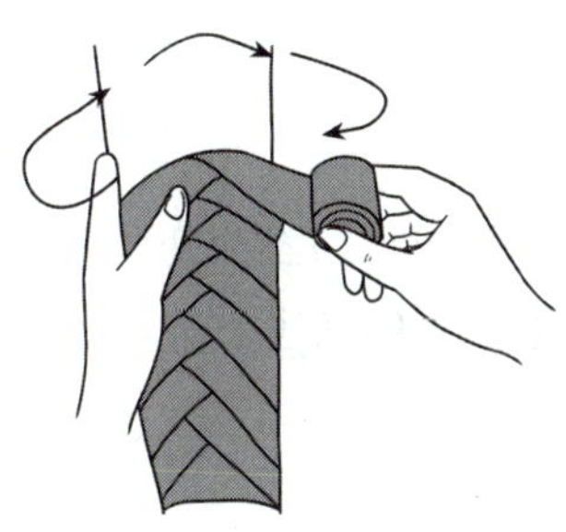

图 8-33　反折螺旋形包扎法

### 4. “8”字形包扎法

“8”字形包扎法多用于包扎肩部、肘部、膝部、踝部的关节处。包扎时，先在关节中部环形包扎 2 圈，然后将绷带斜行环绕肢体，按照一圈在关节上方缠绕、一圈在关节下方缠绕的方式交替缠绕，使多圈绷带在关节凹面相交，每一圈须覆盖前一圈绷带的 1/3 或 2/3，直至绷带逐渐远离关节，最后在关节上方或下方以环形包扎结束，如图 8-34 所示。

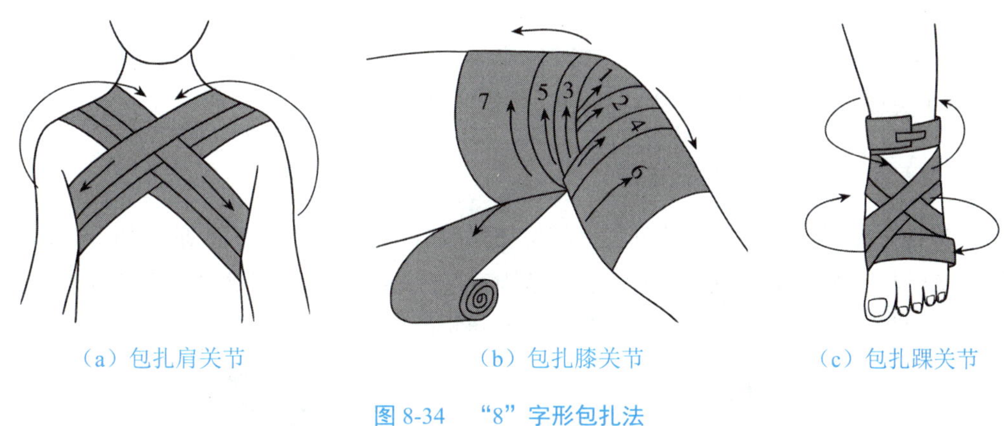


（a）包扎肩关节　（b）包扎膝关节　（c）包扎踝关节

图 8-34　“8”字形包扎法

## 健康指导

### 包扎的注意事项

（1）包扎前，要根据受伤部位选择合适的包扎方法，并且要先对伤口做初步的处理，如清水冲洗、消毒等。

（2）包扎时，动作要轻、快、准，松紧要适度，不可过紧，以免影响血液循环，也不可过松，以免包扎材料移动或脱落。

（3）包扎材料打结的位置要避开伤口和坐卧受压的位置。

资料来源：https://www.ys137.com/yxjk/1772314.html

## 四、固定

固定适用于骨折的伤者，目的是防止伤者的伤肢晃动，减轻伤者的痛苦，以及避免伤者在运送过程中因搬运、颠簸而遭受新的伤害。不同的骨折部位适合不同的固定方法，通常来说，固定的方法主要有以下几种：

### （一）前臂骨折的固定方法

前臂骨折的固定方法是在骨折突出部位加垫敷料，再将长度超过肘关节和腕关节的两块夹板分别置于前臂的手掌侧和手背侧，然后在伤者伤肢的掌心放一团棉花，让伤者握住棉花和掌侧夹板的一端，并使伤者的腕关节稍微屈向手背，再将伤肢与夹板固定，最后用三角巾将固定好的前臂悬挂于胸前，如图8-35所示。

若无夹板，可先用三角巾将受伤的前臂屈曲悬挂于胸前，再用另一条三角巾将伤臂固定于胸廓。

**课堂互动**

除了夹板，日常生活中有哪些物品可以充当固定材料？

### （二）上臂骨折的固定方法

上臂骨折的固定方法是在骨折突出部位加垫敷料，然后将一块夹板放在伤臂外侧，并用两条布带将夹板与伤肢的肘关节和肩关节固定，再用一条布带或三角巾将前臂屈曲悬挂于胸前，用另一条布带或三角巾将上臂固定于胸侧，如图8-36所示。

图8-35　前臂骨折的夹板固定方法

图8-36　上臂骨折的夹板固定方法

若无夹板，则可让上臂自然下垂，用三角巾将上臂固定于胸侧，再用另一条三角巾将前臂悬挂于胸前；亦可先用三角巾将前臂悬挂于胸前，再用另一条三角巾将上臂固定于胸侧。

### （三）小腿骨折的固定方法

小腿骨折的固定方法是在骨折突出部位加垫敷料，将长度超过大腿中部和脚跟的夹板置于骨折小腿外侧，然后用绷带分段固定伤口的上下两端和膝关节、踝关节（用绷带呈“8”字形固定踝关节），并且使脚掌与小腿垂直，如图 8-37 所示。

若无夹板，则可在膝部、踝部垫好敷料后，将伤肢与健肢并列对齐，然后用绷带或三角巾分段将两肢固定（用绷带呈“8”字形固定踝关节），并且使脚掌与小腿垂直，如图 8-38 所示。

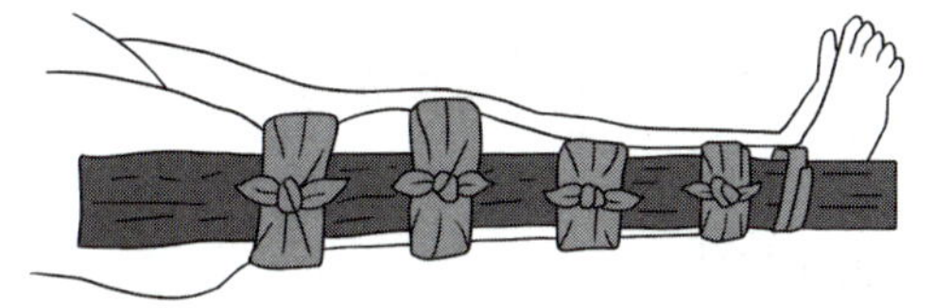

图 8-37 小腿骨折的夹板固定方法

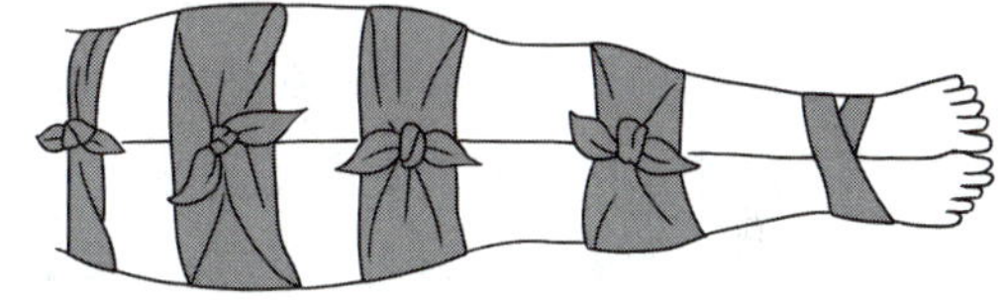

图 8-38 小腿骨折的健肢固定方法

### （四）大腿骨折的固定方法

大腿骨折的固定方法是在骨折突出部位加垫敷料，然后将长度为从腋下至脚跟的夹板置于伤肢外侧，再将两腿并列对齐，用绷带分段固定（用绷带呈“8”字形固定踝关节），并且使脚掌与小腿垂直，如图 8-39 所示。

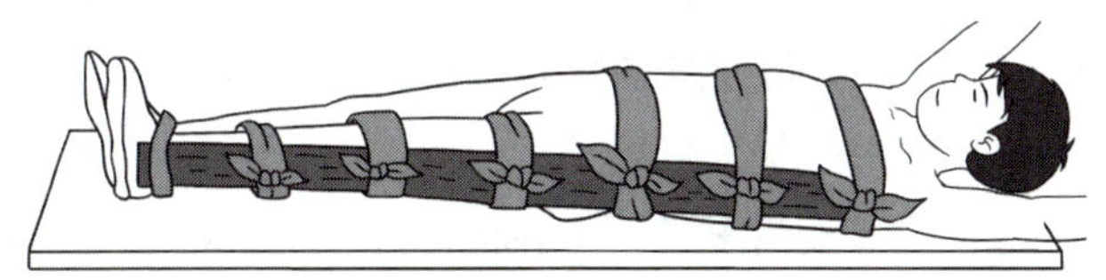

图 8-39 大腿骨折的夹板固定方法

### （五）锁骨骨折的固定方法

锁骨骨折的固定方法是在骨折突出部位垫上敷料后，将一块与背部尺寸相当的“丁”字夹板放在伤者的肩胛骨处，然后用绷带将左右两肩和腰部固定在夹板上，如图 8-40 所示。

若无夹板，则可使病人坐直挺胸、双肩向后，然后在伤者两腋下垫上棉垫，用两条三角巾分别绕左右两肩两圈后在背部中央打结，再将伤者两臂屈曲交叉，用另一条三角巾固定于胸前，如图 8-41 所示。

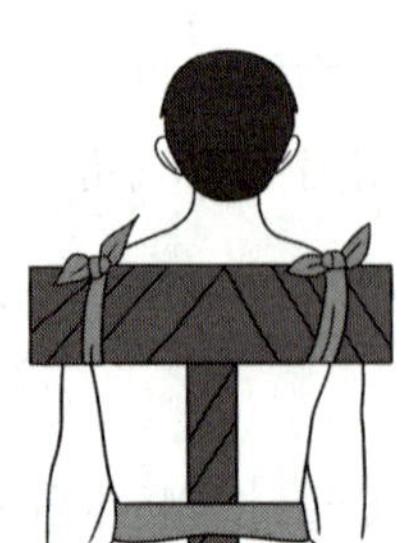

图 8-40　锁骨骨折的夹板固定方法

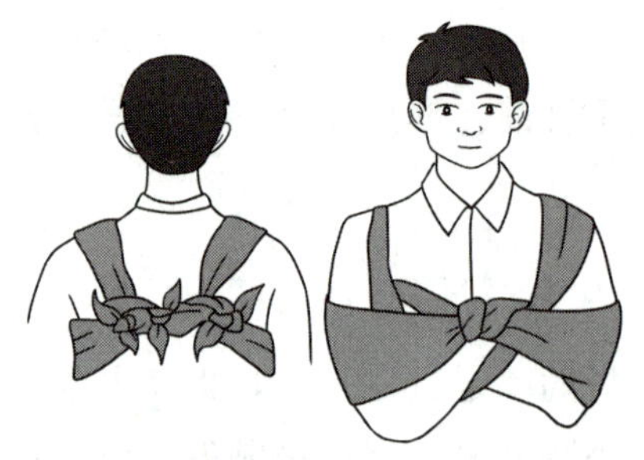

图 8-41　锁骨骨折的三角巾固定方法

健康指导

### 固定的注意事项

（1）骨折后，若伤口破裂出血，应先止血、后消毒包扎、再固定。

（2）固定时，为了使固定妥帖、稳当，以及防止骨折突出部位的皮肤受到固定材料的磨损，要在骨折突出部位加垫棉花或布块等软物。

（3）为了防止骨断端刺伤神经或血管，在固定时不能乱动伤者的骨折部位，更不能将外露的断骨送回伤口内。但是，在包扎、固定伤肢和转移伤者时，难免会搬动伤者的伤肢，从而触及其骨折部位。这时，应在伤肢不扭曲的情况下，先固定骨折部位的上、下两端，再固定邻近骨折处的上、下两个关节，以免骨折部位再次受到伤害。

（4）固定、捆绑的松紧要适度，若过松则容易滑脱，从而失去固定作用。若过紧则会影响伤肢的血液循环，造成局部组织坏死。固定、捆绑时，要在确保固定材料稳固不脱落的情况下，露出伤肢末端（指尖或趾尖），以便观察伤者的血液循环情况，并以此来调节固定、捆绑的松紧度。

资料来源：https://www.youlai.cn/video/article/390333.html

## 五、搬运

搬运是指对伤者进行初步救护后，迅速地用合适的方法将其送到医院做进一步诊治。搬运伤者时，要根据不同的伤情灵活地选用不同的搬运方法和搬运工具。搬运的动作要轻而迅速，避免震动，并争取在最短的时间内完成搬运。常用的搬运方法包括徒手搬运法和担架搬运法。

### （一）徒手搬运法

徒手搬运法适用于伤情较轻、搬运距离较短的情况，主要分为单人搬运法、双人搬运

法和多人搬运法。

（1）单人搬运法通常又分为搀扶、抱持、背负等方法，如图 8-42 所示。

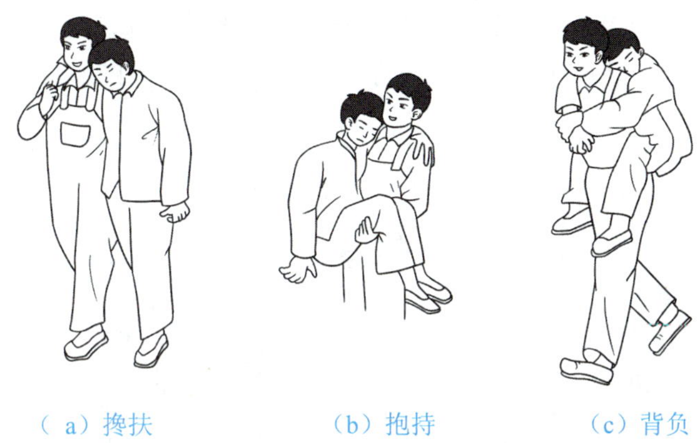

（a）搀扶　（b）抱持　（c）背负

图 8-42　单人搬运法

（2）双人搬运法通常又分为双人椅式、平托式、拉车式等，如图 8-43 所示。

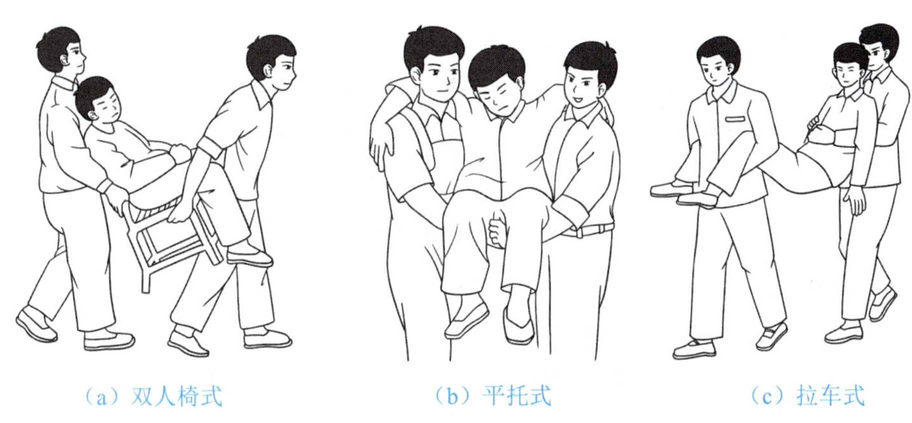

（a）双人椅式　（b）平托式　（c）拉车式

图 8-43　双人搬运法

（3）多人搬运法主要是指平卧托运法，如图 8-44 所示。

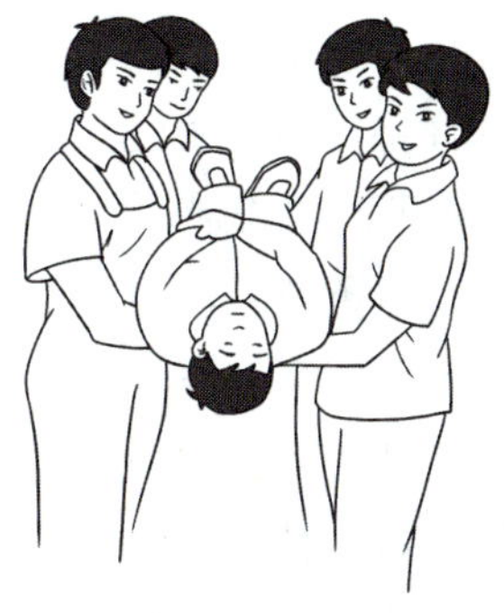

图 8-44　平卧托运法

### （二）担架搬运法

担架搬运法适用于伤情较重、路途较远且不适合徒手搬运的情况。该方法常用到的搬运工具有帆布担架、被服担架、包裹式担架、充气式担架等。在没有担架的情况下，也可就地取材，用椅子、门板、床板、毯子、衣服或梯子等代替，如图 8-45 所示。

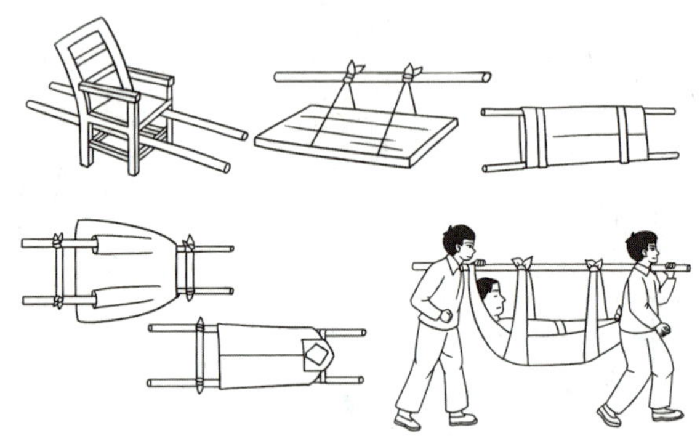

图 8-45　担架及担架搬运法

对不同的伤者应选用不同的担架，如脊椎骨折的伤者要用硬担架或硬木板，呼吸困难的伤者要用椅式担架搬运等。抬伤者上担架时，应由 3～4 人分别托住伤者的头部、胸部、盆骨和腿，动作一致地将伤者平放到担架上，然后用布条等材料将其固定在担架上。

此外，抬着担架行走时，还应注意以下三个方面：① 前后两人的步伐应交叉，即前者先跨左脚，后者先跨右脚，以免担架颠簸、摇晃；② 上坡时，伤者的头部朝前，下坡时，伤者的头部朝后；③ 要时刻观察伤者的伤情变化。

# 第三节　常见意外伤害的急救方法

## 一、触电的急救方法

触电是指电流通过人体引起的局部性或全身性损伤。当人体触电后，轻者会有头晕、心悸、局部肢体发麻等反应，严重者可发生昏迷、休克，出现心搏、呼吸骤停，甚至死亡。触电也会造成皮肤灼伤，创面较深、呈黄白色，与正常皮肤界限清楚，严重时创面可深达肌肉或骨骼，致使皮肤炭化、骨骼断裂。

遇到伤者触电时，先要想办法切断电源，如关闭电闸、拔掉电器插头、用干燥的木棍等不导电物体拨开电线等，切忌直接拖拉触电的伤者，以免自身触电。在浴室等较为潮湿的地方，救助者须穿绝缘胶鞋、戴胶皮手套或站在干燥木板上以保护自身安全。

切断电源后，应立即检查伤者的伤情。若伤者尚清醒，应用干净的纱布、被单等覆盖其创面进行保护，同时尽快将其送至医院；若伤者呼吸、心搏已停止，应立即对其实施心肺复苏术，直至伤者恢复自主呼吸和心跳或救护人员赶到。

#### 课堂互动

在日常生活中，我们应该如何预防触电？

## 二、溺水的急救方法

溺水是指当人淹没于水中时，因呼吸道被水充塞而出现缺氧、窒息。溺水者通常全身冰冷，面色青紫，上腹膨胀，两眼充血，严重者瞳孔散大，呼吸停止。若发现有人溺水，应采取以下几项急救措施：

（1）呼救。急救溺水者的第一步是拨打 120 急救电话，然后呼唤附近有能力施救的人帮助捞起溺水者。

（2）保持呼吸道畅通。将溺水者抬出水面后，应立即清除其口腔和鼻腔内的水、泥沙、杂草等异物，然后解开其衣领和衣扣，帮助其排出肺部、胃部的水，具体操作方法包括两种：① 将溺水者双脚提起，使其倒立，然后用手轻拍其背部，使积水流出；② 救助者单腿屈膝，将溺水者腹部置于屈膝站立的大腿上，并使其头部及上肢下垂，然后轻拍溺水者腰背部，使积水流出。

（3）施行心肺复苏术。检查溺水者的呼吸、心跳情况，若其呼吸、心跳微弱或已停止，应立即实施心肺复苏术，直至溺水者恢复自主呼吸和心跳或救护人员赶到。

（4）送往医院。溺水者恢复自主呼吸和心跳后并没有完全脱离险境，因溺水而产生的并发症（如肺炎、心衰等）随时都有可能发生。因此，救助者应尽快将溺水者送往医院进行救治。

#### 温馨提示

发生溺水事故时，可以利用救生器材对意识较清醒的溺水者进行救助。救生器材主要包括救生圈、竹竿、木板、轮胎、泡沫块、绳子等。

需要注意的是，只有经过专业训练的救护人员才可以徒手施救溺水者。救护人员在接近或寻找溺水者时，要使溺水者背向自己（以免被溺水者抱住），然后将溺水者拖拽上岸。

## 三、中暑的急救方法

中暑多由长时间受烈日照射或处于高温环境引起。人中暑时会大量出汗，导致体液中的水分及盐分大量流失，从而出现头晕、头痛、全身乏力、面色苍白等症状，严重时还可出现恶心、呕吐、腹痛、高热，甚至晕厥等症状。

处理中暑的重点是降温，具体操作方法如下：① 立即将伤者移至阴凉、通风处，解开其衣扣，利用电扇或扇子帮助其散热；② 让伤者饮用淡盐水，以补充水分；③ 若伤者已有发热症状，可用温水为其擦洗全身以降温，同时让其服用藿香正气水等解暑药物；若伤者症状严重，应迅速将其送往医院。

## 四、中毒的急救方法

中毒是指某种物质进入机体后，通过化学或物理作用，造成机体功能障碍或器质损害，甚至导致机体死亡的现象。对于中毒的伤者，若能采取合理的措施及时抢救，能够有效降低毒物对其造成的危害。

一氧化碳中毒的预防及处理

### （一）吸入性中毒的急救方法

最常见的吸入性中毒为吸入一氧化碳中毒。冬季使用煤炉取暖且通风不良，或煤气灶关闭不当，都会导致室内一氧化碳过量而引发吸入性中毒。

当发生吸入性中毒时，应立即将伤者转移至通风处，并松开其衣襟，使其能及时呼吸到新鲜空气。若伤者出现窒息，应立即对其进行人工呼吸，并将其送往医院急救。

**拓展阅读**

### 一氧化碳中毒

一氧化碳是一种无色无味的有毒气体。人吸入后，一氧化碳会通过肺泡进入血液，使血液中的血红蛋白失去运输氧气的功能，造成机体组织缺氧。

轻度中毒时，中毒者可出现头痛、头晕、恶心、呕吐、四肢无力等症状。被移至通风处后，上述症状可很快消失。

中度中毒时，中毒者在轻度中毒症状的基础上，可出现神志不清、困倦乏力、面色潮红、多汗，甚至昏迷等症状。中毒者经抢救后可恢复健康。

重度中毒时，中毒者可出现意识丧失、面色苍白或紫绀、大汗、体温升高、血压下降、呼吸不规则，甚至窒息等症状。中毒者经抢救后可能会留下严重的后遗症。

资料来源：https://m.youlai.cn/yyk/articlemip/20180.html

### （二）接触性中毒的急救方法

接触性中毒是指与人体接触的有毒化学物质（如杀虫剂、消毒水等）达到一定量后，对人体产生危害的现象。其急救方法如下：立即将伤者带离有毒的环境。如果伤者的身体接触了有毒物质，应立即脱去被污染的衣物，并用温水反复冲洗接触有毒物质的部位。如果伤者的眼睛接触了有毒物质，应用温水反复冲洗。需要注意的是，如果伤者接触的是强酸、强碱等腐蚀性较强的有毒物质，则禁止使用化学中和剂，以免产生化学反应损伤其身体。

### （三）食入性中毒的急救方法

食入性中毒常因食用了腐烂变质或有毒的食物、误服药物等引起。食入性中毒的急救重点是及早清除伤者体内的有毒物质，常用的方法有催吐和洗胃。

（1）催吐。催吐是指用手指、羽毛或筷子伸入伤者口中，并刺激其咽部，迫使其将有毒物质吐出来。此方法适用于轻度中毒者。

（2）洗胃。洗胃是为了彻底清除胃内的有毒物质。具体方法是先让伤者喝些清水，再催吐，如此反复喝水、催吐，直至呕吐物全为清水。注意，此方法仅适用于清醒的伤者，不适用于昏迷、休克或有抽搐症状的伤者。

## 五、跌打损伤的急救方法

跌打损伤是指因跌、打、磕、碰等原因而受伤的现象，包括割伤、刺伤、挫伤、扭伤、撞伤等。跌打损伤后，轻者会出现皮肤破裂、疼痛、肿胀、出血等症状，重者会出现肌肉拉伤、脱臼、骨折、内脏损伤等症状。下面介绍几种常见的跌打损伤的急救方法。

### （一）割伤的急救方法

发生割伤时，对于较浅的伤口，应用温开水或生理盐水冲洗并拭干，再以酒精消毒、止血，然后包扎伤口；对于较深的伤口，则应根据出血部位采用相应的动脉血管压迫法止血，并迅速赶往医院接受诊治。

### （二）刺伤的急救方法

刺伤一般出血较少，痛感较强，应尽快处理，具体的处理方法如下。

发生刺伤时，对于较浅的伤口（如被竹签、植物茎叶上的刺等刺破皮肤，且无异物留于体内），清洗干净后进行消毒、包扎即可；对于较深的伤口（如被针、钉子、金属片等刺伤，且有异物留于体内），先将伤口清洗干净，然后用消毒过的镊子将异物从伤口取出，再挤出淤血，最后用碘伏等消毒伤口，不必包扎。如果异物的拔除难度较大，如异物扎入了指甲盖、仅拔出了部分异物等，应立即将伤者送往医院处理。

### （三）挫伤的急救方法

挫伤是指因暴力、撞击、重物挤压等造成的皮下软组织闭合性损伤。遭受挫伤时，轻者会出现局部血肿、瘀血、压痛等症状，重者会出现肌肉和肌腱断裂、关节错缝或血管神经严重受损等症状，甚至出现昏迷、休克。

发生轻微挫伤时，只需停止局部活动、抬高伤肢，并将伤湿止痛膏贴于受伤部位，以促进受伤区消肿、伤口愈合；发生重度挫伤特别是胸腹部挫伤及头部挫伤时，为避免出现深部血肿或者内脏损伤出血，应立即将伤者送往医院救治。

### （四）扭伤的急救方法

扭伤是指关节处发生的内部创伤，多发生于腕关节、肘关节和踝关节。扭伤一般可导致局部红肿、疼痛，且活动时会加剧，严重时可导致脱臼。具体的处理方法为：快速冷敷，以止痛、消肿，切记不可揉搓；若发生脱臼，应立即将伤者送往医院救治。

**健康案例**

小马平时喜欢打篮球。有一次打球时他不慎扭伤了左脚踝，当时只是感觉轻微疼痛，小马就没在意，只是按摩了伤处并擦了些红花油。晚上就寝时，小马发现左脚踝扭伤的地方肿得厉害，而且左脚一活动就会特别痛。小马立刻将自己扭伤脚踝的事告诉了舍友小王和小李，两人便搀扶着小马来到学校医务室。医生听了小马的描述，又做了相关的检查，判定小马的左脚踝轻微脱臼，并伴有软组织挫伤，需要先输液消肿再进行下一步的治疗。

**点评** 发生扭伤时，如果不确定受伤情况，一定要到医院进行检查和治疗，千万不可轻视扭伤，更不能随意按摩，否则会造成更加严重的后果。

### （五）撞伤的急救方法

撞击容易造成头部、胸腹部、四肢等部位出血，软组织损伤，骨折等伤害。根据具体情况的不同，撞伤后应采取不同的急救方法。

如果伤者头部被撞伤，并出现头痛、头晕、脑挫伤、脑出血、昏迷等症状，应考虑有无颅骨骨折、颈椎损伤、颅内出血等情况，此时应立即使伤者平卧，保证其呼吸通畅，不做不必要的搬动和检查，同时迅速拨打 120 急救电话，寻求帮助。

如果伤者胸腹部被撞伤，并出现腹部触感很硬、腹部持续疼痛、呼吸时腹部疼痛等显著症状，则应考虑伤者有无体腔内部出血，此时应使伤者保持半卧体位，同时迅速拨打 120 急救电话，寻求帮助。

## 六、烧烫伤的急救方法

烧伤是人体触及火、热炉、热锅、热熨斗等干热物所致。烫伤是人体触及沸水、滚汤、热油、热蒸汽等湿热物所致。二者统称为烧烫伤。烧烫伤是生活中常见的意外伤害，如果处理不及时、不正确，将会导致不良后果。

烧烫伤的受伤程度可分为三度，不同程度的烧烫伤应采取不同的急救方法，具体内容如下。

### （一）一度烧烫伤的急救方法

发生一度烧烫伤时（只伤及表皮层，受伤皮肤发红、肿胀、有微痛和烧灼感，一般无水疱），应立即将受伤部位浸泡于冷水中，或立即用冷水冲洗半小时左右，以降温、止痛和防止起水疱，然后将烫伤膏涂于受伤部位。

若穿着衣服或鞋袜的部位受伤，千万不要急忙脱去衣服或鞋袜，否则会使表皮层随同衣服或鞋袜一起脱落，从而引发伤口感染。此时正确的做法是立即用冷水浇湿伤处及周围的衣物，待伤处疼痛稍微缓解时再脱去衣服或鞋袜，然后进行降温和止痛处理。

### （二）二度烧烫伤的急救方法

发生二度烧烫伤时（伤及真皮层，受伤部位红肿、发热，且有水疱，有明显的疼痛、烧灼感），应立即用冷水冲洗受伤部位，注意不要弄破水疱，也不要将已破水疱的表皮撕除，应暴露创面，然后立即将伤者送往医院救治。

### （三）三度烧烫伤的急救方法

发生三度烧烫伤时（伤及皮肤、皮下脂肪、肌肉和骨骼，受伤部位呈灰色、红褐色或黑色），或者伤及头面部、手、脚等部位时，应立即用干净的毛巾、被单等覆盖创面，注意不要弄破水疱，然后迅速将其送往医院救治。

#### 健康案例

一天，小丽和小芳在宿舍看书，小丽倒水时暖水瓶突然炸裂，热水直接泼到了小丽的脚上，小丽被烫得大叫起来。这时，小芳连忙打来一盆冷水，让小丽把脚泡在冷水中。过了一会儿，小丽说没那么痛了，小芳就帮她把袜子脱掉，一看小丽两只脚的脚背被烫得红肿，还起了水疱。小丽见状要把水疱挤破，说这样好得更快。小芳立刻阻止了她，说挤破水疱不仅会感染，还会留下疤痕。于是，小芳搀扶着小丽来到了学校的医务室。医生询问并检查后，说小芳的做法是正确的，如果不是她的处理，小丽的烫伤可能会更严重，现在只需涂些烫伤膏就会慢慢痊愈了。

**点评** 发生烧烫伤时，应根据受伤程度采取相应的急救方法。如果受伤部位出现水疱，一定注意不要弄破水疱，也不要将已破水疱的表皮撕除，否则可能会发生感染，造成更加严重的后果。

## 七、异物卡喉的急救方法

异物卡住咽喉是指吃东西时不慎被鱼刺、骨刺等梗住咽喉，从而出现不同程度的异物感、疼痛、咳嗽、血痰、呼吸困难等症状。

异物卡住咽喉时，切勿以吞咽菜叶、饭团、大块馒头等食物将异物吞入胃内，更不应用手去乱抠、乱捣，否则易使异物刺得更深，导致咽喉局部组织受到损伤，甚至引起大出血。正确的处理方法是用筷子或金属匙柄轻压伤者的舌头前部，暴露舌根，然后用手电筒照亮伤者的咽部，仔细检查舌根部、咽喉入口的两边、扁桃体、咽后壁等部位。若发现异物不大且扎得不深，则可用镊子或筷子将其取出。若异物较大、扎得较深，应使伤者保持冷静，并迅速将其送往医院救治。

**拓展阅读**

### 海姆立克急救法

“海姆立克急救法”是一位名叫海姆立克的人发明的以冲击腹部治疗急性呼吸道阻塞的急救方法，也是目前世界上公认的能够有效治疗急性呼吸道阻塞的急救法。

操作时，救助者从背后环抱伤者，然后一只手握拳，另一只手握紧握拳的手，从伤者的腰部向其上腹部用力冲击，通过不断推压使异物被气流冲出，从而恢复气道的通畅。

发生异物卡喉时，如果身边无人，伤者也可以自己实施腹部冲击，手法与上面相同，也可以将上腹部压向任何坚硬、突出的物体上，再反复实施腹部冲击，直至异物排出。

资料来源：https://baike.so.com/doc/7359548-7626460.html

## 八、动物咬伤、蜇伤的急救方法

咬伤、蜇伤是指由某些动物、昆虫等咬伤或刺伤人的皮肤造成的意外伤害，一般伤口较小，危害不大，但如果引起中毒（如毒蛇咬伤）就比较危险。

### （一）蛇咬伤的急救方法

被蛇咬伤后，现场一般难以区分是否为毒蛇咬伤，因此可按毒蛇咬伤处理，急救措施如下：

（1）禁止伤者活动，以免血液循环加快而使毒素的扩散速度加快。

（2）用布带或止血带捆扎伤口上方（距伤口 5～10 cm），以阻止蛇毒扩散。

（3）用手挤压伤口周围，尽量将毒液挤出，必要时用消毒刀片以伤口处的咬痕为中心划一个十字切口，同时用手挤出毒液。

（4）用大量温开水、盐水或肥皂水等多次冲洗伤口。

（5）有条件的情况下，应让伤者立即服用蛇药，并迅速将其送往医院接受进一步治疗。

### （二）猫或狗咬伤的急救方法

被猫或狗咬伤可能会感染狂犬病，因此，要尽快为伤者处理伤口，具体处理方法如下：

（1）用大量清水或肥皂水反复冲洗伤口。

（2）用力挤压伤口周围，使污血排出。

（3）用医用酒精或碘酒消毒伤口，注意不要包扎伤口，也无须涂抹药物。

（4）立即将伤者送往医院接受治疗。

### （三）黄蜂蜇伤的急救方法

被黄蜂蜇伤后，轻则出现伤口红肿、疼痛等症状，重则出现气喘、呼吸困难等症状。当伤者被黄蜂蜇伤时，可先用镊子将伤口处残留的毒刺拔除，再涂上蛇药。若伤者出现气喘等症状，应立即将其送往医院救治。

## 【健康一起来】

### 急救技术情景模拟

**1．活动目的**

（1）认识现场急救的重要性，掌握常见意外伤害的急救方法。

（2）随机应变，灵活运用急救方法。

（3）增强实践能力和团队协作能力。

**2．活动准备**

全班学生分成若干小组，每组 4～6 人。

**3．活动过程**

（1）每组挑选一个常见意外伤害事件，设计、编排一场情景小剧，主要表现意外伤害发生后，救助者应如何进行急救。要求各组选择的意外伤害类型尽量不重复。

（2）各组将情景小剧的表演过程拍摄下来，并进行视频剪辑处理。视频可以配解说、字幕等，时间尽量控制在 5 min 以内。

（3）教师播放各组处理好的视频，并组织全班讨论各组的急救方法有哪些不妥之处。

（4）教师针对每组的视频进行讲评。

**4．活动评价**

采取自评、小组互评和教师评价相结合的方式完成考核评价，并填写表 8-2。

表 8-2 考核评价表

| 项目名称 | 评价内容 | 分值 | 评价分数 | | |
|---|---|---|---|---|---|
| | | | 自评 | 互评 | 师评 |
| 知识、技能考核（60%） | 情景设计合理，且富有创意 | 20 | | | |
| | 表演生动，急救方法操作正确 | 20 | | | |
| | 视频制作精美，且符合实践要求 | 20 | | | |
| 综合素质考核（40%） | 积极配合小组表演，认真完成小组任务 | 20 | | | |
| | 课堂讨论充分，能提出正确的解决方法 | 10 | | | |
| | 描述清晰、简洁明了 | 10 | | | |
| 合计 | | 100 | | | |
| 总评 | 自评（20%）+互评（20%）+师评（60%）= | 教师（签名）： | | | |

## 【健康中国·精彩故事】

### 急救医生 健康使者

穿上白大褂，他是医者，和时间赛跑，救死扶伤；脱下白大褂，他是拥有几千万粉丝的医学科普者，为健康护航，大爱无疆。他就是北京大学第一医院密云院区急诊外科医生高巍。

早上 8 点，高巍刚诊治完一批急诊病人，就接到抢救室打来的电话，他迅速飞奔过去，加入对重症患者的抢救中。在重症抢救区，医生和护士忙碌的身影来回穿梭。在这里，“时间就是生命”，医生必须在最短的时间内做出最正确的决定，对急、危重病人实施最有效的抢救。为了应对紧急情况，高巍的手机每天保持 24 小时开机。对他来说，深夜急诊是家常便饭。

谈到急诊科的工作，高巍说：“急诊科虽然很忙，但是我特别喜欢这份工作。

因为在急诊科可以第一时间救治患者，帮助他们解决危机或挽救他们的生命。”

急诊科的工作，高巍已经做了十余年，在这里，他是救死扶伤的高医生。而在网络上，他称自己为“巍子”。

2017 年，高巍创建了自媒体账号，向大家科普疾病知识和急救技能。一开始，高巍想把自己的专业知识写成文章，但写出来的科普文章干巴巴的，阅读量也只有几十个。后来经过摸索，高巍发现，写自己工作经历和感受的文章很受欢迎。于是，他尝试将急救知识和故事结合起来。自此，他所写文章的阅读量不断上升，其中一篇记录急救经历的原创文章甚至获得了过亿的阅读量。

除了文章，高巍还利用直播、视频等方式进行医学科普。从儿童异物卡喉咙的急救方法，到缓解腰部疼痛的小妙招，这些与日常生活密切相关的医学知识，高巍都能在视频中娓娓道来。

在高巍帮助的对象中，有一个人令他印象深刻。那是一位来自广西的母亲，专程坐火车来北京感谢他。原来，她看过高巍在网上发布的海姆立克急救法。一次，她的孩子不小心被异物卡住了喉咙，焦急之际，她想起了高巍教的急救视频，按照视频中的方法，才最终帮助孩子脱离了危险。这样的案例不胜枚举，这也更加坚定了高巍做科普的想法。

高巍说：“在急诊一线救助人是挽救患者于危难之际，是治果；用视频科普的方式帮助人是防患于未然，是种因。我做急诊医生是为老百姓做的，讲医学知识是讲给老百姓听的。让老百姓真正受益，是我的最终目的。”

“做有情怀的医生，写有温度的科普”，这是高巍在某短视频平台上写下的简介，也是他始终践行的理念。

资料来源：
https://article.xuexi.cn/articles/index.html?art_id=18356372906266662205&t=1636093731504&showmenu=false&study_style_id=feeds_default&source=share&share_to=copylink&item_id=18356372906266662205&ref_read_id=e4b228ed-1b02-464a-b4f5-642bc3c57cbe_1638240541789

# 第九章

# 旅行中的健康常识

## 本章导读

随着生活水平的不断提高，外出旅行成为人们放松身体、愉悦心情的重要休闲方式之一。许多大学生喜欢在节假日外出旅行，在欣赏大自然秀丽风光的同时，还能调节紧张的心情。外出旅行时，面对不同的环境、气候、饮食等，难免会发生一些意想不到的健康与安全问题。大学生需要掌握一定的旅行卫生保健常识，以确保旅行更加安全。

## 学习清单

完成一项学习任务后，请在对应的方框中打勾。

| | | |
|---|---|---|
| 课前预习 | □ | 1．预习课本知识，了解本章的主要内容 |
| | □ | 2．通过查阅书籍、网络搜索等途径了解旅行中的健康常识 |
| | □ | 3．与同学交流，说说自己所掌握的旅行健康常识 |
| 课本学习 | □ | 1．掌握旅行中的卫生保健常识 |
| | □ | 2．了解旅行中常见的健康风险，懂得如何进行预防 |
| 任务训练 | □ | 1．积极、认真地参与课后实践活动 |
| | □ | 2．在实践活动中，与同学协调配合，提高团队合作能力 |
| | □ | 3．通过实践活动，懂得如何做好旅行中的卫生保健工作，提高自我防范意识 |

【健康问答】

旅行前最重要的是什么？对于这个问题，人们的答案往往是做旅行攻略，看看哪里最好玩，哪里的美食最多，甚至有许多年轻人不做任何准备，直接来一场说走就走的旅行。“诗和远方”固然是美好的，但是毫无防备的旅行可能会发生各种各样的健康与安全问题，如腹泻、感冒等，有时甚至可能致命。为此，我国多个城市的医院开设了“旅行医学门诊”，专门为旅行者提供健康评估和医学咨询等多项旅行医学服务。例如，医生会告知旅行者目的地所在国家或地区是否存在疫情及健康隐患。再如，对旅行者的身体状况进行检查，评估其是否适合旅行等，从而使旅行者在出行前做好充分的健康准备。

思考

你了解“旅行医学门诊”吗？你认为做好旅行前的健康准备重要吗？为什么？

【健康课堂】

# 第一节 旅行中的卫生保健常识

## 一、旅行前的健康准备与评估咨询

### （一）健康准备

旅行前，除了要计划旅行线路和准备旅行物品，还应做好健康准备工作，具体可以从以下几个方面着手：

1. 了解旅行目的地

确定好旅行目的地之后，要充分了解该地的各项情况，以便做好相应的准备。一般来说，需要了解的事项包括如下几种。

（1）天气与气候状况，注意近期有无暴雨、台风等恶劣天气。

（2）地理与地貌特征，注意近期有无地震、滑坡、海啸等自然灾害。

（3）当地常见的流行病情况，可咨询医生，或关注相关新闻报道。

（4）交通与社会治安状况。

（5）当地的风俗习惯。

## 课堂互动

除了以上几项内容，你认为还应该了解旅行目的地的哪些情况？

### 2. 旅行时间

旅行时间的长短往往决定了健康准备工作的细致程度。外出旅行的时间越长，可能遇到的健康问题（如过度疲劳、感染传染病等）就越多。因此，大学生外出旅行一定要合理规划旅行时间，并根据旅行时间做好相应的准备工作。

### 3. 交通方式

外出旅行可选择多种交通方式，但需要注意其中存在的健康风险。主要的几种旅行交通方式及健康风险提示如下。

（1）飞机。乘坐飞机时，应注意晕机、机舱空气干燥及恶劣天气等问题。

（2）火车。乘坐火车时，应注意久坐导致的关节酸痛、腿脚肿胀和头痛乏力，以及恶劣天气等问题。

（3）汽车。乘坐或自行驾驶汽车时，应注意晕车、疲劳驾驶、交通意外，以及恶劣天气等问题。

（4）轮船。乘坐轮船时，应注意晕船和恶劣天气等问题。

（5）自行车。骑行时，应注意运动损伤、交通意外及恶劣天气等问题。

## 拓展阅读

### 不宜乘坐飞机的人员

（1）传染性疾病患者。传染性肝炎、活动期肺结核、伤寒等传染性疾病患者在国家规定的隔离期内，禁止乘坐飞机。

（2）精神病患者或癫痫患者。因密闭机舱、气压变化及疲劳容易诱发癫痫及相关急症发作，故此类人员不宜乘坐飞机。

（3）心脑血管疾病患者。高空气压可能会使心脑血管疾病患者（如心肌梗塞患者、严重高血压患者、脑栓塞患者）旧病复发或病情加重，故此类人员不宜乘坐飞机。

（4）呼吸系统疾病患者。肺气肿、肺心病等呼吸系统疾病患者可能由于气压变化发生气胸、肺大泡等，故不宜乘坐飞机。

（5）术后伤口未愈合者。此类人员一般在手术后10天内不能乘坐飞机。

（6）临近产期的孕妇。空中气压的变化可能导致早产、流产、胎儿宫内缺氧等意外事故，故孕妇不宜乘坐飞机，尤其是妊娠时间超过35周或患妊娠高血压的孕妇，更不宜乘坐飞机。

资料来源：http://www.xingtai.gov.cn/mlxt/lycs/201006/t20100621_254811.html

#### 4. 预防接种

外出旅行时，若途径传染病的高发区或流行区，则可能会感染传染病。接种疫苗是预防传染病（如黄热病、疟疾等）的最有效的措施。有些国家要求旅行者必须接种某些疫苗，否则将不准入境或就地隔离。

因此，大学生在外出旅行前要充分了解旅行目的地和途径地的传染病发生情况，必要时主动咨询医生或者旅行目的地的旅行卫生服务人员，按照规定和自身需求接种相关疫苗，以确保自身的健康与旅行的安全。

### （二）评估咨询

旅行前的健康评估与医学咨询是保障旅行者健康与安全的重要措施之一。健康评估最常用的方法是身体健康检查。通过身体健康检查，旅行者可以了解自身健康状况，检查自身有无潜在性的疾病或传染性疾病等，然后根据检查结果来决定是否外出旅行，或者选择适合自身健康条件的旅行线路、交通方式等。

除了健康评估，旅行者还应在旅行前进行医学咨询，以了解旅行中可能存在的健康风险，并获得专业的健康卫生指导，如预防接种、备用药物等，从而为旅行提供安全保障。

## 二、旅行中的注意事项

（1）大学生外出旅行时要结伴而行，并与家人、朋友或老师保持联系。

（2）旅行时不要携带大量现金或贵重物品，以防被盗。

（3）在计划出行路线时，要选择配套服务完善且路况较好的路线，不要走偏僻的路线，以免发生迷路等意外。

（4）尽量选择火车、公共汽车等公共交通工具，并注意遵守相关的乘客安全管理规定。

（5）准备个人专用卫生用品，如毛巾、牙刷和刮胡刀等；注意选择卫生条件较好的旅店。

（6）注意饮食卫生，不去卫生条件差的饭馆和路边小摊进餐或购买食物，进餐前要清洁双手，生吃瓜果时要将瓜果洗干净或去皮，不要喝生水。

（7）准备一些常用药品，如晕车药、防中暑药和外伤药等，以备不时之需。

（8）尊重当地风俗习惯，避免与人发生争执。

### 旅行常备药品有哪些

（1）防晕车、晕船药。如乘晕宁和晕海宁等。

（2）抗病毒药。如板蓝根颗粒、连花清瘟胶囊和抗病毒口服液等。

（3）消化系统药。如健胃消食片、胃复安、吗丁啉和痢特灵等。
（4）防过敏药。如息斯敏和扑尔敏等。
（5）防中暑药。如十滴水、霍香正气水和清凉油等。
（6）防蚊药。如驱蚊剂和防蚊液等。
（7）外伤药及医疗用品。如正红花油、云南白药、创可贴、绷带和胶布等。

资料来源：http://www.ithc.cn/article/50143.html

## 三、旅行后的健康维护

有些传染病的症状较轻微或潜伏期较长，容易被旅行者忽略。因此，旅行结束后，旅行者回到原来居住的地方，还应持续关注自身的健康状况。如果旅行后出现身体不适，如发热、呕吐、持续腹泻、皮肤病或生殖器感染等，应立即前往医院进行诊治。

# 第二节 旅行中常见的健康风险及预防

## 一、常见的感染性疾病

### （一）黄热病

黄热病是一种由黄热病毒引起，经蚊叮咬传播的急性传染病。黄热病主要流行于非洲和南美洲的热带及亚热带地区，蚊媒活跃季节高发。黄热病的潜伏期为 3～6 天，临床表现为发热、寒战、恶心、呕吐、头痛和肌肉疼痛等。病情严重时，可出现高热、黄疸（表现为皮肤和眼白变黄）和出血（尤其是胃肠道出血）等症状，甚至休克、多器官衰竭。

预防黄热病最有效的方法是接种黄热病疫苗。接种黄热病疫苗 10 天后可产生保护性抗体。目前，《国际卫生条例》和我国国境卫生检疫法规定，到达或途经黄热病流行区的旅行者，必须接种黄热病疫苗并出示黄热病国际预防接种证书（又称“黄皮书”），否则将不准入境。从黄热病流行区回归的旅行者也必须出示该证书。

由于黄热病经蚊叮咬传播，故旅行者也应注意防蚊。在户外时，要穿着长袖上衣和长裤，并使用防蚊喷雾，以防蚊虫叮咬。

### （二）疟疾

疟疾是感染疟原虫导致的传染病，主要流行于非洲、东南亚和南美洲的热带及亚热带地区。疟疾的潜伏期为 7 天或更久的时间，临床表现为发热、寒战、头痛、乏力、呕吐、

咳嗽、腹痛、腹泻等，严重时可出现昏迷和多器官衰竭，甚至死亡。

预防疟疾，旅行者可从以下几个方面做起：

（1）注意防蚊，尤其是在黄昏与清晨。旅行者可使用驱蚊剂、杀虫剂和蚊帐等，以防蚊虫叮咬。

（2）适时服用抗疟药物，以预防感染。

扫一扫

疟疾的预防措施

### （三）旅行者腹泻

旅行者腹泻是一种特殊类型的感染性腹泻，主要表现为在旅行期间或旅行后，每天排便 3 次或更多次，大便不成形，以水样便最为常见，同时伴有恶心、呕吐、腹痛和便血等症状。病情严重时，可出现高热、剧烈呕吐和严重脱水等症状，甚至休克。

预防旅行者腹泻，旅行者可从以下几个方面做起：

（1）注意饮食卫生。旅行者应避免到卫生条件较差的街边小摊进餐和购买食品，不要食用未经烹饪或未煮熟的肉和海鲜，生吃瓜果时要将瓜果洗干净或去皮。

（2）注意饮水卫生。切忌直接饮用未经煮沸的自来水和井水等，可选择罐装或瓶装的饮用水。

（3）保持手部干净。要勤洗手，尤其是在进餐时，一定要将双手清洗干净再进餐。若无水，可使用含酒精的消毒纸巾或消毒凝胶清洁双手。

（4）注意休息。旅行期间的舟车劳顿及饮食习惯与生活环境的改变可能使旅行者的免疫力降低，从而引发身体不适，在这种情况下，保证充足的睡眠和及时休息尤为重要。

## 二、高原病

高原病又称“高山病”，是一种发生于高海拔地区低氧环境中的缺氧反应，可分为急性高原反应、高原肺水肿和高原脑水肿。发病时，轻者出现头痛、乏力、食欲减退、恶心和睡眠障碍等症状，吸氧和远离高海拔地区后这些症状可缓解。严重者可发生脑水肿，主要表现为严重头痛、呕吐、意识障碍、抽搐，甚至昏迷、死亡。

预防高原病，旅行者可从以下几个方面做起：

如何应对高原反应

（1）平时养成锻炼习惯，在旅行中进行适当的锻炼，以增强体质，减轻高原反应。

（2）根据医嘱，提前服用预防高原反应的药物。

（3）进入高原地区后，在饮食方面要少食多餐，多食用蔬菜、水果等易消化的食物。同时要适当补水，保证体内水分充足。

（4）重视身体出现的高原反应症状，一旦身体不适，应立即停止攀登并注意休息，症状严重者应及时就医。此外，旅行者可以随身携带氧气瓶和应急药物等，以备不时之需。

（5）感冒会引发和加重高原反应，因此旅行者要注意防寒保暖，避免受冷而感冒。

（6）过度紧张和焦虑会增加脑部耗氧量，从而加重高原反应。因此，旅行者要保持乐观、积极的心态，不要对高原病产生恐惧心理。

**温馨提示**

有器质性疾病、严重神经衰弱和呼吸道感染患者，不宜进入高原地区。

## 三、潜水病

潜水病是指潜水时受水下环境因素作用而引起的一系列疾病。常见的潜水病有减压病和肺气压伤。

减压病是指潜水时因所处环境气压下降过快，导致身体组织内溶解的惰性气体（如氮气）产生气泡，从而造成身体的不良反应或急性功能障碍。轻者出现皮肤瘙痒、刺痛、红疹和关节肌肉疼痛等症状，重者可出现头晕、耳鸣、呕吐、语言不清、四肢麻木和胸闷胸痛等症状，甚至休克、死亡。

肺气压伤是指在潜水时因屏气不当导致体内空气无法排出，肺内气压急剧增加，从而造成肺组织和肺血管破裂，肺泡内气体由破裂处进入血液循环系统，堵塞冠状动脉或脑部毛细血管形成空气栓塞。其主要症状有肺出血、咯血、泡沫性血液、皮下气肿、昏迷、痉挛、心律不齐和意识丧失等。

预防潜水病，旅行者可从以下几个方面做起：

（1）提前了解潜水区域的天气与气候状况，避免在天气与气候状况不佳时潜水。

（2）掌握基本的潜水技能，潜水前做好热身运动。

（3）按规定穿戴好潜水装备，并在潜水前仔细检查装备是否穿戴完整、正确。

（4）身体或精神状态不佳时，不宜强行潜水。

（5）尽量由潜水专业人员带领，切忌单独潜水。

（6）不要超时、超深潜水，潜水结束时，要缓慢升至水面。

**温馨提示**

高血压、心脏病、哮喘、糖尿病和耳鼻喉疾病患者，不宜进行潜水活动。

## 四、意外事故

### （一）交通意外

为避免发生交通意外，旅行者可以从以下几个方面做起：

（1）外出旅行时，尽量选择安全、正规的公共交通工具。

（2）严格遵守当地的交通规则，提高自我防范意识。

（3）若选择自驾或骑行，要做好安全防护措施（如系好安全带），时常检查车况，并注意不要疲劳驾驶。

发生交通意外时，一定要保持镇静，根据现场情况立即向急救、交通等相关机构请求援助，同时利用自身所掌握的急救方法和技能展开自救或互救，以保护生命安全。

### （二）街头犯罪

街头犯罪是指在街头发生的一些违法犯罪行为，常见的有抢劫、偷窃和诈骗。街头犯罪严重危害旅行者的人身安全和财产安全。外出旅行时，旅行者一定要提高自我防范意识，时刻注意保护自身安全。

防范街头犯罪，旅行者可以从以下几个方面做起：

（1）不要携带大量现金或贵重物品。

（2）衣着应以舒适、简单为宜，尽量不要佩戴华丽贵重的饰品。

（3）使用自动取款机提取现金时，要注意观察周围情况，保持警惕。

（4）不要随便接受陌生人的馈赠，尤其是食物和饮品。

（5）对于陌生人的搭讪，要保持警惕，不要随便泄露个人信息。

（6）不去偏僻的地方，天黑后尽量不要外出。

## 【健康一起来】

### 制作旅行计划书

**1．活动目的**

（1）掌握旅行中的卫生保健常识。

（2）学会识别旅行中存在的健康风险，并懂得如何预防。

（3）锻炼团队合作能力。

**2．活动准备**

全班学生分成若干小组，每组4～6人。

**3．活动过程**

（1）每组挑选一个旅行目的地，然后规划旅行线路、旅行时间、交通方式等。要求各组选择的旅行目的地不重复。

（2）各组确定好旅行线路后，通过查阅书籍、网络搜索等途径了解旅行中可能发生的健康风险和安全风险，并提出防范风险的措施。

（3）整理所收集的资料，制作旅行计划书。旅行计划书可手写，也可制作成PPT等电子文件。每个小组派一名代表在全班展示旅行计划书。

### 4. 活动评价

采取自评、小组互评和教师评价相结合的方式完成考核评价，并填写表 9-1。

表 9-1 考核评价表

| 项目名称 | 评价内容 | 分值 | 评价分数 | | |
|---|---|---|---|---|---|
| | | | 自评 | 互评 | 师评 |
| 知识、技能考核（60%） | 获取信息的途径多样，所获资料全面 | 20 | | | |
| | 旅游计划书内容详细，规划合理 | 20 | | | |
| | 讲解清晰、简洁明了 | 20 | | | |
| 综合素质考核（40%） | 积极、有序地参与活动 | 10 | | | |
| | 勤于思考，态度端正 | 15 | | | |
| | 善于总结，思路清晰 | 15 | | | |
| 合计 | | 100 | | | |
| 总评 | 自评（20%）+互评（20%）+师评（60%）= | 教师（签名）： | | | |

## 【健康中国·精彩故事】

### 行医做人常怀“四心”

对患者有同情心，对工作有责任心，对事业有进取心，对同志有团结心，这“四心”是顾玉东多年前为自己和手外科同事立下的行医准则。

**一份恻隐，助力攻克难题**

半个世纪前的一份恻隐，帮助顾玉东跨越了“医学天堑”。

1966 年 2 月 13 日，顾玉东参与完成导师杨东岳医生主持的世界第一例足趾移植手术。此后 15 年里，他们共为 100 名失去手指的患者进行了足趾移植，其中有 93 例获得了成功。

后来，每次为青年医生讲课，顾玉东总会提及一个失败的病例：一个 19 岁的女孩被机器轧烂了拇指，从千里之外来到华山医院。顾玉东按常规为她做了手术，但在手术过程中，他发现患者的足背动脉和进入第二趾的血管非常细，甚至不足 1 毫米。这意味着手术治疗的风险很大。果不其然，患者术后新造的大拇指每况愈下，最终由红色变成了黑色。虽然女孩的家属一再表示理解，但顾玉东却无法原谅自己。

这次失败的经历促使顾玉东努力钻研。经过 5 年的分析研究，他首创了“第二套供血系统”，终于攻克了血管变异难题。此后，华山医院手外科的足趾游离移植再造拇指手术再也没有失败过。

**执着精神，成就重大突破**

一颗赤子之心，六十载励学修术，几千张手写病历卡，追求每台手术“零”失败率……顾玉东是一个完美主义者，他的执着精神成就了医学上的重大突破。

1986 年，一名黑龙江的男子在摩托车事故中受伤。他一侧的臂丛神经(由颈 5~8 和胸 1 五根神经组成，负责支配上肢、肩背和胸部的感觉运动功能）发生了根性撕脱断裂，与中枢神经彻底分离，这在当时难以治愈。男子痛不欲生，他怀着一线希望来到华山医院找到顾玉东。在一系列检查后，顾玉东发现当时所有 4 组神经移植法都不适合这名男子。

“我做手术有一个习惯，除了写病史和手术记录，每完成一台手术我都会做一张卡片，记录病人不同于手术常规的特殊情况。”顾玉东翻看了几十年来积累的上千张病历卡，发现了一个特殊现象：颈 5、颈 6、颈 8 和胸 1 神经的断裂都会影响肢体功能，单纯颈 7 神经的断裂不会有肢体功能障碍的症状。“如果把病人‘好手’一侧的颈 7‘搬’到‘坏手’一侧，那么‘坏手’就可以重新恢复功能。这可行吗？”

基于这一思路，顾玉东首创“健侧颈 7 移位术”。在周密的准备下，经过 10 个小时的奋战，顾玉东终于顺利完成了这一史无前例的手术。次日，顾玉东早早来到病房，检查发现患者健侧上肢除两个指尖有些麻木外，其余部位活动自如。患者笑了，顾玉东也松了一口气。

“对每一位患者，医生都要做‘加法’，每一次手术都要让患者有所得。”这是顾玉东作为医生始终践行的不二诺言。

资料来源：

https://article.xuexi.cn/articles/index.html?art_id=15928037718593628745&ref_read_id=8AD78731-CABB-4572-BFD8-41705069E471&source=share&study_style_id=feeds_default&reco_id=5906423987447109234_1638243971&share_to=copylink&study_comment_disable=0&ptype=100&item_id=15928037718593628745&pid=39287484821258640

# 参考文献


[1] 余小鸣．大学生健康教育［M］．北京：高等教育出版社，2018．

[2] 张培峰，刘原媛．大学生健康教育教程［M］．北京：清华大学出版社，2020．

[3] 程静，吴亚梅．大学生健康教育［M］．重庆：重庆大学出版社，2020．

[4] 陈叶坪，张桂兰．大学生健康教育［M］．武汉：华中科技大学出版社，2018．

[5] 傅华．健康教育学［M］．北京：人民卫生出版社，2017．

[6] 阚海东，鲁元安．环境与全球健康［M］．北京：人民卫生出版社，2016．

[7] 中国营养学会．中国居民膳食指南［M］．北京：人民卫生出版社，2016．

[8] 杨树枝．实用内科学［M］．长春：吉林科学技术出版社，2015．

[9] 陆林．睡眠健康管理手册［M］．北京：中国人口出版社，2020．

[10] 张钧，何进胜．运动健康管理［M］．上海：复旦大学出版社，2019．

[11] 李朔．高校体育与运动健康［M］．北京：北京日报出版社，2018．

[12] 周少贤．大学生心理健康［M］．北京：中国社会科学出版社，2016．

[13] 朱海．大学生心理健康教育［M］．上海：华东师范大学出版社，2017．

[14] 江剑平．大学生性健康教育［M］．北京：科学出版社，2018．

[15] 冯连贵，刘嘉．大学生性健康［M］．北京：人民卫生出版社，2014．

[16] 杨先梅．艾滋病防治教育知识读本［M］．沈阳：万卷出版公司，2020．

[17] 上海市疾病预防控制中心．大学生健康指南［M］．上海：上海大学出版社，2020．

[18] 广州市疾病预防控制中心．常见传染病预防［M］．广州：华南理工大学出版社，2020．

[19] 朱启星，杨永坚．预防保健学［M］．合肥：安徽大学出版社，2016．

[20] 陶芳标，李十月．公共卫生学概论［M］．北京：科学出版社，2016．

[21] 邓笑伟，马春梅．健康体检［M］．北京：中国科学技术出版社，2015．

[22] 卢祖洵．医疗保险学［M］．北京：人民卫生出版社，2017．

[23] 张抗怀．全科用药指南［M］．西安：西安交通大学出版社，2017．

[24] 陈建华．大学新生保健知识读本［M］．长春：吉林大学出版社，2015．

[25] 邹晓平，杜国平，秦红．现场急救［M］．苏州：苏州大学出版社，2018．

[26] 窦英茹，张菁．现场急救知识与技术［M］．北京：科学出版社，2018．

[27] 黑启明，向月应．健康旅游学［M］．北京：人民卫生出版社，2020．

[28] 吕小萍，郜杨芳．国内高校大学生健康素养研究主题探析［J］．教育理论与实践，2021，41（09）：12-15．

［29］王艺园．大学生健康教育现状与思考［J］．中国健康教育，2018，34（06）：573-575．

［30］李艳艳，张利萍，孙江洁，李微霞，何成森．健康中国建设背景下的大学生健康素养教育研究［J］．赤峰学院学报（汉文哲学社会科学版），2018，39（04）：153-155．

［31］葛子君，阮栾绮，庄勋，李建军，还锡萍，王小莉．中国大学生人群性病及艾滋病健康教育现况［J］．江苏预防医学，2015，26（06）：138-139．